Theorien der Arbeit zur Einführung

Alexandra Manske/Wolfgang Menz

Theorien der Arbeit zur Einführung

JUNIUS

Junius Verlag GmbH
Stresemannstraße 375
22761 Hamburg
www.junius-verlag.de

Umschlaggestaltung: Florian Zietz
Titelbild: © Leremy/Shutterstock.com
Printed in the EU 2024
ISBN 978-3-96060-330-6

Bibliografische Information der Deutschen Nationalbibliothek
Die Deutsche Nationalbibliothek verzeichnet diese Publikation in der Deutschen Nationalbibliografie; detaillierte bibliografische Daten sind im Internet über http://dnb.dnb.de abrufbar.

Zur Einführung ...

... hat diese Taschenbuchreihe seit ihrer Gründung 1977 gedient. Zunächst als sozialistische Initiative gestartet, die philosophisches Wissen allgemein zugänglich machen und so den Marsch durch die Institutionen theoretisch ausrüsten sollte, wurden die Bände in den achtziger Jahren zu einem verlässlichen Leitfaden durch das Labyrinth der neuen Unübersichtlichkeit. Mit der Kombination von Wissensvermittlung und kritischer Analyse haben die Junius-Bände stilbildend gewirkt.

Seit den neunziger Jahren reformierten sich Teile der Geisteswissenschaften als Kulturwissenschaften und brachten neue Fächer und Schwerpunkte wie Medienwissenschaften, Wissenschaftsgeschichte oder Bildwissenschaften hervor. Auch im Verhältnis zu den Naturwissenschaften sahen sich die traditionellen Kernfächer der Geisteswissenschaften neuen Herausforderungen ausgesetzt. Diesen Veränderungen trug eine Neuausrichtung der Junius-Reihe Rechnung, die seit 2003 von der verstorbenen Cornelia Vismann und zwei der Unterzeichnenden (M. H. und D. T.) verantwortet wurde.

Ein Jahrzehnt später erweisen sich die Kulturwissenschaften eher als notwendige Erweiterung denn als Neubegründung der Geisteswissenschaften. In den Fokus sind neue, nicht zuletzt politik- und sozialwissenschaftliche Fragen gerückt, die sich produktiv mit den geistes- und kulturwissenschaftlichen Problemstellungen vermengt haben. So scheint eine erneute Inventur der

Reihe sinnvoll, deren Aufgabe unverändert darin besteht, kompetent und anschaulich zu vermitteln, was kritisches Denken und Forschen jenseits naturwissenschaftlicher Zugänge heute zu leisten vermag.

Zur Einführung ist für Leute geschrieben, denen daran gelegen ist, sich über bekannte und manchmal weniger bekannte Autor(inn)en und Themen zu orientieren. Sie wollen klassische Fragen in neuem Licht und neue Forschungsfelder in gültiger Form dargestellt sehen.

Zur Einführung ist von Leuten geschrieben, die nicht nur einen souveränen Überblick geben, sondern ihren eigenen Standpunkt markieren. Vermittlung heißt nicht Verwässerung, Repräsentativität nicht Vollständigkeit. Die Autorinnen und Autoren der Reihe haben eine eigene Perspektive auf ihren Gegenstand, und ihre Handschrift ist in den einzelnen Bänden deutlich erkennbar.

Zur Einführung ist in der Hinsicht traditionell, dass es den Stärken des gedruckten Buchs – die Darstellung baut auf Übersichtlichkeit, Sorgfalt und reflexive Distanz, das Medium auf Handhabbarkeit und Haltbarkeit – auch in Zeiten liquider Netzpublikationen vertraut.

Zur Einführung bleibt seinem ursprünglichen Konzept treu, indem es die Zirkulation von Ideen, Erkenntnissen und Wissen befördert.

Michael Hagner
Ina Kerner
Dieter Thomä

Inhalt

Anhang

Zur Einleitung

Dass Menschen arbeiten (müssen), gehört zu den anthropologischen Grundbedingungen. Schon die Befriedigung einfacher menschlicher Grundbedürfnisse erfordert – selbst im simpelsten Fall des Jagens und Sammelns – körperliche Anstrengung und geistiges Bemühen, also etwas, was wir in unserem modernen Verständnis als Arbeit begreifen. Aber galten solche zielgerichteten Anstrengungen und Bemühungen schon immer als Arbeit oder legen wir hier die Begriffe der aktuellen Arbeitsgesellschaften auf lange Vergangenes an? Andersherum, auf die Gegenwart bezogen: Welche Ausblendungen beinhaltet der moderne Arbeitsbegriff in Bezug auf aktuelle Tätigkeiten, was kommt in den Blick, was wird vernachlässigt? Schon die scheinbar einfache Frage, was überhaupt unter Arbeit zu verstehen ist, ist abhängig von der ex- oder implizit zugrunde gelegten »Theorie der Arbeit«. Die Arbeitenden haben schon immer »Alltagstheorien« ihres Handelns, ihrer Arbeit, entwickelt, also ein Verständnis vom Sinn ihres Tätigseins wie auch ihrer Zwecke und der Verfahren ihrer Ausführung. Und natürlich ist Arbeit zu einem zentralen Gegenstand philosophischer, theologischer, ökonomischer und soziologischer Reflexion geworden, wenn auch in ideengeschichtlich jeweils unterschiedlicher Ausführlichkeit. Letztgenannten, also in erster Linie soziologischen »Theorien der Arbeit«, widmet sich diese Einführung.

Ziel dieses Einführungsbands ist es, eine Reihe von Ansätzen vorzustellen, die erklären, wie Arbeit gesellschaftlich eingebettet ist. Es werden einige Verständnisse und Erklärungsansätze von Arbeit von der Industriegesellschaft bis in die Gegenwart beleuchtet. Dabei ist die Perspektive der Autor:innen von einer kritischen und feministisch informierten Arbeits- und teils auch Ungleichheitssoziologie geprägt, die »Arbeit« als zentralen gesellschaftlichen Teilhabemodus fasst. So gesehen, bestimmt Arbeit entscheidend über Wohlfahrt und soziale Ungleichheit. Der zeitliche Rahmen unserer Betrachtungen reicht im Wesentlichen von der Entstehung der Industriegesellschaft im 19. Jahrhundert bis heute.

Wir sprechen hier von Gesellschaften, in denen Erwerbsarbeit wesentlich für den sozialen Zusammenhalt und die gesellschaftliche Anerkennung ist. Sie ist für die meisten Gesellschaftsmitglieder die Hauptquelle des Lebensunterhalts und bildet eine wichtige Sphäre der persönlichen Selbstentfaltung. Zugleich ist Erwerbsarbeit mit anderen Lebenssphären strukturell verquickt. Um die gesellschaftliche Ordnung von Arbeit zu verstehen, gilt es daher auch das Verhältnis von Arbeit und Leben in den Blick zu nehmen und die damit verbundene Arbeitsteilung der Geschlechter zu untersuchen. Im internationalen Vergleich ist überdies keineswegs selbstverständlich, dass Erwerbsarbeit berufsförmig organisiert ist und dass der Beruf den Gesellschaftsmitgliedern jeweils eine soziale Lage und soziale Position in der Sozialstruktur zuweist. Und auch in Deutschland lassen sich diesbezügliche Auflösungserscheinungen nicht leugnen, man denke etwa an die seit Ende der 1990er Jahre zunehmende Bedeutung von selbstständiger Arbeit, die eben nur teilweise beruflich organisiert ist, oder an die Zunahme von prekärer Arbeit. Beide Erwerbsformen weisen den Menschen zwar einen Platz in der Sozialstruktur zu, aber nicht unbedingt aufgrund ihres Berufs, sondern aufgrund ihrer Arbeit. Deshalb interessieren auch wir uns nicht nur für berufsförmig organisierte Arbeit, sondern auch für andere Arbeitsformen.

Ein weiteres Kennzeichen der gesellschaftlichen Organisation von Arbeit besteht darin, dass in Deutschland eine historisch gewachsene enge Kopplung von sozialer Absicherung und Erwerbsarbeit existiert. Die Verschränkung von Erwerbsarbeit und sozialer Absicherung zeigt sich etwa im Normalarbeitsverhältnis, das durch eine geschlechtsspezifische Arbeitsteilung gestützt wird und an das Modell des männlichen Familienernährers gekoppelt ist. Erwerbsarbeit und ihre sozialen Erscheinungsformen sind demnach geprägt von gesellschaftlichen Rahmenbedingungen. Die soziale Tragweite von Erwerbsarbeit lässt sich daher nur im gesamtgesellschaftlichen Kontext ermessen und begreifen.

Diese Einführung hat sich zum Ziel gesetzt, so manche (insbesondere geschlechtertheoretische) Ausblendungen der Arbeitstheorien und -analysen zu benennen. Aber natürlich ist auch unser Buch nicht frei von Ausblendungen. Wir möchten hier nur die schlimmsten nennen: Wir beschränken uns erstens auf die Perspektiven auf Arbeit im Globalen Norden. Ausgeklammert bleiben die Diskussionen um Globalisierung von Arbeit, um die Herausbildung von transnationalen Wertschöpfungsketten, mit wenigen Ausnahmen auch die Diskussionen um migrantische Arbeit. Ebenso fehlt hier die Perspektive auf die »Transformationsgesellschaften« (sowie auf deren realsozialistische Vergangenheit), also auf die Besonderheiten und Folgen des Übergangs nicht-kapitalistisch organisierter Arbeitsgesellschaften in die kapitalistische Gegenwart. Schließlich ist auch die noch sehr junge Diskussion um Arbeit und Nachhaltigkeit in diesem Band nicht repräsentiert. Ohne »Mut zur Lücke« geht es in einer Einführung in »Theorien der Arbeit« eben nicht (Kap. III.4).

Wir werden im Folgenden einen chronologischen Überblick über die Theorien von Arbeit auf theoretischer und zeitdiagnostischer Ebene geben. Der Fokus liegt dabei auf den Arbeitstheorien des ausgehenden 19., des 20. und des beginnenden 21. Jahrhunderts. Die vorangegangenen Reflexionen über Arbeit fassen wir in einem sehr knappen Überblick zur »Geschichte des Arbeitsbegriffs bis zur Neuzeit« (Kap. II) zusammen. Etwas ausführlicher widmen wir uns dann den drei zentralen Gründungsgestalten der modernen Sozialwissenschaften: Karl Marx, Émile Durkheim, Max Weber (Kap. III). Dabei nehmen wir nicht nur ihre Beiträge zu Theorien der Arbeit in den Blick, sondern auch deren Ausblendungen. Arbeit ist für sie fast ausschließlich Erwerbsarbeit und dabei wiederum in erster Linie Arbeit in der Industrie, mit anderen Worten: männlich geprägte Arbeit. Diejenigen Arbeitsformen, die stärker weiblich konnotiert sind, nämlich bezahlte wie unbezahlte Sorge- und Hausarbeit und ihr Zusammenspiel wie auch ihre Widersprüche zur Industriearbeit, bleiben hier weitgehend außen vor. Dabei wird deutlich, dass der Arbeitsbegriff sehr lange auf Erwerbsarbeit eingeengt wurde und viele Tätigkeiten ausgeblendet hat, die durchaus auch als Arbeit zu fassen sind. Tatsächlich lässt sich Arbeit jedoch in ihrer gesellschaftlichen Einbettung nur verstehen, wenn sie in ihrer alltäglichen Wechselwirkung mit der privaten Sphäre und dem institutionell sowie milieuspezifisch geprägten Lebenslauf gesehen wird.

Auch die Theorien und Analysen von Arbeit in der (beziehungsweise für die) Epoche der »fordistischen Industriegesellschaft« (Kap. IV) sind zunächst stark auf Industriearbeit fokussiert. Die Debatten schließen an zentrale Motive der Marx'schen Analyse an: Es geht um Technisierung und Automatisierung der Produktion, um Arbeitsorientierungen und Klassenbewusstsein sowie um Herrschaft und Kontrolle in der Arbeit. Damit teilen die Debatten die genannten Ausblendungen der drei Klassiker. Allerdings werden diese Ausblendungen seit den 1960er Jahren zunehmend benannt und reflektiert – wenn auch nicht in erster Linie von den (männlichen) Protagonisten der Industriearbeitsdiskussion, sondern zunächst »von außen«, von der feministischen Wissenschafts- und Arbeitskritik.

Auf die Diagnose einer Krise des fordistischen Entwicklungsmodells und der tayloristischen Arbeitsorganisation oder gar einer grundsätzlichen »Krise der Arbeitsgesellschaft« insgesamt folgt gegen Ende des 20. Jahrhunderts eine theoretische Neuorientierung (Kap. IV). Im Zentrum steht dabei die Analyse der beobachteten Epochenbrüche zum »Postfordismus«, die mit unterschiedlichen Prozessbegriffen belegt werden: Subjektivierung, Entgrenzung und Prekarisierung von Arbeit. Zugleich richtet sich die Analyse der Arbeit stärker subjektorientiert aus. Es geht also weniger um »die Arbeiter«, »die Angestellten« oder »die Hausfrauen« als Großgruppen, sondern um individuelle Strategien und Organisationsweisen des Arbeits- und Lebensalltags wie auch der eigenen (Arbeits-)Biografie. Abschließend richten wir einen Blick auf die aktuellen Debatten um Arbeit (Kap. V). Diese drehen sich einerseits weiterhin um Umbrüche in der Arbeit. Thematisiert werden dabei die widersprüchliche Kombination unterschiedlicher Arbeitsformen (»Hybridisierung« von Arbeit) und besonders die Digitalisierung als die aktuelle Form der Technisierung von Arbeit. Zunehmend gleichgewichtet werden nun aber auch solche Formen und Dimensionen von Arbeit diskutiert, die zuvor durch die androzentrische Perspektive der Arbeitsforschung im Hintergrund standen, wie affektive Arbeit und Care-Arbeit. Wir enden mit einem kurzen Ausblick. Bevor wir mit dem allen beginnen, möchten wir uns erst einmal einleitend mit der eingangs genannten Frage nach der Definition von Arbeit befassen.

Wir erhoffen und wünschen uns von diesem Einführungsband, ein wenig die Neugierde dafür zu wecken, wie sich die Ideen und Zugänge zu Arbeit im Laufe der Zeit entwickelt und verändert haben. Weiter wollen wir mit diesem Band Reibungspunkte und Anschlüsse zwischen tendenziell geschlechtsblinder und feministischer Arbeitsforschung aufzeigen und damit die Lesenden dieser Einführung dazu einladen, beide Perspektiven in ihrem Zusammenhang zueinander zu reflektieren. Von daher geht es uns einerseits um mehr als eine Einführung in Theorien der *Erwerbs*arbeit, aber andererseits keinesfalls um eine umfassende Rekonstruktion der »Philosophie der Arbeit« (Aßländer und Wagner 2017) insgesamt. Was wir vielmehr liefern, ist eine Übersicht über die Frage, wie Arbeit soziologisch theoretisiert wird und welcher soziale Stellenwert ihr in den oben angedeuteten unterschiedlichen theoretischen Referenzrahmen zugewiesen wird.[1]

Alexandra Manske & Wolfgang Menz
im September 2023

I Was ist Arbeit?

Was ist »Arbeit«, was ist also der Gegenstand derjenigen Theorien, mit denen diese Einführung sich befasst? So naheliegend diese Frage ist, so schwer ist sie vorab zu beantworten, hängt doch die Definition von Arbeit selbst von der jeweiligen theoretischen Perspektive ab. Einführungen in die Arbeitssoziologie beginnen üblicherweise mit Verweis darauf, wie schwierig eine allgemeine Definition von Arbeit ist. Gertraude Mikl-Horke gehört zu den wenigen, die sich trauen, eine präzise Definition zu formulieren, statt sich nur hinter der Klage über die Definitionsschwierigkeiten zu verstecken:

> »Arbeit meint jede zweckhafte Tätigkeit, die der Befriedigung materieller oder geistiger Bedürfnisse dient. Die Tätigkeit selbst kann dabei in körperlicher, manueller Arbeit und/oder in geistiger Arbeit bestehen. In ihrer elementarsten Form ist Arbeit auf die Sicherung des Überlebens auf der Grundlage natürlicher Ressourcen gerichtet.« (Mikl-Horke 2017: 24)

Dass Arbeit eine *Tätigkeit* ist, ist einer der wenigen Punkte, über die tatsächlich Einigkeit besteht. Auch die Annahme einer bestimmten *Zweckhaftigkeit* wird meist geteilt. Zwar sind auch Fälle denkbar, in denen die Aktivität ihren Sinn stärker in ihrer Ausübung selbst als im Erreichen eines äußeren Zwecks hat. Ist dies ausschließlich der Fall, würden wir aber wohl kaum von Arbeit sprechen. Wenn Arbeit also (zumindest auch) zweckrationales Handeln ist, dann dürfte sie in den meisten Fällen *in-*

tentional sein, das heißt, die Arbeitenden sind sich der Zwecke bewusst und orientieren ihr Handeln mehr oder weniger planmäßig daran. Liegt dieser Zweck aber immer in der *Befriedigung von Bedürfnissen*, entweder dem der Überlebenssicherung oder darüber hinausreichenden? Wenn man die Vielfalt der Arbeitsformen betrachtet, die in der heutigen Gesellschaft existieren, werden einem sicherlich einige einfallen, deren Nützlichkeit man infrage stellen könnte. Der Ethnologe David Graeber (2018) hat ein ganzes Buch über »bullshit jobs« verfasst, »eine Form der Beschäftigung, die so vollkommen sinnlos, unnötig oder schädlich ist, dass selbst derjenige, der sie ausführt, ihre Existenz nicht rechtfertigen kann« (Graeber 2018: 20). Zumindest einen Sinn dürften auch diese Jobs aber haben: Sie ermöglichen den Beschäftigten ein Einkommen, mit dem sie Bedürfnisse befriedigen können.

Die klassische, kurze und präzise Definition des Soziologen Hans Paul Bahrdt fügt dem Kriterium der Zweckhaftigkeit noch vier weitere hinzu:

> »Arbeit ist ein gekonntes, kontinuierliches, geordnetes, anstrengendes nützliches Handeln, das auf ein Ziel gerichtet ist, welches jenseits des Vollzugs der Arbeitshandlung liegt.« (Bahrdt 1983: 124)

Vom Arbeitsbegriff ausgeschlossen werden hier Handlungen, die nur als einzelne auftreten und kurzfristig sind. Auch das Schuhebinden ist eine zweckrationale Handlung, nützlich, zielgerichtet und in gewissem Maße auch gekonnt, aber eben nicht *kontinuierlich*. Ist eine Tätigkeit nur dann Arbeit, wenn sie *anstrengend* ist? Die Verbindung von Arbeit mit Aufwand und Mühsal ist traditionsreich. Der etymologische Ursprung des lateinischen »labor« liegt vermutlich in »labare«, »Wanken unter einer Last«[2]. Einwenden könnte man: Auch wer »im Flow« ist, kann Arbeit leisten. Dass man »im Schlaf arbeitet« oder »Geld arbeiten lässt«, ist aber wohl eine (nicht einmal besonders fromme) Hoffnung. An dieser Stelle ist eine Unterscheidung wichtig: Was zählt zu den definitorischen Kriterien, die zwingend erfüllt sein müssen, um von Arbeit zu sprechen, und was sind Merkmale, mit denen menschliche Arbeit üblicherweise einhergeht? Dass Arbeit in der Regel mit Anstrengung verbunden ist, bedeutet nicht, vom Begriff auszuschließen, was mühelos von der Hand geht.

Womöglich würden wir auch eine stümperhaft ausgeführte Arbeit als Arbeit bezeichnen wollen, auch wenn Arbeit normalerweise mit einem gewissen *Können* verbunden sein sollte, auf das Bahrdt rekurriert. Das heißt nicht, nur qualifiziertere Tätigkeiten, die etwa eine Berufsausbildung voraussetzen, unter den Arbeitsbegriff zu fassen. Auch ungelernte Arbeit beinhaltet Fähigkeiten und Kompetenzen.

Wenn man von »Definitionskriterien« übergeht zu »typischen Merkmalen«, lassen sich weitere Dimensionen ergänzen. Menschliche Arbeit bedient sich ganz überwiegend *Werkzeugen*, vom Faustkeil über die Dampfmaschine bis hin zum Computer. Arbeit findet fast immer in sozialen Kooperationsverhältnissen statt, damit verläuft sie zumeist *arbeitsteilig*. Die Zusammenarbeit, etwa in Betrieben, ist nicht allein durch zweckrationale Bezüge, sondern auch durch Gemeinschaftlichkeit und Interaktion geprägt.[3] Arbeit ist häufig, aber nicht immer, Arbeit *für andere*: Die Hersteller:innen eines Gutes oder einer Dienstleistung sind in der Regel nicht deren Konsument:innen. Im Fall von Subsistenzarbeit erstellen beispielsweise Familienmitglieder Produkte (z.B. Nahrung) nicht nur für sich allein, auch wenn sie nicht außerhäuslich getauscht werden. Vergütung und Tausch sind also weder definitorisches noch generell übliches Merkmal von Arbeit. Anderenfalls würde man weite Teile von – häufiger von Frauen geleisteter – Care-Arbeit ausschließen wie auch viele Formen vorkapitalistischer Arbeit.

Fast ebenso häufig, wie Arbeit mit Mühsal assoziiert wird, wird sie – jedenfalls in der Moderne – in einen Zusammenhang mit Erfüllung und Selbstverwirklichung gebracht. Dass dies kein definitorisches Kriterium sein kann, ist offensichtlich, zumal gerade als entfremdet empfundene Arbeit häufig besonders mühselig ist und sich damit nach diesem Merkmal für den Arbeitsbegriff qualifiziert. Die Verwirklichung menschlicher Fähigkeit in der Arbeit hat insbesondere in normativen Arbeitsbegriffen Bedeutung: Menschliche Arbeit *sollte*, wenn sie unter angemessenen Bedingungen stattfindet, wenn sie unentfremdet ist, Selbstverwirklichung ermöglichen.[4] Aber häufig ist dies eben kein Merkmal bestehender Arbeitsformen.

Definitionen von Arbeit dienen (zumindest implizit, häufig aber auch ganz ausdrücklich) nicht nur dem Zweck einer wissenschaftlich-nominalistischen Kategorisierung. In der Präferenz für eine bestimmte Definition schwingt immer auch die Frage mit, was als eine gesellschaftlich anerkennungswürdige Tätigkeit gilt und was dabei übersehen wird. Plädoyers für eine Erweiterung des Arbeitsbegriffs (aktuell: Haubner/Pongratz 2021)[5], die sich in den letzten drei Jahrzehnten stark mehren, sind immer auch Plädoyers dafür, bislang zu wenig beachtete Tätigkeiten mit dem Titel der ›Arbeit‹ zu adeln und damit aufzuwerten (z. B. Haus- und Care-Arbeit, informelle Arbeit usw.). In stark arbeitszentrierten Gesellschaften, wie moderne kapitalistische es sind, ist (Erwerbs-)Arbeit nicht nur zentrale Einkommensquelle, sondern gleichsam symbolischer Ausweis sozialer Existenzberechtigung. Dies geht bisweilen so weit, dass »Teilhabe an Arbeit« zu einem eigenständigen individuellen und gesellschaftspolitischen Ziel wird, unabhängig von der konkreten Nützlichkeit ihres Produkts und unabhängig von ihrer Einträglichkeit. Die Forderung nach einem »Recht auf Arbeit«, statt etwa einem Recht auf (Grund-)Einkommen oder einem Anspruch auf soziale Wertschätzung oder gesellschaftliche Partizipation, macht diese Verselbstständigung deutlich. Teilhabe und Anerkennung sind im modernen Gesellschaftsverständnis gar nicht mehr ohne die Kategorie der Arbeit zu denken. Dies war in anderen historischen Epochen vollkommen anders. In der Antike galt Arbeit nicht als Voraussetzung, sondern vielmehr als Hinderungsgrund für gesellschaftliche Teilhabe (siehe Kap. II).

Setzt man das Bestehen des typisch modernen Verständnisses erst einmal voraus – wir befinden uns nun mal in einer (spät?-) modernen Gesellschaft –, dann ist die geforderte Erweiterung des Arbeitsbegriffs nicht nur verständlich, sondern ganz und gar alternativlos. Auch wir schließen uns ihr an und werden im Verlauf des Buches an vielen Stellen auf Vereinseitigungen in den Theorien von Arbeit hinweisen, die dazu führen, bestimmte Arbeitsformen theoretisch (und damit häufig auch praktisch-politisch) ins Unsichtbare zu verdrängen. Dies betrifft ganz besonders Tätigkeiten, die weiblich konnotiert und un- oder schlecht bezahlt sind.

In dieser Absicht argumentiert die Philosophin Angelika Krebs 1992. Es geht ihr nicht darum, einen allgemeinen, überhistorischen Arbeitsbegriff zu formulieren, sondern Kriterien zu entwickeln, um »gesellschaftlich anerkennungswürdige Arbeit« identifizieren zu können. Daher schließt sie nur solche Tätigkeiten ein, die einen Nutzen für andere haben; bloße Subsistenzarbeit fällt nicht darunter, ebenso wenig Tätigkeiten, die allein einen Selbstverwirklichungszweck verfolgen (z.B. Geigen als Hobby). Der »institutionelle Arbeitsbegriff«, den sie im Anschluss an Friedrich Kambartel formuliert, umfasst »jede Tätigkeit für andere, welche am gesellschaftlichen Leistungsaustausch zwischen ihren Mitgliedern teilnimmt« (Krebs 1992: 40). »Gesellschaftlicher Leistungsaustausch« bedeutet dabei, dass die Tätigkeit Teil eines (gesamtgesellschaftlichen, nicht rein privat-kleinräumigen) Gebens und Nehmens ist und dass diese Tätigkeit den Ausübenden von der Gesellschaft zugewiesen ist (etwa qua Geschlechternormen). Dazu zählt zweitens, dass »gesellschaftlicher Substitutionsbedarf« (46f.) besteht, wenn die Arbeit entfällt, das heißt, die Gesellschaft müsste und würde die Tätigkeit in diesem Fall ersetzen. Damit fällt ein großer Teil von Care-Arbeit in Familie oder in ehrenamtlich geprägten Sorgegemeinschaften darunter. Sämtliche bezahlten Tätigkeiten zählen sowieso zu ihrem Arbeitsbegriff, denn dass es kaufkräftige Nachfrage gibt, sei ein ausreichendes Anzeichen für die Teilnahme am Leistungsaustausch. Ein solcher Arbeitsbegriff, der nicht am Charakter der Tätigkeit, sondern an seiner gesellschaftlichen Funktion ansetzt, hat allerdings wiederum den Nachteil, dass Arbeit, die dem bloßen individuellen Überleben dient, aber womöglich keinen allgemeinen gesellschaftlichen Nutzen spendet, aus dem Blick gerät (ist etwa das mühevolle Durchsuchen von Abfällen nach Essbarem Arbeit?).

Zwei weitere einflussreiche Arbeitsbegriffe, die von Marx und Arendt, welche unseren bisherigen begrifflichen Annäherungen noch wichtige neue Aspekte hinzufügen, seien hier noch kurz umrissen.

»Die Arbeit ist zunächst ein Prozess zwischen Mensch und Natur, ein Prozess, worin der Mensch seinen Stoffwechsel mit der Natur durch seine eigene Tat vermittelt, regelt und kontrolliert« (MEW 23: 192) – so lautet die Begriffsbestimmung von Arbeit im ersten Band des *Kapital* von Marx. So häufig diese Definition zitiert wird, so selten wird sie in späteren Arbeitstheorien wirklich ernst genommen. Erst die relativ neue Diskussion um Nachhaltigkeit spendet der Naturdimension wieder die angemessene Aufmerksamkeit. Mit »Natur«, die beim Arbeiten beständig transformiert werde, sind bei Marx allerdings nicht nur die ökologischen Umwelten gemeint, sondern auch die leibgebundenen »Naturkräfte, Arme und Beine, Kopf und Hand« der Arbeitenden (ebd.).

Kennzeichnend für menschliche Arbeit (im Unterschied zum instinkthaften Verhalten von Tieren) ist für Marx, dass dieser »eigenen Tat« eine Vorstellung ihres Ergebnisses vorausgeht: »Am Ende des Arbeitsprozesses kommt ein Resultat heraus, das beim Beginn desselben schon in der Vorstellung des Arbeiters[6], also ideell vorhanden war« (ebd.:193).[7] Die »Formveränderung des Natürlichen« (ebd.) erfolgt also zweckgerichtet, und diesem (außerhalb des Vollzugs der Arbeitstätigkeit selbst liegenden) Zweck müssen die Arbeitenden ihren Willen unterordnen.[8]

Zweierlei lässt sich gegen den Marx'schen Arbeitsbegriff einwenden: Die ideelle Vorwegnahme eines Arbeitsergebnisses ist für manche Tätigkeiten weniger typisch als für andere. Sorgearbeit etwa, die zumeist weiblich konnotiert ist, findet häufig in direkter Interaktion mit den Adressat:innen statt und kann weniger genau vorhergeplant werden; sie ist damit stärker situativ-emotional als das rational-planerische Modell von männlich konnotierter Arbeit (Marx selbst nennt den »Baumeister« als Beispiel bei der Illustration seines Arbeitsbegriffs) (siehe Kap. III.1).

Auch ein anthropologisch geprägter Arbeitsbegriff lässt sich kritisieren. Sind es tatsächlich nur Menschen, die Arbeit leisten? In einer More-than-human-Perspektive argumentieren Barron und Hess 2021, dass auch andere biologische Organismen Arbeit leisten, indem sie Energie verausgaben und Outputs produzieren – sie nennen Pilze und Ameisen als Beispiel.[9]

Eine wiederum gänzlich anders gelagerte Auseinandersetzung mit Arbeit findet sich bei Hannah Arendt. Sie führt zwei begriffliche Erweiterungen ein. Im engeren Sinne als »Arbeit« bezeichnet sie die Tätigkeiten, die zur Befriedigung unmittelbarer Lebensbedürfnisse dienen. Dazu zählt die Reproduktion des einzelnen Menschen (etwa durch Lebensmittel) wie auch der Gattung (biologische Reproduktion). Die konkreten Produkte dieser Arbeit sind flüchtig; sie werden konsumiert, um das Leben zu erhalten. In dieser Hinsicht unterscheidet sich menschliche Arbeit kaum von der der Tiere. Anspruchsvoller ist das »Herstellen« als genuin menschliche Tätigkeit. Es ist schöpferisch, es schafft oder verändert Gegenstände, die – zumindest eine gewisse Zeit – überdauern (z.B. als Handwerk oder Kunst). Die soziale und gesellschaftliche Dimension kommt erst mit dem Begriff des »Handelns« ins Spiel. Handeln ist Tätigsein für die Gemeinschaft, etwa politisches Handeln im öffentlichen Raum. Während der soziologische Handlungsbegriff in der Regel noch deutlich weiter gefasst ist als der Arbeitsbegriff (aktives, sinnhaftes Verhalten jeglicher Art), orientiert Arendt sich hier an der antiken Vorstellung einer tugendhaften Ausrichtung am Gemeinwesen (siehe dazu das folgende Kapitel) und gibt dem Handeln damit einen engeren politischen Charakter.

II Eine (sehr kurze) Geschichte des Arbeitsbegriffs bis zur Neuzeit

II.1 Antike

Dem »antiken ›Wirtschaftsmenschen‹«, wie Max Weber ihn nannte, »fehlte jede ethische Verklärung der Erwerbsarbeit« (Weber 1984 [1909]: 32). Zumindest gilt dies für die Mehrheit der einflussreichen philosophischen und staatspolitischen Denker der Antike. Sicherlich dürften etwa qualifizierte Handwerker über ein positives Bewusstsein der eigenen Arbeitsleistung, vielleicht so etwas wie Berufsstolz verfügt haben. Ihre Produkte wurden jedenfalls durchaus wertgeschätzt (man denke etwa an die kunstvollen Töpferwaren). Die gesellschaftliche bzw. philosophische Anerkennung der Handwerker war aber gering. Ihre Arbeitsanstrengung galt als bloßer praktischer Notwendigkeit geschuldet und damit kaum tugendhaft.

> »Erstens gehöre kein Einheimischer zu denen, welche handwerksmäßigen Beschäftigungen sich widmen, sowie auch kein Sklave eines Einheimischen. Denn ein Staatsbürger eignet sich, um das Ansehen eines Staates zu erhalten und zu erhöhen, eine anständige Kunst an, die sowohl Übung wie vielfache Kenntnisse erheischt.« (Platon 1994: 424)

Die »Bürger«, die »freien Männer«, sollten weitgehend vom Zwang befreit sein, sich um ihren Lebensunterhalt sorgen zu müssen, denn um sich um das Gemeinwesen zu kümmern, ist »Muße« nötig – nicht als Nichtstun oder im heutigen Sinne von Freizeit, sondern als Abwesenheit von Mühsal und Abhängigkeit. Für diese Muße war Reichtum erforderlich – als Mittel zum Zweck: Aus Reichtum allein resultierten kein Ansehen und sozialer Status, er war aber wichtig für die eigene Unabhängigkeit. Dass die eigene Freiheit auf der Arbeit anderer (nicht zuletzt von Sklav:innen) basierte, war durchaus bewusst, galt aber als deren unvermeidliches Schicksal.

Cicero beschreibt die gesellschaftliche Anerkennung von Tätigkeiten und Berufen folgendermaßen:

> »Was ferner die handwerklichen Berufe und Erwerbszweige angeht, welche als eines Freien würdig, welche für schmutzig zu gelten haben, so haben wir etwa folgendes mitgeteilt bekommen. Zunächst werden die Erwerbszweige missbilligt, die sich der Ablehnung der Menschen aussetzen, wie die der Zöllner, der Geldverleiher. Eines Freien unwürdig und schmutzig sind die Erwerbsformen aller Tagelöhner, deren Arbeitsmühe [operae], nicht deren Kunstfertigkeit [artes] erkauft werden. Denn es ist bei ihnen gerade der Lohn ein Handgeld für ihren Sklavendienst. Für schmutzig muss man auch diejenigen halten, die von den Großhändlern Waren erhandeln, um sie sogleich weiter zu verkaufen. Denn sie dürften nichts voranbringen, ohne gründlich zu lügen. Es gibt aber nichts Schändlicheres als Unwahrhaftigkeit. Alle Handwerker befassen sich mit einer schmutzigen Tätigkeit, denn eine Werkstätte kann nichts Edles an sich haben. Am wenigsten kann man die Fertigkeiten gutheißen, die Dienerinnen von Genüssen sind: ›Fischhändler, Metzger, Köche, Gemüsehändler und Fischer‹, wie Terenz sagt. [...] Diejenigen Fähigkeiten aber, bei denen entweder größere Klugheit beteiligt ist oder durch die ein nicht mittelmäßiger Nutzen gesucht wird wie bei Medizin, bei der Architektur und dem Unterricht in ehrenvollen Gegenständen, sind für die, deren Stand sie zukommen, ehrenvoll. [...] Von allen Erwerbszweigen aber, aus denen irgendein Gewinn gezogen wird, ist nichts besser als der Ackerbau, nichts einträglicher, nichts angenehmer, nichts eines Menschen, nichts eines Freien würdiger.« (Cicero 1976: 129, 131)[10]

Ciceros Lobpreis der Landwirtschaft galt eher den Landbesitzern, die selbst nicht mehr körperlich arbeiteten. Denn die arbeitenden Bauern, die in der Antike überwiegend Subsistenzwirtschaft betrieben, kamen aufgrund fehlender Muße für die politische Beteiligung nicht infrage. Frauen waren generell von politischer Teilhabe ausgeschlossen; dies galt überhaupt für weite Teile des Öffentlichen. In den antiken Wirtschaftstheorien (die überwiegend *betriebs*wirtschaftlichen, ratgeberähnlichen Charakter haben) kommen sie gelegentlich vor, und zwar in erster Linie in ihrer Funktion als Organisatorinnen der Hauswirtschaft. Hauswirtschaft umfasste dabei erheblich mehr als Hausarbeit im heutigen Sinne, nämlich die gesamte ökonomische Organisation des produktiven und reproduktiven Haushalts, der in der Antike und weit darüber hinaus gewissermaßen der Kernbereich des Ökonomischen war. Frauen blieben aber sowohl in der philosophischen Betrachtung als auch in der Praxis weitgehend auf den privaten Bereich beschränkt, auch wenn es Beispiele für die Beteiligung von Frauen am außerhäuslichen Kleinhandel gibt. Bereits in der Antike zeigt sich also eine geschlechtliche Differenzierung von ›öffentlich‹ als männlich und ›privat‹ als weiblich konnotiert – eine Differenzierung, die im Zeitalter der Industrialisierung später eine ganz neue Bedeutung gewann, als Arbeits- und Wohnort zunehmend getrennt wurden (siehe Kap. III.4).

II.2 Mittelalter

Im europäischen Mittelalter nimmt die Theologie die Rolle ein, die in der Antike die Philosophie und die Theorie der Staatskunst übernommen hatten. Unhinterfragter Bezugspunkt für das normative Arbeitsverständnis sind nun – in unterschiedlichen Gewichtungen – das Alte und das Neue Testament. Deren Interpretationen wandelten sich allerdings vom frühen Mittelalter bis zur Epoche der Reformation. Augenfälligster Unterschied zur Antike ist zunächst, dass die Abwertung körperlicher bzw. »notwendiger« Arbeit fehlt. Diese wird von einem Übel, dem man sich möglichst entziehen sollte, zur theologisch begründeten Pflicht. Das bedeutet allerdings nicht, dass Arbeit und Mühsal weniger eng verknüpft wären. Mit dem Sündenfall ist der Mensch dazu verdammt, sich unter Qual und Anstrengung zu ernähren. Arbeit dient nun der Sühne dieser Urschuld und ist zugleich – dies ist ein weiterer wichtiger Aspekt – Beitrag zum Erhalt der göttlichen Schöpfung. Dies gilt für alle Menschen gleichermaßen. Arbeitsfluch und -pflicht haben damit – im Vergleich zur Antike mit ihrer unverhohlenen Rechtfertigung dafür, die Mühsal der Arbeit in der Sozialstruktur nach unten zu verlagern – im Christentum gewissermaßen einen egalisierenden Charakter.[11] Auch diejenigen, die hinsichtlich Tugendhaftigkeit bzw. Gottgefälligkeit an der gesellschaftlichen Spitze angesiedelt sind, sind nun zur Arbeit verpflichtet: *Ora et labora* lautet die Maßgabe für die Klöster, und *labora* heißt auch: Tätigkeiten in Landwirtschaft, Handwerk usw., nicht nur im Dienst von Staat und Kirche. Allerdings ist hier, wie etwa bei Thomas von Aquin deutlich wird, die *vita contemplativa* – Reflexion, Studium der Schriften usw. – weiterhin der *vita activa*, die durch den Zwang des Notwendigen geprägt ist, übergeordnet (Aßländer 2005: 97 ff., Hund 1990: 35 ff., Füllsack 2009: 37 ff.).

Dem Egalitätsprinzip entgegengesetzt ist die christliche Rechtfertigung der ständischen Ordnung als gottgegeben und ewig. Die göttliche Begründung sozialer Ungleichheit betrifft nicht nur die Dreiteilung in Klerus, Adel/Ritter und Bauern/Arbeitende selbst, sondern auch die bestehende Aufteilung in Berufe, der man sich zu fügen hat: »Jeder soll bei seinem Handwerk und Beruf bleiben, zu dem er berufen ist« (Neues Testament, 1. Kor. 7,24). Wer dieser Berufung nicht folgt, richtet sich gegen die göttliche Ordnung. Zugleich hat dies, Thomas von Aquin zufolge, aber auch eine soziale Funktion: Die bestehende Arbeitsteilung hat ihren Sinn in ihrem Nutzen für die menschliche Gemeinschaft (Aßländer 2005: 106 ff.). Die christliche Lehre bewegt sich damit in einem Spannungsfeld: Der Aufwertung von »notwendiger« Arbeit, die nun zugleich für alle Menschen zur Pflicht wird, steht eine Rechtfertigung beruflicher Differenzierung und sozialer Hierarchisierung von Arbeitstätigkeiten gegenüber.

Im – zugegeben etwa schematischen – Vergleich mit der Antike fallen insbesondere zwei Unterschiede auf. Erstens: Muße erscheint nun nicht länger als Bedingung der Freiheit (die wiederum nötig ist für das Engagement in der politischen Gemeinschaft), sondern vielmehr als Gefahr für eine gottergebene Lebensführung. Pointiert formuliert dies eine Regel des Benediktiner-Ordens: »otiositas inimica est animae« (»Müßiggang ist eine Feindin der Seele«, vgl. Oexle 2000). Wer nicht arbeitet, gerät in Versuchung. Zweitens finden wir eine Umwertung von Reichtum und Armut. Der berühmte Satz aus der Bergpredigt, »Selig sind die Armen«, hätte in der Antike wenig Zustimmung gefunden (ganz abgesehen davon, dass Seligkeit hier gar nicht das Ziel war). Zwar wurde auch in der antiken Philosophie Reichtum zum Selbstzweck und explizites Erwerbsstreben überwiegend abgelehnt. Reichtum oder zumindest finanzielle Unabhängigkeit waren dort aber nicht teuflische Versuchung, sondern vielmehr Voraussetzung eines tugendhaften Engagements fürs Politische.

II.3 Frühe Neuzeit: Luther

Bei Martin Luther, der gemeinhin als Vorreiter eines neuzeitlichen Arbeits- und Berufsverständnisses gilt, findet sich wiederum eine Umakzentuierung gegenüber der bisherigen christlichen Lehre im Hinblick auf die Thematik der Armut. »Wer nicht arbeiten will, soll auch nicht essen« – dieser viel zitierte Satz des Paulus (2. Thess. 3,10) wurde von Thomas von Aquin nicht als zwingende, allgemeine religiöse Arbeitspflicht interpretiert. Wer die Möglichkeit hat zu essen, ohne arbeiten zu müssen, fällt ihm zufolge nicht automatisch in göttliche Ungnade. Problematisch ist erst, sich auf Kosten anderer ernähren zu wollen.

Luther betont stärker den Pflichtcharakter von Arbeit: »Wenn du aber gesünder bist als ich und willst auf dem Stroh liegen und sagen, du habest Kinder, die essen wollen, so arbeite entweder, oder stirb Hungers!« (Luther: Das Vorbild der Selbsthingabe, zitiert nach Aßländer 2005: 151). Die biblische Seligkeit der Armen wird bei Luther konditional: Wer gesund und arbeitsfähig ist, leidet offensichtlich selbstverschuldet Hunger. Almosen darf nur derjenige erhalten, dem die Arbeitsfähigkeit fehlt. Hier finden wir eine Unterscheidung, die für das normative Ideal der modernen Leistungsgesellschaft zentral werden wird, nämlich die zwischen »Nicht-Können« und »Nicht-Wollen«, was wiederum die Annahme eines freien Willens und einer individuellen Wahlentscheidungsfähigkeit voraussetzt. Zwar gesteht Luther den unverschuldet Bedürftigen Almosen zu. Armut spricht aber nicht per se für Gottesnähe, sondern kann auch auf das genaue Gegenteil hinweisen: Faulheit.[12]

Die zentrale Kritik Luthers an der bestehenden (katholischen) Kirche richtet sich gegen die außerweltliche Absonderung der Mönche und die religiöse Selbstüberhöhung der Klöster. Gottgefälligkeit zeigt sich für ihn gerade nicht in der Trennung vom

Alltag und ist damit auch nicht Privileg einer besonderen Gruppe. Vielmehr wird normale Berufsarbeit zum innerweltlichen Gottesdienst, wenn man sie denn mit richtiger Gesinnung ausführt.

Wichtig für eine solche gottgefällige Alltagsarbeit ist dabei, der Berufung Gottes zu folgen, der für jeden einen bestimmten Platz in der Gesellschaft vorgesehen hat. »Er bleibe bei seinem Beruf, thue, was seine Obrigkeit, sein Amt und Stand erfordert und haben will« (Luther 1866 [1544]: 312). Luther betont besonders die schon im Neuen Testament dokumentierte Auffassung vom Beruf als göttlicher Berufung auf einen bestimmten, fixen Platz im Arbeits- und Sozialgefüge. Das beinhaltet einerseits eine Wertschätzung statusniedriger Tätigkeiten (besonders im Vergleich zur Antike), andererseits verpflichtet es die Gläubigen darauf, in der jeweiligen Position auszuharren und weltliche Hierarchien nicht infrage zu stellen.

> »Solches sollen wir auch in unserem Leben lernen, in was Stand Gott einen jeden gesetzt hat. Bist du Knecht, Magd, Herr, Frau, Bürgermeister, Fürst, so tue was deines Amtes ist, denn es hindert dich an deinem Glauben nicht und kannst Gott in solchem Stand recht und wohl dienen.« (Ebd.: 314)

Es geht Luther dabei um ein Gehorsams-, weniger um ein Leistungsprinzip. Die Vorstellung, sich mit guten Taten (und insbesondere mit Ablasshandel) einen Platz im Himmel erarbeiten zu können, lehnt er scharf ab. Auf »Worte« (im Sinne von Glauben an Gottes Wort) komme es an, nicht auf erbrachte »Werke«. Doch die »Worte« ersetzen keinesfalls die pflichtgemäße und gehorsame Arbeit, sie qualifizieren oder adeln die Arbeit gewissermaßen erst. Gehorsame Arbeit berechtigt aber nicht einfach zu einer entsprechenden göttlichen Gegenleistung. Hinzukommen muss Gottes Segen, und dieser lässt sich nicht durch irdisches Handeln steuern oder erzwingen. Wer aber pflichtgemäß in gottgefälliger Geisteshaltung arbeitet, für den wird schon gesorgt werden. Gott befehle uns:

»[W]ir sollten arbeiten und thun, was unser Beruf erfordert. Wer nun auf solchen Beruf siehet und fleißig anhält, obgleich das Glück sich sperret und der Segen eine Zeit lang ausbleibt, so wird's doch endlich müssen wohl gehen. Denn Gott kann's nicht lassen, er hat Lust am Gehorsam und giebt auch Glück dazu; ob er's wohl eine Zeit lang aufschiebt und uns versucht, ob wir auch an einem Befehl fest halten wollen. Darum soll niemand drüber unlustig oder unwillig werden.« (Ebd.: 315)

Vom modernen Prinzip der Leistungsgerechtigkeit, das Aufwand und Ertrag ins richtige Verhältnis setzt, oder gar vom Äquivalenzprinzip ist das lutherische Verständnis noch deutlich entfernt. Was im Kern aber schon vorhanden ist, ist die (hier noch rein religiös begründete) Verpflichtung des Subjekts auf Arbeit. Was daraus resultiert, bleibt noch offen.

II.4 Aufklärung

Mit der Aufklärung wandelt sich erneut die Perspektive auf Arbeit. Hatte die antike Philosophie nach den Möglichkeiten einer tugendhaften Lebensführung gefragt (für die Arbeit – insbesondere die Arbeit anderer – bestenfalls Mittel zum Zweck war, um durch Wohlstand die nötige Freiheit für das richtige Leben zu gewinnen), stand für die mittelalterliche und frühneuzeitliche Theologie das Thema gottgefälliger Arbeit im Mittelpunkt. Nun drängt eine ganz andere, ziemlich irdische Frage ins Zentrum: Woraus entstehen Werte und (nationaler) Wohlstand? Dass diese Frage unweigerlich zum Thema Arbeit führt, ist uns heute – als Kindern der Aufklärung und der modernen Ökonomie – selbstverständlich. Dies war allerdings keinesfalls in allen historischen Epochen so. Für Luther war Gottes Gnade entscheidend dafür, ob einem im irdischen Leben ausreichende Mittel für ein gutes Leben zur Verfügung standen. Die antike Philosophie hatte sich für die Frage kaum interessiert – in erster Linie waren es die Erträge der Landwirtschaft und damit natürliche Faktoren zusammen mit angemessener Organisation der Haushaltsführung, die Wohlstand ermöglichten.

John Locke, Adam Smith und David Ricardo schrieben in einer Zeit des Umbruchs, als die Wirtschaft mehr und mehr als ein eigenständiger gesellschaftlicher Bereich heraustrat, der der Staatsführung nicht mehr (wie im Merkantilismus) untergeordnet war. Schon gar nicht folgte dieser Bereich theologischen Prinzipien (wo etwa Locke auf theologische Argumente zurückgreift, scheint dies eher legitimatorisch-demonstrativen Charakter zu haben); er funktionierte vielmehr nach eigenlogischen Gesetzmäßigkeiten. Gleichwohl war die Frage nach dem Ursprung von Wohlstand für die Theoretiker der Aufklärung keinesfalls eine rein ökonomische, sondern vielmehr auch eine moralphilosophische. Wer trägt zur Schaffung der Werte bei? Mit welchem Recht darf sich wer diese Werte aneignen?

Noch 1758 hatte François Quesnay – der Begründer der ökonomischen Schule der Physiokraten – in seinem Hauptwerk *Tableau économique* die Natur als Hauptquelle des Wohlstands von Ländern ausgemacht. Der Boden und seine Tragfähigkeit und damit die Landwirtschaft sei der einzige Bereich der Ökonomie, der wirklich Überschüsse produziere und damit Wert schaffe. Der englische Philosoph John Locke hatte dagegen schon zuvor argumentiert, dass es auch in der Landwirtschaft nicht die Natur, sondern vielmehr die menschliche Arbeitskraft sei, die wertschöpfend sei:

> »Denn es ist tatsächlich *die Arbeit*, die jedem Ding *einen unterschiedlichen Wert verleiht.* Man beachte nur, welcher Unterschied zwischen einem Acre Land besteht, der mit Tabak oder Zucker bepflanzt, mit Weizen oder Gerste eingesät ist, und einem Acre des gleichen Landes, der als Gemeingut ohne jede Bewirtschaftung liegt, und man wird sehen, dass die Verbesserung *durch Arbeit* den weitaus größeren Teil *des Wertes ausmacht.* Meiner Ansicht nach ist es eine sehr bescheidene Schätzung, wenn man behauptet, dass die für das menschliche Leben nützlichen Erzeugnisse der Erde zu neun Zehnteln *die Auswirkungen der Arbeit* sind.« (Locke 2007 [1689]: 40)

In der »Arbeitswertlehre« von Ricardo und Smith, die später von Marx fortgeführt wird, wird das Axiom, dem gemäß es allein die menschliche Arbeit ist, die den Wert einer Ware ausmacht, systematisiert. Adam Smith unterscheidet zwischen fluidem »Nominal«- oder »Geldpreis«, der am Markt tatsächlich gezahlt wird und durch kurzfristige Schwankungen von Angebot und Nachfrage bestimmt ist, und dem »Realpreis«, der die eigentliche Substanz bildet.

> »Arbeit [...] ist ganz offensichtlich das einzige allgemein gültige und auch das einzige exakte Wertmaß oder der alleinige Maßstab, nach dem man die Werte der verschiedenen Waren immer und überall miteinander vergleichen kann.« (Smith 1979 [1776]: 33)[13]

Mit der Frage nach der Ursache der Wertschöpfung werfen die klassischen Nationalökonomen die Frage nach dem rechtmäßigen Eigentum auf. In den Worten von John Locke:

> »Obwohl die Erde und alle niederen Lebewesen allen Menschen gemeinsam gehören, so hat doch jeder Mensch ein *Eigentum* an seiner eigenen *Person.* Auf diese hat niemand ein Recht als nur er allein. Die *Arbeit* seines Körpers und das Werk seiner Hände sind, so können wir sagen, im eigentlichen Sinne sein Eigentum. Was immer er also dem Zustand entrückt, den die Natur vorgesehen und in dem sie es belassen hat, hat er

mit seiner *Arbeit* gemischt und ihm etwas Eigenes hinzugefügt. Er hat es somit zu seinem *Eigentum* gemacht. Da er es dem gemeinsamen Zustand, in den es die Natur gesetzt hat, entzogen hat, ist ihm durch seine *Arbeit* etwas hinzugefügt worden, was das gemeinsame Recht der anderen Menschen ausschließt. Denn da diese *Arbeit* das unbestreitbare Eigentum des Arbeiters ist, kann niemand außer ihm ein Recht auf etwas haben, was einmal mit seiner Arbeit verbunden ist. Zumindest nicht dort, wo genug und ebenso Gutes den anderen gemeinsam verbleibt.« (Locke 2007: 30)

Eigentumsrechte begründen sich also gemäß Locke durch die eigene Arbeit. Nun ist aber in der gesellschaftlichen Praxis ganz offensichtlich nicht nur die Arbeit eine mögliche Quelle von Einkommen. Neben den Arbeitslohn treten noch Grundrente und Kapitalgewinn. Adam Smith begründet das gewissermaßen pragmatisch, nicht eigentumsrechtlich: Die Unternehmer:innen würden ihr Kapital und die Grundeigentümer:innen nicht ihren Boden zur Verfügung stellen, wenn sie daraus nicht Gewinn ziehen könnten (Smith 1979: 43 f.) – ein logischer Fehler in der nationalökonomischen Argumentation. Dies befindet jedenfalls Karl Marx, und er bietet dafür auch eine eigene Lösung an (siehe das folgende Kapitel).

Indem die ökonomische Perspektive Dominanz gewinnt über die tugendethische oder theologische, geraten Wohlstand und Erwerbsorientierung in ein neues, helleres Licht. In der Antike war zwar Wohlstand positiv konnotiert, nicht aber Erwerbsstreben. In der christlichen Lehre findet eine doppelte Umwertung statt: Geld und Reichtum werden von einer Voraussetzung für Freiheit zu einer möglichst zu verhindernden Versuchung. Arbeit wird dagegen aufgewertet: als Dienst an Gott und Erfüllung göttlicher Berufung. Protestantische Lehren wie der Calvinismus lehnten übermäßigen Reichtum zwar weiterhin ab, befürworteten aber das Erwerbsstreben. Es sei geradezu eine Pflicht, die Erwerbschancen, die Gott uns bietet, auch zu nutzen. Untersagt war allerdings, die Früchte dessen zu konsumieren (siehe Kap. III.2). Mit den klassischen Ökonomen wurden nun Reichtum und Erwerbsstreben moralisch ganz überwiegend entproblematisiert. Mit einem viel zitierten genialen argumentatorischen Kniff gelang es Adam Smith sogar, Erwerbsstreben nicht nur nicht negativ, sondern vielmehr positiv zu bewerten: Die berühmte »unsichtbare Hand des Marktes« sorge dafür, dass individuelle Nutzenmaximierung zugleich den Nutzen aller befördere.

Wenn es in erster Linie die Arbeit ist, die wertschöpfend ist, stellt sich die Frage, wie diese organisiert werden kann, sodass sich ihre Produktivität und damit der nationale Wohlstand erhöhen. Die Antwort lautet: durch zunehmende Arbeitsteilung. Neben Fragen von Werten und Wohlstand sowie Eigentum ist Arbeitsteilung das dritte Zentralthema der Nationalökonomie zur Zeit der Aufklärung.

»Die enorme Steigerung der Arbeit, die die gleiche Anzahl Menschen nunmehr infolge der Arbeitsteilung zu leisten vermag, hängt von drei verschiedenen Faktoren ab: (1) der größeren Geschicklichkeit jedes einzelnen Arbeiters, (2) der Ersparnis an Zeit, die gewöhnlich beim Wechsel von einer Tätigkeit zur anderen verlorengeht, und (3) der Erfindung einer Reihe von Maschinen, welche die Arbeit erleichtern, die Arbeitszeit verkürzen und den Einzelnen in den Stand setzen, die Arbeit vieler zu leisten.« (Smith 1979 [1776]: 12)

Charles Babbage ergänzte später noch ein viertes Element, das als »Babbage Principle« Eingang in die Geschichte der Ökonomie der Arbeit fand: Durch die zunehmende Arbeitsteilung sinken die Anforderungen an die Fertigkeiten der Arbeitenden, die nun spezialisierter werden. Der Fabrikherr muss daher auch nur diejenigen Qualifikationen zahlen, die er im standardisierten Arbeitsprozess auch nutzt. Arbeitsteilung führt also zur Senkung der Lohnkosten.

Neben den ökonomischen Vorteilen steigender Arbeitsteilung beschreibt Smith – wenngleich nicht an sonderlich prominenter Stelle – auch ihre negativen Seiten:

> »Mit fortschreitender Arbeitsteilung wird die Tätigkeit der überwiegenden Mehrheit derjenigen, die von ihrer Arbeit leben, also der Masse des Volkes, nach und nach auf wenige Arbeitsgänge eingeengt, oftmals nur auf einen oder zwei. [...] So ist es ganz natürlich, dass er verlernt, seinen Verstand zu gebrauchen, und so stumpfsinnig und einfältig wird, wie ein menschliches Wesen nur eben werden kann.« (Smith 1979: 662)

Was Smith als geistige Verarmung der Arbeiterschaft im Verlauf der kapitalistischen Industrialisierung beschreibt, wird etwa einhundert Jahre später ein wichtiges Thema in der Marx'schen Theorie werden (siehe Kap. III.1). Auch Émile Durkheim beschreibt die negativen Folgen parzellierter Arbeit. Gegenüber den Theorien der Arbeit im Zeitalter der Aufklärung nimmt er einen erneuten Perspektivwechsel vor und rückt eine genuin soziologische Frage ins Zentrum: Er fragt nicht nach der Wohlstandsproduktion durch Arbeit und Arbeitsteilung, sondern betrachtet ihre Bedeutung für die soziale Integration von Gesellschaften. Entfremdung und geistige Verarmung sind ihm nicht in erster Linie Fragen des individuellen Leidens, sondern vielmehr eine potenzielle Gefährdung des sozialen Zusammenhalts (siehe Kap. III.3).

III. Drei Klassiker der Arbeitstheorie und eine Leerstelle

Nach dem Schnelldurchlauf durch die Geschichte des Arbeitsbegriffs widmen wir uns nun den drei Figuren, die als Gründerväter der modernen Sozialwissenschaften, insbesondere der Soziologie, gelten: Karl Marx, Max Weber und Émile Durkheim. Arbeit wird in ihren Werken recht unterschiedlich gewichtet, ihre analytischen Perspektiven unterscheiden sich grundlegend. Allen dreien ist aber gemein, dass Arbeit eine Zentralkategorie ihrer Analyse von Gesellschaft ist. Am stärksten trifft dies auf Marx zu: An den Organisationsweisen und Instrumenten von Arbeit lassen sich für ihn die Struktur und der Verlauf der Menschheitsgeschichte ablesen. Arbeit ist nach seiner Konzeption mit Ausbeutung und Entfremdung verbunden, aber auch mit der Perspektive der Befreiung von und in der Arbeit. Für beides spielen Produktionstechnologien eine zentrale Rolle (Kap. III.1).

Für Marx stand die Arbeits*praxis* im Mittelpunkt, die ideellen Gehalte sind ihr nachgeordnet. Weber dagegen sieht beides in einem Wechselverhältnis. Dies macht er insbesondere in seiner Analyse der Entstehungsbedingungen des Kapitalismus deutlich. Zentral für ihn ist die Herausbildung einer unentrinnbaren Rationalisierung und eines spezifischen Arbeitsethos, was sowohl die individuelle Lebensführung wie auch die zunehmend bürokratisierten Organisationsweisen von Arbeit und Verwaltung betrifft (Kap. III.2). Während Marx die fortschreitende Zergliederung und Parzellierung von Arbeit in der kapitalistischen Fabrik vor Augen hat, betrachtet Durkheim Arbeitsteilung im Wesentlichen als gesellschaftlichen Integrationsfaktor: Die Arbeitenden in der ausdifferenzierten Gesellschaft werden sich ihrer wechselseitigen Kooperation und Abhängigkeit voneinander bewusst. Gesellschaftlicher Zusammenhalt entsteht nicht durch Einheitlichkeit von Normen und Vorstellungen, sondern gerade durch den Zusammenhang von Unterschiedlichem (Kap. III.3).

So verschieden die drei Perspektiven sind, so ähnlich ist ihr androzentrischer Blick: Im Mittelpunkt stehen Erwerbsarbeit und ihre Rationalisierungsweisen und Produktionstechnologien. Die zunehmende Trennung von Erwerbs- und Haus- bzw. familiärer Subsistenzarbeit in der Entwicklung des Kapitalismus bleibt unthematisiert; die eine (überwiegend weibliche) Hälfte der Arbeit fehlt als Sozialfigur im Erwerbssystem praktisch vollkommen. Jenseits der Erwerbsarbeit thematisierten die Klassiker der Arbeit die Geschlechterverhältnisse aber durchaus – nämlich als ein privates Problem. Auf diese Weise beteiligten sich die drei Klassiker daran, bürgerliche Ideen von der Arbeit der Geschlechter zu festigen, die bis heute als heteronormative Ordnung nachwirken. Andererseits waren die Klassiker nicht taub für geschlechtsspezifische Ungleichheiten. Dies gilt insbesondere für Durkheim und Weber. Während Durkheim sich vor allem für die geschlechtliche Arbeitsteilung als Momentum der modernen Gesellschaft interessierte, prägte Weber den Begriff des Patriarchalismus, der auf eine persönliche Herrschaft des Herrn im Haus hinausläuft und damit ein vergeschlechtlichtes Herrschaftsverhältnis beschreibt (Kap. III.4).

III.1 Karl Marx

Karl Marx (1818–1883) ist unbestritten derjenige Theoretiker, auf den sich die verschiedenen Theorien der Arbeit des 20. wie auch des gegenwärtigen Jahrhunderts am häufigsten und intensivsten beziehen. Der Grund dafür liegt einerseits darin, dass er zentrale Kategorien der Arbeitsanalyse formuliert hat – häufig nicht als Erster, aber er hat sie zumindest in wesentlichen Teilen ausgearbeitet und in einen systematischen Zusammenhang gebracht: etwa die Arbeitswertlehre und die Unterscheidung von Tausch- und Gebrauchswert, das Konzept der Ausbeutung oder die Analyse von Entfremdung. Ebenso wichtig ist andererseits die Bedeutung, die Marx der Arbeit für die Analyse geschichtlicher Entwicklung beigemessen hat. Arbeit ist nicht einfach eine Tätigkeit unter vielen oder ein Prinzip der Vergesellschaftung, dem verschiedene andere gegenüberstehen. Vielmehr sind für Marx »Arbeit« und ihre soziale Organisation (die »Produktionsweise«) die zentrale Kategorie, anhand deren sich historische Gesellschaftsformationen (wie Feudalismus, Kapitalismus, Sozialismus) unterscheiden lassen. Arbeit und ihre Produktivität sind Triebkräfte gesellschaftlicher Entwicklung schlechthin. Wie Arbeit in der jeweiligen Gesellschaftsformation organisiert ist, bestimmt die Strukturen von Herrschaft und ökonomischer wie sozialer Ungleichheit. Darüber hinaus definiert die historisch spezifische Organisationsform von Arbeit nach Marx auch den Rahmen, in dem soziale Auseinandersetzungen ausgetragen werden. Diese historische Bedeutung von Arbeit betrifft aber nicht nur die großen Entwicklungsabschnitte, sondern auch die gesellschaftliche Dynamik innerhalb des Kapitalismus selbst. Die Unterwerfung der Arbeiter:innen unter die »Maschinerie«, die intensivierte Entfremdung, die zunehmende Verelendung der

Arbeiter, aber auch ihr wachsendes Klassenbewusstsein bilden wichtige Entwicklungstendenzen.

Im Folgenden werden zunächst die wichtigsten begrifflichen Unterscheidungen und Konzepte von Marx (Arbeitsbegriff, Tausch- und Gebrauchswert, Ausbeutung, Klassen) dargestellt. Anschließend betrachten wir die Marx'sche Perspektive auf die Entwicklung von Arbeit im Kapitalismus und werfen einen Blick auf die Entfremdungstheorie.

Grundlegende Begriffe und Konzepte

Im berühmten fünften Kapitel des ersten Bandes des *Kapital* (»Arbeitsprozess und Verwertungsprozess«) bestimmt Marx Arbeit erst einmal in allgemeiner Weise, unter Absehung von ihrem historischen und gesellschaftlichen Gestaltwandel (in Marx' Worten: »unabhängig von jeder bestimmten gesellschaftlichen Form«, MEW 23: 192),[14] und zwar als Verhältnis zwischen menschlichem Handeln und Natur (siehe Kap. I). Zur Natur zählen dabei auch die leibgebundenen »Naturkräfte« der Arbeitenden. Insofern bedeutet Arbeit immer zugleich auch menschliche Entwicklung, Gattungsentwicklung – bereits hier wird das dynamische Element des Marx'schen Arbeitsbegriffs deutlich.

Menschliche Arbeit erfolgt zielorientiert. Dies heißt aber gerade nicht, dass sie grundsätzlich unter dem direkten Zwang unmittelbarer Bedürfnisbefriedigung steht. »Wahrhaft« menschliches Produzieren erfolgt »frei vom physischen Bedürfnis« (MEGA I, 2: 241) – anders als bei Tieren. Von tierlicher Tätigkeit unterscheidet sich menschliche Arbeit zudem darin, dass dem eigentlichen Arbeitsvorgang eine Vorstellung dessen, was das Arbeitsprodukt sein soll, vorangeht. In historischer Entwicklungsperspektive ist dies durchaus folgenreich: Erst dadurch können Hand- und Kopfarbeit (also disponierende und ausführende Arbeit) prinzipiell voneinander getrennt und auch auf unterschiedliche

Personengruppen aufgeteilt werden. Dies schlägt sich in der weiteren Entwicklung des Kapitalismus als wachsende Degradierung der Produzierenden im Arbeitsprozess nieder (Braverman 1977).

Menschliche Arbeit beinhaltet – in jeder Gesellschaftsformation – immer die Herstellung von »Gebrauchswerten«, von nützlichen Dingen, die von den Menschen für bestimmte Zwecke eingesetzt werden können (nicht nur von den Produzierenden selbst, sofern es sich nicht um reine Subsistenzwirtschaft handelt). Diese können sowohl Konsumgüter sein als auch Zwischenprodukte, um weitere Produkte zu fabrizieren. Marx nennt die Arbeit, wenn man sie unter dem Aspekt der Produktion nützlicher Güter betrachtet, »konkrete Arbeit«.

In einer Produktionsweise, in der Produkte hergestellt werden, um sie am Markt zu tauschen (Waren), tritt ein weiterer Aspekt von Arbeit hinzu, den Marx »abstrakte Arbeit« nennt. Nicht die unmittelbare Nützlichkeit der Waren steht für die Produzierenden bei der Herstellung im Vordergrund, sondern deren »Tauschwert«: ihre Eigenschaft, gegen andere Güter eingetauscht werden zu können (in der Regel vermittelt über Geld).

Das gilt beim einfachen Warentausch, wo die Produzierenden ohne primäre Gewinnabsicht Güter von gleichem Wert austauschen, ebenso wie in der kapitalistischen Produktionsweise[15], wo nicht die Produzierenden selbst das hergestellte Produkt tauschen, sondern vielmehr die Kapitalist:innen, denen das Arbeitsprodukt der kapitalistischen Eigentumsordnung entsprechend gehört.

Der Tauschwert einer Ware bestimmt sich für Marx – in der Tradition der klassischen ökonomischen Lehre von David Ricardo und Adam Smith – durch die Menge an abstrakter Arbeit (gemessen in Arbeitszeit), die zur Produktion der Ware im gesellschaftlichen Durchschnitt notwendig ist.[16] Wenn aber allein menschliche Arbeit die Quelle allen gesellschaftlichen Reichtums ist, wie kommt es dann, dass gerade diejenigen, die die meiste Arbeit leisten (nämlich die Proletarier:innen), über den geringsten Reichtum verfügen? Diese Frage konnten die »bürgerlichen« Ökonomen Marx zufolge nicht ausreichend erklären, und hier bringt er seine Ausbeutungstheorie ins Spiel.

Zunächst einmal: Die Proletarier:innen, die als unmittelbare Produzierende von Gebrauchswerten auftreten, verkaufen weder die Produkte ihrer Arbeit noch ihre Arbeitstätigkeit (Marx: »lebendige Arbeit«) selbst, sondern ihre Arbeits*kraft*, also ihre Fähigkeit, Arbeit zu leisten.[17] Dafür werden sie entlohnt, wie es den Prinzipien des Warentauschs entspricht: Sie erhalten den Wert ihrer Arbeitskraft, dessen Höhe sich bestimmt durch »die vergangene Arbeit, die in der Arbeitskraft steckt« (MEW 23: 207), also der Lebensmittel, die für die Wiederherstellung der Arbeitsfähigkeit notwendig sind (dazu zählen auch Unterkunft sowie die biologische Reproduktion der Arbeiter:innenschaft). Die Arbeitskraft kann nun aber über einen längeren Zeitraum verausgabt werden, als es der Arbeitszeit entspricht, die für ihre Reproduktion notwendig ist. Diese Differenz zwischen dem Tauschwert des Produkts und dem Wert der Arbeitskraft ist der »Mehrwert«, den die Kapitalist:innen sich entsprechend dem im Kapitalismus wirksamen Äquivalenzprinzip (es tauschen sich solche Waren, die den gleichen Wert haben) aneignen. Setzt man das Äquivalenzprinzip voraus, ist dies durchaus korrekt:

> »Der Umstand, daß die tägliche Erhaltung der Arbeitskraft nur einen halben Arbeitstag kostet, obgleich die Arbeitskraft einen ganzen Tag wirken, arbeiten kann, daß daher der Wert, den ihr Gebrauch während eines Tages schafft, doppelt so groß ist als ihr eigener Tageswert,[18] ist ein besondres Glück für den Käufer, aber durchaus kein Unrecht gegen den Verkäufer.« (MEW 23: 208)

Im Ergebnis bleiben die Arbeiter:innen dauerhaft auf dem Subsistenzniveau[19], während die Gegenseite, die Kapitalist:innen, immer mehr Kapital akkumuliert. Dies wird wiederum investiert in neue Anlagen, Werkzeuge, Rohstoffe und Vorprodukte (»konstantes Kapital«) wie auch in Arbeitskraft (»variables Kapital« genannt, weil es seine Wertgröße im kapitalistischen Produktionsprozess verändert). Auf diese Weise wird die Stabilität der bipolaren Klassenstruktur der Gesellschaft garantiert: Diejenigen, die nichts besitzen und nichts zum Verkauf anbieten können als ihre Arbeitskraft, stehen den Besitzer:innen der Produktionsmittel gegenüber, die den Produktionsprozess in Gang setzen und durch Reinvestitionen erhalten respektive noch ausweiten. Alle Gruppen dazwischen werden im historischen Prozess weitgehend zerrieben, was heißt: Der Kapitalismus »vereinfacht« die Klassenverhältnisse, wie Marx und Engels im *Kommunistischen Manifest* (in: MEW 4) formulieren.

Aus der strukturellen Position entsteht zunächst aber keine soziale Einheit der Klassen. Die Herausbildung des Bewusstseins gleicher sozialer Situierung und damit die Entwicklung von einer »Klasse an sich« zur »Klasse für sich« erfolgt erst im historischen Prozess, einerseits aufgrund der räumlichen Konzentration der Arbeiter:innen, andererseits durch gemeinsame Kampferfahrungen.

»Die ökonomischen Verhältnisse haben zuerst die Masse der Bevölkerung in Arbeiter verwandelt. Die Herrschaft des Kapitals hat für diese Masse eine gemeinsame Situation, gemeinsame Interessen geschaffen. So ist diese Masse bereits eine Klasse gegenüber dem Kapital, aber noch nicht für sich selbst. In dem Kampf [...] findet sich diese Masse zusammen, konstituiert sich als Klasse für sich selbst. Die Interessen, welche sie verteidigt, werden Klasseninteressen.« (MEW 4: 180 f., *Das Elend der Philosophie*)

Entwicklung von Arbeit im Kapitalismus

Derjenige Teil des *Kapital*, der für die Arbeits- und Industriesoziologie jahrzehntelang am prägendsten war, ist das 13. Kapitel über »Maschinerie und große Industrie«, in dem Marx die Veränderungen analysiert, denen die (Lohn-)Arbeit im Verlauf der kapitalistischen Entwicklung unterliegt. Für Marx ist hier eine Zweck-Mittel-Verkehrung entscheidend: Die Maschinerie[20], die ihrem Wesen nach eigentlich beinhaltet, Arbeit zu erleichtern und zu verkürzen, führt im Kapitalismus zum Gegenteil. Die Arbeitszeit wird ausgeweitet (extensiviert), um die Anlagen besser auszulasten und damit den individuellen Profit zu erhöhen. Wird die Arbeitszeit politisch begrenzt, kommt es zur Intensivierung von Arbeit (als Verdichtung und Beschleunigung innerhalb des verkürzten Zeitrahmens). Parallel dazu findet eine inhaltliche Entleerung von Arbeit bei gleichzeitiger Überbeanspruchung der Produzierenden statt. Zugleich wird eine »relative Übervölkerung« erzeugt: Immer mehr Lohnabhängige werden arbeitslos und fristen ein Dasein als »industrielle Reservearmee«, die phasenweise in den Produktionsprozess aufgenommen, phasenweise wieder ausgeschieden wird.

Die Produzent:innen geraten unter die Herrschaft von Maschinerie und Kapital, obwohl doch beide ursprünglich das Produkt der eigenen Arbeit waren.

»Während die Maschinenarbeit das Nervensystem aufs äußerste angreift, unterdrückt sie das vielseitige Spiel der Muskeln und konfisziert alle freie körperliche und geistige Tätigkeit. Selbst die Erleichterung der Arbeit wird zum Mittel der Tortur, indem die Maschine nicht den Arbeiter von der Arbeit befreit, sondern seine Arbeit vom Inhalt. Aller kapitalistischen Produktion, soweit sie nicht nur Arbeitsprozess, sondern zugleich Verwertungsprozess des Kapitals, ist es gemeinsam, dass nicht der Arbeiter die Arbeitsbedingung, sondern umgekehrt die Arbeitsbedingung den Arbeiter anwendet, aber erst mit der Maschinerie erhält diese Verkehrung technisch handgreifliche Wirklichkeit. Durch seine Verwandlung in einen Automaten tritt das Arbeitsmittel während des Arbeitsprozesses selbst dem Arbeiter als Kapital gegenüber, als tote Arbeit, welche die lebendige Arbeitskraft beherrscht und aussaugt.« (MEW 23: 445–46)

Marx vertritt keinen grundsätzlichen Technikdeterminismus. Die These der Zweck-Mittel-Verkehrung macht deutlich, dass es gerade nicht die Technik selbst ist, die zur Ex- und Intensivierung sowie zur inhaltlichen Entleerung von Arbeit und zur steigenden Arbeitslosigkeit führt, sondern vielmehr die gesellschaftlichen und organisationalen Bedingungen sind es, unter denen die Technik im Kapitalismus angewandt wird. *Innerhalb* des Kapitalismus gibt es für Marx allerdings keine Spielräume für unterschiedliche Einsatzstrategien oder Nutzungsformen von Technik. Wenn man so möchte, vertritt Marx also eine Art »kapitalismusinternen Technikdeterminismus«, wie er später die Arbeits- und Industriesoziologie geprägt hat (etwa in der Debatte um die Automation, vgl. Kap. IV.2).

Entfremdung

Ein Streitfall im Marx'schen Werk ist das Konzept der »Entfremdung«. Die Frühschriften, in denen Marx den Begriff entwickelt – insbesondere die *Oekonomisch-philosophischen Manuskripte* oder auch »Pariser Manuskripte« –, sind unvollständig und vorläufig geblieben. Mal gelten sie als unfertige Produkte eines frühen, teils noch »idealistischen« Marx, mal als herausragende Texte eigener Qualität, mit deren später Publikation (in den 1930er Jahren) eine völlig neue Perspektive auf Marx eröffnet wurde, mitunter auch als vorwiegend philologisch interessante Ergänzungen, die das (wichtigere) reifere Werk besser verständlich machen.

Marx unterscheidet in den Frühschriften vier Dimensionen von Entfremdung (MEGA I, 2): die Entfremdung des Produzierenden vom Produkt der eigenen Arbeit, die Entfremdung vom »Akt der Produktion«, das heißt der »produzierenden Tätigkeit« (ebd.: 238), die Entfremdung vom Wesen des Menschen (vom »Gattungswesen«) sowie die »Entfremdung des Menschen von dem Menschen« (ebd.: 242). Ausgangspunkt ist dabei die erste, aus ihr ergeben sich die weiteren. Der Mensch »vergegenständlicht« sich und seine Fähigkeiten (gemeint sind nicht nur die jeweils individuellen, sondern auch diejenigen der Gattung) im Produkt der eigenen Arbeit. Unter Bedingungen von Tauschwirtschaft, mit der Herausbildung von Geld als allgemeinem Äquivalent, spätestens aber in der entwickelten kapitalistischen Produktionsweise werden den Produzierenden das Produkt ihrer Arbeit und der Prozess des Arbeitens gleichgültig, fremd, weil sie weder zur Befriedigung der eigenen Bedürfnisse noch derjenigen konkreter anderer Personen arbeiten, sondern allein mit dem Ziel, den Tauschwert der Produkte zu realisieren. Die konkrete Gestalt von Produkt und Arbeit wird dadurch irrelevant. Entfremdung besteht nach Marx darin,

> »daß die Arbeit dem Arbeiter äußerlich ist, d.h. nicht zu seinem Wesen gehört, daß er sich daher in seiner Arbeit nicht bejaht, sondern verneint, nicht wohl, sondern unglücklich fühlt, keine freie physische und geistige Energie entwickelt, sondern seine Physis abkasteit und seinen Geist ruinirt. Der Arbeiter fühlt sich daher erst außer der Arbeit bei sich und in der Arbeit außer sich. Zu Hause ist er, wenn er nicht arbeitet, und wenn er arbeitet, ist er nicht zu Haus. Seine Arbeit ist daher nicht freiwillig, sondern gezwungen, *Zwangsarbeit.* Sie ist daher nicht die Befriedigung eines Bedürfnisses, sondern sie ist nur ein Mittel, um Bedürfnisse außer ihr zu befriedigen. Ihre Fremdheit tritt darin rein hervor, daß, sobald kein physischer oder sonstiger Zwang existirt, die Arbeit als eine Pest geflohen wird.« (MEGA I, 2: 238, Hervorh. im Orig.)

Das normative Gegenbild zur entfremdeten Arbeit ist Arbeit als »Selbsttätigkeit«, als »freie bewusste Tätigkeit«, bei der es gelingt, sowohl im eigenen Arbeitsprodukt als auch in dessen Nutzung durch andere den eigenen Fähigkeiten und der eigenen Individualität Ausdruck zu verschaffen und sich darin gleichsam selbst zu betrachten. Wirklich ausbuchstabiert wird die Utopie einer unentfremdeten Arbeit bei Marx kaum, am explizitesten ist Marx noch in den *Mill-Exzerpten* (die nie zur Publikation vorgesehen waren):

»Gesetzt, wir hätten als Menschen produziert: Jeder von uns hätte in seiner Produktion sich selbst und den andren doppelt bejaht. Ich hätte 1. in meiner Produktion meine Individualität, ihre Eigentümlichkeit vergegenständlicht und daher sowohl während der Tätigkeit eine individuelle Lebensäußerung genossen, als im Anschauen des Gegenstandes die individuelle Freude, meine Persönlichkeit als gegenständliche, sinnlich anschaubare und darum über allen Zweifel erhabene Macht zu wissen. 2. In deinem Genuß oder deinem Gebrauch meines Produkts hätte ich unmittelbar den Genuß, sowohl des Bewußtseins, in meiner Arbeit ein menschliches Bedürfnis befriedigt, also das menschliche Wesen vergegenständlicht und daher dem Bedürfnis eines andren menschlichen Wesens seinen entsprechenden Gegenstand verschafft zu haben, 3. für dich der Mittler zwischen dir und der Gattung gewesen zu sein, also von dir selbst als eine Ergänzung deines eignen Wesens und als ein notwendiger Teil deiner selbst gewußt und empfunden zu werden, also sowohl in deinem Denken wie in deiner Liebe mich bestätigt zu wissen, 4. in meiner individuellen Lebensäußerung unmittelbar deine Lebensäußerung geschaffen zu haben, also in meiner individuellen Tätigkeit unmittelbar mein wahres Wesen, mein menschliches, mein Gemeinwesen bestätigt und verwirklicht zu haben.« (MEW 40: 462)

So emphatisch auch der junge Marx (unentfremdete) Arbeit als Wesensausdruck des Menschen versteht, Arbeit bleibt doch auch für freie Produzierende Mittel zum Zweck der Bedürfnisbefriedigung. Arbeit als Tätigkeit um ihrer selbst willen (wie man sich diese etwa bei künstlerischem oder musikalischem Produzieren vorstellen könnte) oder eine Überschussproduktion zum Selbstzweck gibt es bei Marx auch hier nicht. Daraus, dass Arbeit der Bedürfnisbefriedigung dient, folgt aber noch keine Entfremdung. Diese entsteht auch nicht daraus, dass Produzierende für die Bedürfnisse *von jemandem anderen* produzieren. Ganz im Gegenteil: Im Gebrauch des Produkts durch andere erfahren die Produzent:innen, dass sie ein menschliches Bedürfnis befriedigt haben und damit generell menschliches Wesen im Produkt vergegenständlicht haben. Zugleich ergänzt der/die Produzierende das Wesen des/der Konsumierenden und tritt als Mittler zwischen Konsumierenden und Gattung auf.

Das Problem der Entfremdung tritt erst auf, wenn unter Bedingungen des Privateigentums produziert wird. Aber: Diesen Zusammenhang formuliert Marx in den *Pariser Manuskripten* ausdrücklich andersherum. Überraschenderweise entsteht für ihn Privateigentum selbst erst aus der entfremdeten Arbeit (MEGA I, 2: 244 ff.): Anders als die Theoretiker der Politischen Ökonomie, an denen Marx sich abarbeitet, annahmen, ist das Eigentum nicht historischer oder logischer Ausgangspunkt; vielmehr entwickelt es sich erst aus einer bestimmten Form der Organisation von Arbeit, so ließe sich Marx hier (wohlwollend) interpretieren. Dies verweist auf eine zweite Unschärfe der Entfremdungstheorie in den Frühschriften. Während in den *Pariser Manuskripten* klar ersichtlich Lohnarbeit und Kapitalismus die Rahmenbedingungen für die Entfremdungsanalyse bilden, spricht Marx in den *Mill-Exzerpten* von »Erwerbsarbeit«. Nach heutigem Sprachgebrauch wäre das ein erheblich weiterer Begriff als Lohnarbeit, bei Marx bleibt er unklar. Wichtiger noch: Sämtliche Bedingungen, die er in den *Mill-Exzerpten* für Entfremdung anführt (vor allem: Tauschhandel und Geldwirtschaft und die daraus resultierende Gleichgültigkeit des Produzenten gegenüber dem

Produkt und dem Konsumenten), gelten genau besehen bereits für die Produktion von Gütern für einen (anonymen) Markt. Eindeutig ist, dass Entfremdung und Warenproduktion für Marx zusammengehören – aber muss erst die Arbeitskraft selbst zur Ware werden, oder haben wir es schon mit Entfremdung zu tun, wenn nur das Arbeitsprodukt warenförmig ist, wenn also die Arbeitsprodukte etwa von Selbstständigen, freien Bauern usw. für den Austausch hergestellt werden, also unter Bedingungen einfacher Warenproduktion? In den *Pariser Manuskripten* hingegen geht es eindeutiger um kapitalistische Warenproduktion. Hier taucht nun auch der Kapitalist auf als derjenige, der sich das Arbeitsprodukt aneignet (und damit von entfremdeter Arbeit profitiert, aber zugleich selbst an sie gebunden bleibt) – in den *Mill-Exzerpten* scheint diese Rolle bereits der Warenkäufer einzunehmen.

Oder beginnt Entfremdung im Kern erst mit dem Übergang von der »formellen« zur »reellen Subsumtion«, also nicht mit der eigentumsrechtlichen Unterordnung der Arbeitskraft, sondern mit dem Prozess der konkreten Reorganisation von Arbeit im weiteren Verlauf des Kapitalismus? Dann wären die Unterwerfung der Arbeiter unter das despotische Fabrikregime, unter die Herrschaft der Maschinen, die fortschreitende Arbeitsteilung und die Reduktion der Arbeitstätigkeiten auf winzige Teilfunktionen, die Marx im 13. Kapitel des *Kapital* eindrücklich beschreibt, wesentliche Ursachen für die Entfremdung. Eine solche enge Fassung des Entfremdungsbegriffs wäre folgenreich für seine Übertragung auf aktuelle Arbeitsverhältnisse: Wenn sich der historische Prozess der Arbeitsteilung nicht weiter verschärft, sobald wir es mit einer Abkehr vom Taylorismus zu tun haben (siehe zu solchen Diagnosen Teil V), verlöre kapitalistische Arbeit wesentliche Teile ihres Entfremdungscharakters.

Um diesen Problemen aus dem Weg zu gehen, könnte man (gewiss nicht gegen Marx'sche Intentionen) argumentieren, dass die Lohnarbeitsbedingungen und die Zergliederung der Arbeit die Entfremdung nicht verursachen, wohl aber verschärfen. Dies wäre eine *graduelle* Fassung des Entfremdungsbegriffs.

Die heute geläufigste Form der Kritik an der Marx'schen Entfremdungstheorie wirft ihr Essenzialismus und Anthropologisierung vor, also die Annahme einer Essenz des menschlichen Wesens (z.B. Jaeggi 2005; Rosa 2016). Ironischerweise war die Grundintention von Marx in seinen Frühschriften dem gerade entgegengerichtet. Ausgangspunkt seiner Überlegungen ist eine scharfe Kritik an der zeitgenössischen nationalökonomischen Theorie, die sämtliche wirtschaftliche und soziale Sachverhalte als überhistorisch gegebene Tatsachen ansehe und nicht ihr geschichtliches Gewordensein (und damit auch nicht die Möglichkeit ihrer Überwindung) in Rechnung stelle. Die Institution des Privateigentums werde in der ökonomischen Theorie einfach vorausgesetzt. Der im Kapitalismus auf instrumentelles Handeln beschränkte Mensch werde von der Nationalökonomie fälschlicherweise als Gattungswesen begriffen. In dieser Kritik greift Marx tatsächlich auf eigene (gewissermaßen »tieferliegende«) Grundannahmen über das Wesen der menschlichen Gattung zurück – insofern trifft die landläufige Marxkritik zu. Genau besehen sind seine Annahmen über das Wesen der menschlichen Gattung aber eher dünn. Deren Kern ist die »freie bewusste Tätigkeit« als Charakteristikum menschlicher Arbeit (im Gegensatz zum instinkthaften, rein bedürfnisgetriebenen Verhalten von Tieren), also gerade die grundsätzliche Offenheit und Flexibilität, nicht ein eindeutig wesenhaft fixierter Charakter menschlicher Arbeit.

Marx hat den Entfremdungsbegriff nie ganz aufgegeben, auch wenn er ihn in den Spätwerken nur noch gelegentlich nutzt.

Auf anthropologisierende Grundannahmen hat er dann allerdings weitgehend verzichtet. Unabhängig von der viel diskutierten Frage, welche Kontinuitäten und Brüche sich zwischen dem frühen Marx der Entfremdungstheorie und dem Marx des *Kapital* ergeben, lässt sich doch sagen, dass Marx zentrale Elemente des Entfremdungsbegriffs im Konzept des »Warenfetischismus« wieder aufgreift. In den Mittelpunkt rückt er hier das bereits in den Frühschriften anvisierte Problem der Verselbstständigung der Arbeitsprodukte gegenüber den Produzierenden. Diese Verselbstständigung ist einerseits Schein: Kapitalistische Waren sind Ergebnis bewussten menschlichen Produzierens. Andererseits entwickeln im Kapitalismus die Produkte *tatsächlich* ein eigengesetzliches Leben, das nicht einfach qua Einsicht und Aufklärung zurückgeholt werden kann. Diese Verdinglichung, die Wahrnehmung, dass nicht die Selbsttätigkeit der Menschen und ihre bewusst eingegangenen sozialen Beziehungen, sondern »Dinge« (wie Waren, Kapital) das Leben bestimmen, ist gewissermaßen der ideologische Ausdruck der gestörten Verhältnisse selbst:

> »Das Geheimnisvolle der Warenform besteht also einfach darin, dass sie den Menschen die gesellschaftlichen Charaktere ihrer eigenen Arbeit als gegenständliche Charaktere der Arbeitsprodukte selbst, als gesellschaftliche Natureigenschaften dieser Dinge zurückspiegelt, daher auch das gesellschaftliche Verhältnis der Produzenten zur Gesamtarbeit als ein außer ihnen existierendes gesellschaftliches Verhältnis von Gegenständen.« (MEW 23: 86)

III.2 Max Weber

Ohne Max Weber (1864–1920) ließe sich die Tragweite von Arbeit kaum verstehen. Weber ist eine Art Übervater der Soziologie. Er hat die Sozialwissenschaften mit einem faszinierenden, auch wortgewaltigen Werk geprägt – theoretisch, begrifflich, methodisch. Allerdings wird man bei Weber keine konsistente Theorie der Arbeit finden. Was macht ihn also dennoch als Arbeitstheoretiker interessant? Zuvorderst seine religionssoziologischen Schriften (Weber 1988a [1922]). Obgleich sie auf den ersten Blick nichts mit Arbeit zu tun haben, entpuppen sie sich als klassischer Beitrag zu den Theorien der Arbeit. Eher essayistisch verfasst, gehören sie dennoch neben *Wirtschaft und Gesellschaft* (Weber 1972 [1921/1922]) zu Webers Hauptwerk. Im Mittelpunkt von Webers wissenschaftlichem Interesse stand die Frage nach den Ursachen und Besonderheiten des modernen (Betriebs-)Kapitalismus. Ihn untersucht er aus unterschiedlichen Perspektiven, insbesondere im Hinblick auf den Zusammenhang von Arbeit und Lebensführung und die Art und Weise, wie sich der Berufsmensch und seine Arbeitsethik in der modernen, bürgerlich geprägten Gesellschafts- und Wirtschaftsform ausprägen. Er stellt sich die Frage, nach welchen Grundsätzen der Berufsmensch handelt und in welchen Widersprüchen er sich bewegt.

Webers Ausgangspunkt ist die Überlegung, dass sich das Verhältnis der Menschen zur Arbeit im Vergleich zur Arbeitshaltung in traditionellen (vormodernen) Gesellschaften verändert habe. Während Arbeit in der Antike als notwendiges Übel galt (Kap. II), scheinen die Menschen in modernen, kapitalistischen Gesellschaften nur zu leben, um zu arbeiten. Wie kommt das? Weber zufolge kam es in der modernen Gesellschaft zu einer Aufwertung von Arbeit und Beruf. Sie habe dem Kapitalismus zum Durchbruch verholfen. Weber zeigt, wie eigentlich religiöse Ideen der gottesfürchtigen Lebensführung in der modernen Gesellschaft ihre Wirkung entfalten. Er fragt in der *Vorbemerkung* zu den *Religionssoziologischen Schriften*: »Welche Verkettung von Umständen hat dazu geführt, dass gerade auf dem Boden des Okzidents [...] Kulturerscheinungen [...] von universeller

Bedeutung und Gültigkeit« auftreten (Weber 1988b [1920]: 1)? Er entwickelt die These eines neuen, modernen Arbeit-Subjekt-Verhältnisses und sagt »etwas Wichtiges sowohl über den Kapitalismus als auch über die Religion« (Ghosh 2020: 295).

Die protestantische Ethik

Bereits in seiner Dissertation im Jahr 1889 zur Entwicklung des Handelsrechts hat Weber die Entstehungsbedingungen des kapitalistischen Wirtschaftens erforscht (Kaesler 2011: 16). In seinem wohl berühmtesten Text, dem gut zweihundert Seiten umfassenden Aufsatz *Die protestantische Ethik und der Geist des Kapitalismus*, wendet er sich der Arbeit im Kapitalismus, genau genommen den Arbeitssubjekten des Kapitalismus zu (Weber 1988c [1904/05]: 17–236). Eben darin liegt sein immenser Beitrag zu den klassischen Theorien der Arbeit, in einer originellen Analyse von Arbeit und Subjekt im Kapitalismus, die eingebettet ist in seine Kapitalismusanalyse. In der *Protestantischen Ethik* zeichnet er die Wechselwirkungen zwischen dem Protestantismus und dem Geist des Kapitalismus nach. Generell versteht er unter Kapitalismus das Streben nach immer stärker wachsendem Gewinn, der aus der Ausnutzung von Tauschchancen resultiert. Kapitalismus ist demnach für Weber »identisch mit Streben nach Gewinn [...] nach immer erneutem Gewinn: nach Rentabilität« (Weber 1988b: 4). Für das gesellschaftliche Zusammenleben und vor allem für die individuelle Lebensführung handele es sich um »die schicksalsvollste Macht des modernen Lebens« (ebd.). Wer »sich in seiner Lebensführung den Bedingungen des kapitalistischen Erfolgs nicht anpasst, geht unter oder kommt nicht hoch« (Weber 1988c: 56).

Offenkundig war Weber (auch) Kapitalismustheoretiker, wobei sich seine Analyse von jener von Marx unterscheidet. Einige Einschätzungen teilen die beiden allerdings. Denn natürlich stand Weber bei seiner Weltbeobachtung auf Marxens Schultern, der immerhin im Jahr 1818 und damit fast ein halbes Jahrhundert vor Weber geboren wurde.

Einig ist sich Weber mit Marx etwa darin, dass Kapitalismus keine Sklaverei ist und mehr braucht als nur Geldgier. Kapitalismus als Wirtschaftsform ist durch Wirtschaftsakte bestimmt, und ein kapitalistischer Wirtschaftsakt ist »ein solcher, der auf Erwartung von Gewinn durch Ausnützung von Tauschchancen beruht: auf (formell) friedlichen Erwerbschancen also« (Weber 1988b: 4). Kapitalismus sei ferner »identisch mit Streben nach Gewinn [...] nach immer erneutem Gewinn: nach Rentabilität« (ebd.). Typisch sei ein rational temperiertes Wirtschaften, das rentabilitätsfixiert ist sowie auf vertraglich vereinbarter und somit freier Lohnarbeit beruht (Berger 2020). Da jedoch Arbeit in einem kapitalistischen Unternehmen dem Kommando des Kapitals untersteht, ist sie höchstens formell frei. Weber teilt grundsätzlich Marx' Entfremdungsthese (vgl. Kap. III.1), doch betrachtet er die industrielle Produktionsweise nicht aus dem Blickwinkel der Arbeitsteilung, sondern formuliert sie als Moment der Lebensführung (Müller 2021).

In puncto gesellschaftliche Dynamik und Entwicklungsrichtung des Kapitalismus gehen die Auffassungen der beiden Klassiker auseinander. Während Marx den Klassengegensatz von Arbeiterklasse versus Bourgeoisie als potenzielle Bruchstelle des Kapitalismus markiert, betrachtet Weber den modernen Kapitalismus durch die »Wirtschaftsgesinnung« des Berufsmenschen als auf Dauer gestellt. Die Entwicklung dieser Gesinnung fällt für ihn zusammen mit der Herausbildung des modernen Berufsmenschen (Weber 1988b: 12). Weber geht folglich einen anderen Weg als Marx, da er die Verquickung von Religion und Wirtschaft als Klebemittel des Kapitalismus betrachtet. Wie er anhand des Schlüsselwortes »Wirtschaftsgesinnung« verdeutlicht, ist der Kapitalismus für ihn mehr als eine Wirtschaftsordnung. Er ist eine Lebensform.

Organisatorisch in Form gehalten werden beide, Wirtschaftsordnung und Lebensform, durch die *Bürokratie*, d.h. durch die sich in der Industriegesellschaft durchsetzende hierarchisch kontrollierte Arbeitsorganisation. Kapitalismus ist für Weber daher gleichbedeutend mit der Durchsetzung der Herrschaft der Bürokratie. Damit ergänzt Weber die Marx'sche Interpretation von Klassenherrschaft um seine Bürokratie-These. Ein weiterer Unterschied zu Marx liegt darin, dass Weber den Sozialismus nicht als Befreiung sieht, sondern als Steigerungsform bürokratischer Herrschaft, als Bürokratisierung »auf erweiterter Stufenleiter« (Müller 2007: 24).

Berufsethik des modernen Arbeitsbürgers

Die Brücke zwischen Religion und Wirtschaft, zwischen Protestantismus und Kapitalismus ist der Beruf bzw. der Gedanke der Berufspflicht. Denn die moderne Arbeit wird von Berufsmenschen ausgeführt. Der Beruf und sein Mensch beruhen ideell auf einem religiösen Fundament. Weber stützt sich hierbei auf das Werk von Martin Luther und auf puritanische Religionen, sogenannte »Sektengemeinschaften«, insbesondere auf Calvin.

Deren »puritanische Lebensauffassung [...] stand an der Wiege des modernen ›Wirtschaftsmenschen‹« (Weber 1988c: 195), obwohl sie »keineswegs Freunde des Kapitalismus« waren (ebd.: 72). Die daran gekoppelte moralische Vorschrift der Enthaltsamkeit (Askese) zielt neben den arbeitsbezogenen Verhaltensvorschriften vor allem auf die Beherrschung der Affekte. Die Zurückdrängung von Emotionen ist eine Bedingung für die rationale Wirtschaftsweise und für die methodische Lebensführung, die nicht frei gewählt ist, sondern notwendige Bedingung der kapitalistischen Lebensform. Die Idee des modernen Berufsmenschen fußt daher auf einer aktiven Selbstbeherrschung, der Beruf stellt das wichtigste Gebiet zur »Erfüllung der innerweltlichen Pflichten« (ebd.: 69) dar, die innere Verpflichtung zur Pflichterfüllung wird zur herausragenden Charaktereigenschaft des modernen Berufsmenschen.

»Der Puritaner wollte Berufsmensch sein, – wir müssen es sein« (Weber 1988c: 203). Darin offenbart Weber seinen spezifischen Blick auf den Kapitalismus, nämlich als kulturelles Phänomen, dessen Auswirkungen auf den menschlichen Charakter er seziert.[21] Die von einer Wertsphäre in die andere übertragene Frömmigkeit, das Ringen der Einzelnen um Erlösung durch enormen Arbeitseifer führte schließlich zu einer Rationalisierung der Lebensführung, die »den spezifisch modernen, ›bürgerlichen‹ Kapitalismus« kennzeichnet (Weber 1972: 488). Dieser hat ein Wirtschaftsbürgertum hervorgebracht, dessen Ethos (= Arbeitshaltung) von Sparsamkeit, Genügsamkeit und einer Idee der Pflicht getragen war.

Rationale Lebensführung als Kern der Wirtschaftsgesinnung

Der Kapitalismus baut auf einer wirtschaftlich rationalen Lebensführung auf, die den Kern der modernen Wirtschaftsgesinnung bildet. Studiert hat Weber sie während einer Amerikareise im Herbst 1904, die er zur Erholung von seinem ersten Nervenzusammenbruch unternahm (Kaube 2014; Müller 2017). Den durch Krankheit gewonnenen Freiraum nutzte er für die Produktion von Teilen seiner religionssoziologischen Schriften. Besonders angetan hatte es ihm Benjamin Franklin – einer der vielleicht berühmtesten »Selfmademen« der USA. Franklin steht exemplarisch für den ›American Dream‹, den Aufstieg vom Tellerwäscher zum Millionär, da er sich vom einfachen englischen Einwanderersohn zum Erfinder und Unternehmer hocharbeitete. Zugleich war er als Politiker ein Mitverfasser und Unterzeichner der US-amerikanischen Unabhängigkeitserklärung. Weber sieht in ihm den Geist des Kapitalismus personifiziert als »Charakter einer ethisch gefärbten Maxime der Lebensführung« (Weber 1988c: 33). Diese Maxime umfasst vier Elemente: (1) Zeit ist Geld, (2) Kredit ist Geld, (3) Pünktlichkeit und Gerechtigkeit in Geschäftsdingen vermehren Kredit, (4) ein Geschäftsmann ist ein Ehrenmann (Weber 1988c: 31 f.). Dabei sei »Zeitvergeudung [...] die [...] schwerste aller Sünden« (Weber 1988c: 167).

Seine Beobachtungen in Amerika nutzte Weber als Grundlage für ein idealtypisches Konstrukt des »historischen Individuums« als modernes, unternehmerisches Selbst (Bröckling 2007; Weber 1988c: 35). Er arbeitet somit die »geistige Eigenart« (Mentalität) der Menschen als wesentliche Erfolgsbedingung der kapitalistischen Wirtschaftsform heraus. Bedenkt man, dass Weber die soziale Welt als einen andauernden Kampf erfahren hat, wundert es nicht, dass er besonders sensibel war für die Ambivalenzen der modernen, kapitalistischen Wirtschafts- und Gesellschaftsform sowie für den Preis, den die Menschen für den ungeheuren wirtschaftlichen Fortschritt zahlen müssen (Müller 2007: 13). Der Kapitalismus als organisierte Wirtschafts- und Lebensform errichte ein »ehernes Gehäuse der Hörigkeit«, das es dem Einzelnen schwer macht, sein Leben autonom zu führen. So bestehe das »irrationale Moment« der kapitalistischen Lebensführung darin, dass »der Mensch für sein Geschäft da ist, nicht umgekehrt« (Weber 1988c: 54). All das mache ihn zum »Fachmenschen ohne Geist, Genußmenschen ohne Herz« (ebd.: 204).

»Was letzten Endes den Kapitalismus geschaffen hat, ist die rationale Dauerunternehmung, rationale Buchführung, rationale Technik, das rationale Recht; aber auch nicht sie allein, es mußte ergänzend hinzukommen: die rationale Gesinnung, die Rationalisierung der Lebensführung, das rationale Wirtschaftsethos.« (Weber 1988b: 10)

»Wo diese[s] durch Hemmungen seelischer Art obstruiert war, da stieß auch die Entwicklung einer wirtschaftlich rationalen Lebensführung auf schwere innere Widerstände.« (Weber 1988b: 12)

Vielen Studierendengenerationen galten Marx und Weber als Antipoden. So wird Weber bisweilen als »der bürgerliche Marx« bezeichnet (Müller 2021: 289), der angetreten sei zu zeigen, dass der ›Überbau‹ (Kultur und Religion) die ›Basis‹ (Wirtschaft und Kapitalismus) beeinflussen kann. Tatsächlich ging es ihm darum, die *Wechselwirkung* zwischen Kultur und Ökonomie herauszuarbeiten. Anders gesagt: Nach Weber kann nicht nur die ›Basis‹ (Wirtschaft) den ›Überbau‹ (Kultur und Religion) beeinflussen (wie bei Marx), sondern auch umgekehrt der Überbau die Basis.

»[S]o kann es dennoch natürlich nicht die Absicht sein, an Stelle einer einseitig ›materialistischen‹ eine ebenso einseitig spiritualistische kausale Kultur- und Geschichtsdeutung zu setzen. Beide sind gleich möglich, aber mit beiden ist, wenn sie nicht Vorarbeit, sondern Abschluss der Untersuchung zu sein beanspruchen, der historischen Wahrheit gleich wenig gedient.« (Weber 1988c: 206)

Und tatsächlich war auch Weber ein scharfer Kritiker der bürgerlich-kapitalistischen Gesellschaft. Er hat die sozioökonomische Charakterbildung durch den Kapitalismus alles andere als bejubelt. Vielmehr lässt ihn seine (später vielfach umstrittene) Annahme, dass der Kapitalismus »siegreich« sei und keiner geistigen Stütze mehr bedürfe (Weber 1988c: 204), pessimistisch in die Zukunft blicken.

Als Erkenntnisinstrument hat Weber methodisch sauberes empirisches Arbeiten eingefordert. Selbst hat er nur punktuell empirisch gearbeitet. So hat er Arbeitsverhältnisse auf dem Land sowie in der Industrie untersucht. Allerdings sind seine empirischen Aktivitäten vergleichsweise wenig beachtet. Sie haben in der Arbeitsforschung nur ein leises Echo ausgelöst (Pongratz 2020a: 228).

Webers empirische Studien

Max Weber lebte ein »Leben zwischen den Epochen« (Kaube 2014) des Wilhelminismus und der bürgerlich-kapitalistischen Gesellschaft. Neben seiner hochdekorierten, wenngleich krankheitsbedingt mehrfach unterbrochenen und verfrüht beendeten Hochschullaufbahn war er gesellschaftspolitisch engagiert. Im Jahr 1888 trat er dem »Verein für Socialpolitik« bei. Dies war ein Kreis von Nationalökonomen, die sich der sozialen Frage verpflichtet sahen und als politische Berater tätig waren. In diesem Kontext wurde der damals 27-jährige, stellungslose und noch nicht promovierte, aber aus gutbürgerlichem Hause stammende Weber gebeten, die Daten aus einer quantitativen Untersuchung über die *Verhältnisse der Landarbeiter in Deutschland* zu analysieren. Die Erhebung hatte bereits stattgefunden. Seine Aufgabe war allein die Datenauswertung.

Gegenstand waren die Arbeits- und Lebensbedingungen der ostelbischen Landarbeiter vor dem Hintergrund einer anhaltenden Abwanderung in die Städte und nach Übersee. Webers Schrift bildet den dritten Band einer auf das Gebiet des gesamten Deutschen Reichs ausgelegten Landarbeiter-Enquête des Vereins für Socialpolitik. 1892 legte er seine Ergebnisse vor. Er vertrat die These, dass sich die Landarbeit in einer massiven Umstrukturierung befinde: im Übergang von feudalen zu kapitalistischen Verhältnissen. In deren Zuge werde die traditionelle patriarchalische Arbeitsverfassung unausweichlich »der Umwandlung in eine kapitalistische verfallen« (Weber 1892: 790) und eine »Proletarisierung der Landarbeiterschaft« (ebd.) bewirken. Auch die Beziehung zwischen Gutsherr und Arbeiter sei diesem Wandel unterworfen; sie verändere sich von einem persönlichen Herrschaftsverhältnis zum versachlichten Klassenverhältnis, das die Beziehung auf Geldzahlungen reduziere und einen Interessengegensatz von »Arbeiter und Arbeitgeber« (ebd.: 794) forciere. Zugleich habe sich bei den Landarbeitern die Freisetzung aus feudalen Verhältnissen als Streben nach »Unabhängigkeit« (ebd.: 797) und sozialem Aufstieg manifestiert, worin »der psychologische Zauber der ›Freiheit‹« (ebd.) zum Ausdruck komme. Eine rein wirtschaftliche Betrachtung greife zu kurz, um das Handeln der Menschen zu verstehen, da sie offenbar weniger von der Versorgungssituation als von psychologischen Bedürfnissen getrieben seien. Zugleich unterstrich Weber, dass die Lage sogar der prekären Landarbeiter gesicherter sei als jene der gewerblichen Industriearbeiter. Allerdings geriet die Untersuchung in die Kritik, weil nicht die Landarbeiter selbst, sondern nur deren Arbeitgeber befragt wurden. Die Untersuchung war folglich von ihrer methodischen Anlage her keine Landarbeiter-, sondern eine Gutsherren-Enquete (Kaesler 2011: 17). Hans Pongratz unterstreicht, dass diese Studie dennoch eine unterschätzte Vorarbeit zu Webers späteren Kapitalismusstudien sei (Pongratz 2020a: 226).

Ebenfalls im Zusammenhang mit den Aktivitäten des Vereins für Socialpolitik steht eine Studie Webers zur Industriearbeiterschaft. Angesichts der rasanten Industrialisierung und der populär werdenden Arbeiterbewegung inspizierte der Verein die Verhältnisse in der Industrie und publizierte die Ergebnisse zwischen 1910 und 1915 in sieben Bänden (Müller/Sigmund 2020: 20). Weber war daran zunächst nur mittelbar beteiligt: Er schrieb eine methodologische Einleitung für die Erhebung, die sich in seinen *Gesammelten Aufsätzen zur Soziologie und Sozialpolitik* findet (Weber 1988d [1908]).

Im Anschluss verfasste Weber eine umfangreiche Studie *Zur Psychophysik der industriellen Arbeit* (1988e [1908/09]), die in erster Linie auf der Auswertung statistischer Unterlagen aus seiner empirischen Erhebung in einem familieneigenen Textilbetrieb basierte (Schmidt 2020). Ihm ging es dabei vor allem darum, physiologische und psychologische Forschungen über die Bedingungen der Leistungsfähigkeit in der (industriellen) Arbeit zusammenzufassen. Die wichtigsten Themen und Begriffe waren: Ermüdung, Erholung, Übung, Gewöhnung und Arbeitsunterbrechung. Er beleuchtete ausgewählte Problembereiche wie etwa Schwankungen der industriellen Arbeitsleistung im Verhältnis zur Arbeitszeit. Untersucht wurden zudem technisch und stofflich bedingte Leistungsschwankungen der Textilproduktion (z.B. durch Fadenbrüche etc.). Müller und Sigmund (2020: 21) resümieren, dass Weber in diesen Arbeiten als »Vorläufer des Taylorismus [erscheint], gleichsam als ein Fordist avant la lettre«, wobei seine Neugierde für den Typus Mensch durchschien, den die Arbeiterklasse im Industriekapitalismus hervorbrachte.

Insgesamt ist die Rezeption der industriesoziologischen Arbeiten Webers unterentwickelt, und sie werden selten aufgegriffen (Berger 2020; Müller/Sigmund 2020; Raehlmann 2004; Schmidt 2020). In Webers Gesamtwerk haben sie einen geringen Stellenwert. Gleichwohl bieten sie einen Einblick in die Entstehung der modernen Arbeitsgesellschaft und ihrer Arbeitskraft.

Arbeitsethos als gesellschaftliches Transformationsphänomen

Das Bestechende an Weber Kapitalismusanalyse ist, dass er das Verhältnis von Arbeit und Subjekt herausarbeitet und im Rahmen gesellschaftlicher Transformationsprobleme diskutiert. Sie geht über die Organisation von Lohnarbeit und ihre Stellung im Produktionsprozess hinaus und verknüpft den Kapitalismus mit einer bestimmten Organisationsform und Mentalität. Es ist die auf einer wirtschaftlich rationalen Lebensführung beruhende

Wirtschaftsgesinnung, die den Geist des Kapitalismus ausmacht und zugleich mit der rationalen Organisationsform von Arbeit im Kapitalismus korrespondiert. Zusammen formen sie sich zu einer ökonomisch-ethischen Maxime der modernen Lebensführung. Diese bildet den Kern eines entsagungsbereiten, auf Fleiß und Eifer setzenden Arbeitsethos des modernen Berufsmenschen. Ein rationalisiertes Verhältnis von Wirtschaft und Religion wird zur Grundlage der modernen Berufsethik.

III.3 Émile Durkheim

Émile Durkheim (1858–1917) stellt eine Thematik ins Zentrum seiner Überlegungen, die bis heute die Debatten um Arbeit immer wieder durchzieht: die Frage nach Arbeit und gesellschaftlicher Integration. Marx hatte vor allem die exkludierende Seite von Arbeit im Kapitalismus im Blick: Arbeit als Ausbeutung und Entfremdung, Arbeit als Ursache von Vereinzelung und Ungleichheit. Weber ging es um die Arbeitsethik des modernen Berufsmenschen und die bürokratische Organisation des Kapitalismus. Durkheim sieht dagegen in erster Linie eine integrative Kraft von Arbeit, und zwar gerade von Arbeit in modernen, kapitalistischen Gesellschaften. Als deren Zentralmerkmal gilt ihm zunehmende Arbeitsteilung. Damit tritt er gewissermaßen in die Nachfolge von Adam Smith, der diesem Thema ebenfalls eine hohe Bedeutung beigemessen hatte (siehe Kap. II.4). Während Smith Arbeitsteilung in erster Linie in ihrer Funktion für die Wohlstandsmehrung betrachtete, nimmt Durkheim keine ökonomische, sondern eine typisch soziologische Perspektive ein. Zwar hat Arbeitsteilung auch für Durkheim, hier folgt er Smith, sowohl einen kollektiven als auch einen individuellen Nutzen. Aber dies erklärt nicht die Funktion von Arbeitsteilung als gesellschaftlichem Integrationsmechanismus. Denn Zusammenhalt entsteht nicht allein durch ökonomische Funktionalität oder kollektiven Wohlstandsgewinn. Vielmehr sind es die moralischen Normen, die (jeweils historisch unterschiedlichen) Formen der Solidarität, die als soziales Band (»vinculum sociale«) fungieren, wie er in seinem Werk *Über soziale Arbeitsteilung. Studie über die Organisation höherer Gesellschaften* von 1893 argumentiert.

> »Es ist möglich, dass sich als eines der Resultate der Arbeitsteilung auch deren ökonomische Nützlichkeit ergeben mag; sie übersteigt aber die Sphäre rein ökonomischer Interessen in jedem Fall unendlich, denn sie besteht in der Errichtung einer Sozial- und Moralordnung *sui generis.*« (1988 [1893]: 108)

Und solche integrativen Normen werden durch wachsende Arbeitsteilung nicht gefährdet, sondern vielmehr verstärkt, so Durkheims zentrale These. Damit vertritt er eine deutliche Gegenposition zu den zeitgenössischen, sowohl sozialistischen wie auch kulturpessimistischen Diagnosen einer sozialen Zersplitterung und einer allgemeinen Erosion von Ordnung durch fortschreitende Arbeitsteilung im Prozess der Industrialisierung, wie auch Marx sie vertreten hatte (siehe Kap. III.1).

Moderne Gesellschaften, die »regelmäßig dichter und ganz allgemein umfangreicher« (Durkheim 1988: 321) werden, sind gekennzeichnet durch eine Ausdifferenzierung von Tätigkeiten, Berufen und Funktionen. Daraus folgt Individualisierung, aber keine Desintegration. Vielmehr entsteht aufgrund der Vernetzung zwischen den ökonomischen Akteuren ein Bewusstsein davon, aufeinander angewiesen zu sein. Dies nennt Durkheim »organische Solidarität«, weil sie integrierend wirkt trotz oder gerade wegen der Unterschiedlichkeit der Individuen, analog zu den Organen eines biologischen Körpers.

> »Diese Solidarität ähnelt jener, die man bei höheren Tieren beobachten kann. Jedes Organ hat dort seine eigene Physiognomie und seine Autonomie, und trotzdem ist die Einheit des Organismus umso größer, je stärker die Individualisierung der Teile ausgeprägt ist.« (1988: 183)

Davon unterscheidet Durkheim die »mechanische Solidarität« der einfacheren »segmentären Gesellschaften«, die durch ein Nebeneinander ähnlicher Funktionen und Tätigkeiten geprägt sind und damit eine geringe Arbeitsteilung aufweisen. Weil hier die Integrationsfunktion der Arbeitsteilung fehlt, sind sie auf einen Konsens zwischen den Mitgliedern angewiesen. Die geteilten Werte und Vorstellungen, in Durkheims Worten das »Kollektivbewusstsein«, werden dort im Wesentlichen durch Religion erzeugt. Auch wenn solche einheitlichen Werte im Modernisierungsprozess erodieren, werden die »sozialen Moleküle« (ebd.: 182) durch die »organische Solidarität« sogar besser zusammengehalten, denn aufgrund der wechselseitigen Angewiesenheit aufeinander ist ein Ausscheiden aus dem gesellschaftlichen Zusammenhang schwieriger als in den einfacheren Gesellschaften.

Wie kollektive Werte nun im Falle komplexer differenzierter Gesellschaften zu erklären sind, bei denen die typischen Elemente des »Kollektivbewusstseins« wie etwa religiöse Vorstellungen erodiert sind, beantwortet Durkheim aus verschiedenen Perspektiven.[22] An einer Stelle benennt er einen möglichen modernisierten Nachfolger des religiösen Kollektivbewusstseins, also gewissermaßen einen neuen gesamtgesellschaftlichen Konsens, wenn er vom »Individuum als Gegenstand einer Art von Religion« (Durkheim 1988: 227) spricht: Er relativiert dann aber sogleich, dass es sich hier zwar »sehr wohl um einen gemeinsamen Glauben« (ebd.) handelt, dieser aber keinesfalls die integrative Stärke der vorangegangenen Religionen aufweisen kann.

Wesentlicher für Durkheim ist eine Form der Integration, die zwar ebenfalls über normative Vorstellungen der Individuen funktioniert, aber gerade nicht über identische, also nicht über einen weitreichenden materialen Konsens zwischen den Gesellschaftsmitgliedern. Arbeitsteilung führt zu Differenzierung und Individualisierung; zugleich sind die Individuen stärker in Kooperationsbeziehungen und Abhängigkeitsverhältnisse eingebunden, und dessen sind sie sich auch bewusst. Aufgrund der Spezialisierung ihrer Tätigkeiten verfolgen die Individuen bei ihrer jeweiligen Arbeit unterschiedliche arbeitsinhaltliche Ziele. Ihnen ist aber gemein, dass sie dies nicht ohne Einbindung in das gesellschaftliche Ganze, in einen umfassenden und strukturierten Zusammenhang von arbeitsteiligen Tätigkeiten tun können.

»[N]ormalerweise verlangt die Ausführung einer jeden speziellen Funktion, dass sich das Individuum nicht völlig in ihr einschließt, sondern im ständigen Kontakt mit den Nachbarfunktionen bleibt, sich deren Bedürfnissen und der dort sich vollziehenden Veränderung bewusst wird usw. Die Arbeitsteilung setzt voraus, dass der Arbeiter, statt sich ausschließlich mit seiner Aufgabe zu beschäftigen, seine Mitarbeiter nicht aus den Augen verliert, auf sie einwirkt und von ihnen beeinflusst wird. Er ist also keine Maschine, die Bewegungen ausführt, deren Richtung sie nicht kennt, sondern er weiß, dass sie irgendwohin tendieren, auf ein Ziel hin, das er mehr oder weniger deutlich begreift. Er fühlt, dass er zu etwas dient.« (Durkheim 1988: 442)

An anderer Stelle formuliert er:

»Die Menschen können nicht zusammen leben, ohne sich zu verstehen, und folglich nicht, ohne sich gegenseitig Opfer zu bringen, ohne sich wechselseitig stark und dauerhaft zu binden. Jede Gesellschaft ist eine moralische Gesellschaft. In bestimmter Hinsicht ist dieser Zug in organisierten Gesellschaften sogar noch stärker betont. Weil sich das Individuum nicht selbst genügt, erhält es von der Gesellschaft alles, was es benötigt, und für eben diese Gesellschaft setzt es sich ein. So bildet sich

> ein starkes Gefühl der Abhängigkeit, in der es sich befindet: Es gewöhnt sich daran, seinen Wert richtig einzuschätzen, d.h. sich als ein Teil eines Ganzen zu betrachten, als Organ eines Organismus.« (Ebd.: 285)

Dass ein sozialer Sinnbezug von Arbeit und ein entsprechendes Anerkennungsgefühl in der bestehenden Industriegesellschaft keineswegs von allen Gesellschaftsmitgliedern realisiert werden können, ist Durkheim durchaus bewusst. Die Unüberschaubarkeit von riesigen, teils globalen Märkten ebenso wie die Belastungen und die Monotonie der Fabrikarbeit nennt er als Faktoren, die Vorstellungen der eigenen sozialen Wertschätzung beeinträchtigen könnten (ebd.: 439ff.). Dies betrachtet Durkheim aber nicht als den Normalfall arbeitsteiliger Gesellschaften, sondern als Folge eines »anomischen« Zustands, den er letztlich als transitorisch ansieht. Und besonders hohe Kriterien legt er nicht an für die Herausbildung einer Vorstellung von Sinnhaftigkeit, wie die Fortsetzung des vorletzten Zitats deutlich macht: Es sei »nicht nötig, dass er [der Arbeiter] weite Teile des sozialen Horizonts übersieht, es genügt, dass er ihn hinreichend weit überblickt, um zu begreifen, dass Handlungen ein Ziel haben, das nicht in ihnen selbst liegt. Wie speziell und wie einförmig seine Tätigkeit auch sein mag, sie ist deshalb immer noch die Tätigkeit eines intelligenten Wesens, denn sie hat einen Sinn, und er weiß um diesen.« (Ebd.: 442)

Schon diese etwas unbeholfenen Relativierungen machen deutlich, dass Durkheims Theorie der Arbeitsteilung nicht auf die Industriearbeiterschaft als soziale Kerngruppe zielt. Sie basiert vielmehr auf dem Bild einer Aufgliederung der Gesellschaft in verschiedene qualifizierte Berufe in Verbindung mit einer jeweils entsprechenden »Berufsmoral« (ebd.: 47, 284), die Vorstellungen eigener gesamtgesellschaftlicher Sinn- und Zweckhaftigkeit beinhaltet. Als sozialen Träger und institutionelle

Vermittlungsinstanz solcher Vorstellungen sieht er berufliche Korporationen, wie er später im Vorwort zur zweiten Auflage von *Über soziale Arbeitsteilung* ausführlicher darstellt. Damit schließt er, zumindest teilweise, eine Lücke in seiner Theorie, die bis dahin Individuum und Gesellschaft gewissermaßen direkt zueinander ins Verhältnis gesetzt hat, ohne intermediäre Organisationen zu berücksichtigen.

An dieser Stelle lohnt ein näherer Blick darauf, was Durkheim überhaupt unter den Begriff der Arbeitsteilung fasst. Zunächst einmal lässt sich feststellen, dass der Begriff kaum explizit präzisiert wird. »Durkheim ist an der gesellschaftlichen Arbeitsteilung als solcher nur wenig interessiert, und die Aussagen und Befunde zu dieser bleiben innerhalb des gesamten Buches vergleichsweise dürftig und blass.« (Tyrell 1985: 181) Arbeitsteilung ist für Durkheim nicht Arbeitsteilung innerhalb einer Organisation oder einer Fabrik, er interessiert sich kaum für die Zerlegung von Arbeitsprozessen in kurzschrittige Einzeltätigkeiten, ebenso wenig für Fragen der Rationalisierung. Arbeitsteilung heißt für ihn die Aufgliederung einer Gesellschaft in verschiedene Arbeits- und Funktionsbereiche. Er geht dabei letztlich von einer Gesamtaufgabe aus, die eine Gesellschaft zu erfüllen hat und die dann auf verschiedene Berufe und Individuen verteilt und arbeitsteilig erledigt wird.[23]

Damit ist der Arbeitsteilungsbegriff deutlich enger gefasst als bei Smith oder auch bei Marx, die beide sowohl Kooperations- und Konkurrenzverhältnisse auf gesamtgesellschaftlicher Ebene als auch die Arbeitsteilung in der Fabrik im Auge hatten (samt ihren problematischen Folgen für die Arbeiter:innen, insbesondere bei Marx). Die Unterschiede zwischen den drei Theoretikern werden am deutlichsten, wenn man die Stoßrichtung ihrer Analyseperspektive vergleicht. Etwas schematisierend könnte man sagen: Während Adam Smith Arbeitsteilung in erster Linie unter der Perspektive von Produktivität und Wohlstand betrachtet und Marx sie vor allem als Teil seiner Herrschaftskritik sieht, untersucht Durkheim sie in ihrer Funktion als sozialer Integrationsmechanismus.

III.4 Klassische Blindstellen: Die Moderne als Produktionsort des Geschlechterdualismus

Mit der Herausbildung der Industriegesellschaft und der bürgerlichen Gesellschaft prägte sich auch die Idee der binären Geschlechterordnung aus. In diesem Zuge entstanden spezifische Männer- und Frauenarbeitsbereiche, deren prägende Kraft bis heute nachwirkt, im Privat- wie im Berufsleben. Dieser Ungleichheitsordnung traten ab Mitte des 19. Jahrhunderts die bürgerliche und die proletarische Frauenbewegung entgegen. Sie setzten sich für ihre jeweiligen – durchaus unterschiedlichen – Ideen von Gleichberechtigung und Selbstbestimmung ein, wobei auch Erwerbsarbeit darin jeweils eine spezifische Rolle spielte.

Die ›Erfindung‹ der geschlechtsspezifischen Arbeitsteilung

Industriekapitalismus und bürgerliche Geschlechterordnung sind zwei Pfeiler der modernen Gesellschaft und ihrer Arbeitsverhältnisse. Die bürgerliche Geschlechterordnung fußt auf der Idee, dass sie aus Männern und Frauen bestehe und eine natürlich gegebene Beziehung sei. Diese »heterosexuelle Matrix« (Butler 1991) schuf einen Zusammenhang zwischen Geschlechtsidentität und Arbeit. Diese soziale Ordnung ist imprägniert mit scheinbar natürlichen Geschlechtereigenschaften, einem »Geschlechtscharakter« (Hausen 1976). Integriert ist dieser in ein vermeintlich natürliches System männlicher Herrschaft (Bourdieu 2005 [1998]). Dieses System baut auf Ungleichheitsverhältnissen auf, in denen das Geschlecht – verstanden als natürliche Eigenschaft von Individuen – eingefasst ist in geschlechtsspezifische Markt- und Privatverhältnisse. Zudem gehen darin Geschlecht und Klasse eine intersektionale Verbindung ein, überkreuzen sich als Achsen der Ungleichheit und verstärken sich gegenseitig (Günther 2019; Lutz et al. 2010). Kurzum, mit der gesellschaftlichen Etablierung der marktvermittelten Arbeit war eine Reihe sozialer Konstruktionen verbunden, welche die Werte, Normen und Regeln der modernen Gesellschaft lange prägen sollten und sich zu einem Geflecht sozialer Ungleichheiten verbanden (Gottschall 2000; Klinger/Knapp 2007; Kreckel 1992).

Bereits einer der Urväter der liberalen Wirtschaftstheorien, Adam Smith, hatte darauf hingewiesen, dass Marktverhältnisse auf sozialen Ungleichheiten aufbauen. In seinem berühmten Aufsatz über die Arbeitsteilung und den Wohlstand der Nationen konstatierte Smith, dass der Arbeitsteilung keine ›natürlichen‹ Begabungen oder Talente zugrunde lägen. Jedwede Fähigkeiten seien viel eher eine Folge als eine Ursache der Arbeitsteilung. Die Verteilung von Aufgabenbereichen und des daraus resultierenden gesellschaftlichen Ansehens sei demnach »weniger aus Veranlagung als aus Lebensweise, Gewohnheit und Erziehung entstanden« (Smith 2017 [1776]: 209). Freilich ging es Adam Smith dabei nicht um Probleme der geschlechtsspezifischen Arbeitsteilung, sondern um soziale Klassenfragen. Sie veranschaulichte er am Beispiel einer (vermeintlichen) Eignung für hoch- oder niedrigqualifizierte Berufe. So seien etwa die unterschiedlichen sozialen Stellungen des Philosophen und des Lastenträgers nicht angeboren, sondern eine Frage der Ausbildung und des sozialen Umfelds (ebd.).

Smiths Bemerkung weist auf die Macht sozialer Konstruktionen hin. Wie sich diese Macht in Bezug auf die Annahme geschlechtsspezifischer Talente und Eigenschaften auswirkte, legte Mitte der 1970er Jahre der Beitrag der Historikerin Karin Hausen *Die Polarisierung der Geschlechtscharaktere* paradigmatisch dar (Hausen 1976). Sie arbeitet heraus, welche Charaktereigenschaften Männern und Frauen in der modernen Gesellschaft zugeschrieben wurden. Anhand von zeitgenössischen Texten, darunter Lexikoneinträge, medizinische, pädagogische und psychologische Schriften, legt sie deren historisch kontingenten, ideologischen Gehalt offen. Hausens Ausführungen über die Herausbildung von Geschlechtercharakteren deuten an, inwiefern solche Annahmen in die Vorstellungen damaliger Zeitgenossen über die soziale Natur von Arbeit eingehen. Seit dem ausgehenden 18. Jahrhundert bildeten sich wesenhafte Zuschreibungen von vermeintlich geschlechtsspezifischen Charaktereigenschaften heraus (Hausen 1976: 368). Sie traten an die Stelle von Standesdefinitionen. Wurden die Individuen vorher als Angehörige eines Familiengeschlechts beschrieben, kam es nun zur Fixierung als naturgegeben verstandener Gattungsmerkmale von Mann und Frau als »Geschlechtscharaktere«. Diese Konstruktionen waren eingewoben in eine neue Wissenschaft vom Menschen, in deren Zuge sich unter anderem eine »Verwissenschaftlichung der Differenz« (Honegger 2011: 99) Bahn brach. So wurden Naturgestalten wie der Fremde, der Irre oder eben die Frau als soziale Wesen konstruiert, die von der Normalität abwichen. In *Meyer's Großem Konversationslexikon* etwa heißt es 1904 unter dem Stichwort ›Geschlechtseigentümlichkeiten‹: »[B]eim Weib behaupten Gefühl und Gemüt, beim Manne Intelligenz und Denken die Oberhand« (Hausen 1976: 366). Während der Mann für das öffentliche Leben, generell für das Außen bestimmt sei, sei die Frau für das häusliche Leben, für das Innen vorgesehen. Zudem werden dem Mann Aktivität, Kraft, Willensstärke usw., der Frau Passivität, Ergebenheit, Hingebung usw. zugeschrieben. Der männliche Sozialcharakter zeichne sich ferner durch zielgerichtetes Tun, sein weibliches Pendant durch abhängiges Sein aus. Abgerundet werden die komplementären Charaktereigenschaften durch Rationalität, Geist, Vernunft usw. (Mann) versus Emotionalität, Empfinden, Religiosität usw. (Frau) (Hausen 1976: 368).

Die Herausbildung von »Geschlechtscharakteren« diente auch der sozialen Verfestigung eines spezifischen Familienbegriffs, der Männer auf die Rolle des Familienernährers und Frauen auf die Rolle der Hausfrau und Mutter festlegt. Mit dieser Idee etablierte sich das bürgerliche Familienkonstrukt als Leitbild bis in die Gegenwart (Leitner et al. 2004; Lewis 1997). Denn was als »Geschlechtscharakter« gedeutet wurde, korrespondierte mit der Dissoziation von Erwerbs- und Familienleben, von Öffentlichkeit und Privatheit. Mehr noch, die geschlechtsspezifische Verortung in Erwerbs- und Privatsphäre wurde als natürliches Verhältnis interpretiert (Kap. VI.1).

> »Wichtig ist aber, ... daß die Zuständigkeit für diese Arbeiten ... bei der Gattin, Hausfrau und Mutter festgeschrieben wird. Ideologisch wird diese spezifische Form der Aufteilung gesellschaftlich notwendiger Arbeit als natürliches Verhältnis interpretiert und die überantwortete Zuständigkeit für den einen oder anderen Leistungsbereich den Geschlechtern mit dem Natur-Argument gleich von Geburt her auf den Leib zugeschrieben.« (Hausen 1976: 391)

Der Kultur-Natur-Gegensatz und die darauf zugespitzte Charakterisierung von Geschlechtscharakteren bildete das Fundament der bürgerlichen Kleinfamilie. Da die Arbeit in der öffentlichen Sphäre gewissermaßen als bürgerliche Krönung der individuellen Existenz galt, war der Ausschluss aus dieser Sphäre mit einer sozialen Schlechterstellung verbunden. Hier existieren durchaus Parallelen zur antiken Auffassung von Arbeit (s. Kap. II.). Die Polarisierung der Geschlechtscharaktere schuf damit eine wichtige Voraussetzung für die bis heute andauernde Zuschreibung geschlechtsspezifischer Sozialcharaktere, für Frauen- und Männerarbeit, die Erwerbs- und Familiensphäre und folglich für die Segregierung des Arbeitsmarkts (Gottschall 2000; Knapp 2012).

Frauen aus der Arbeiterklasse und dem Bauernstand wurden jedoch nicht so wie Frauen aus dem Bürgertum in die Rolle der Hausfrau und Mutter gedrängt. Für sie war Erwerbsarbeit vielmehr ökonomisch unverzichtbar, »Doppelverdiensthaushalte« waren hier von jeher gang und gäbe. Das Ideal der bürgerlichen Familie mit ihrer strikten Rollenverteilung war also zunächst nicht schichtübergreifend, wenngleich sich das »Mutterideal« nach und nach auch auf Arbeiterfamilien übertrug (Hausen 1976: 382f.). So verfestigte die Installierung von Geschlechtscharakteren auch die sozialen Klassengrenzen zwischen bürgerlicher und Arbeiterklasse.

Die soziale Frage der Arbeit und die Frauenbewegung

Die Frauenbewegung war eine beständige kritische Begleiterin der modernen Arbeitsgesellschaft. Der Begriff »Feminismus« tauchte ab 1890 in Frankreich vermehrt auf, in Deutschland ging es in dieser Zeit bei der sogenannten »Frauenfrage« mehr um die soziale Frage und Emanzipation (Becker et al. 2010; Wobbe et al. 2011). Unter dem Begriff Feminismus werden unterschiedliche Konzepte gefasst, die sich in Ideengeschichte, Gegenstandsbezug und ihren Akteur:innen unterscheiden und zwischen denen es durchaus Kontroversen gibt (Thiessen 2008). Auch historisch ist zwischen der sogenannten ersten und zweiten Welle der Frauenbewegung zu unterscheiden. Im Folgenden steht zunächst die erste Welle aus dem 19. Jahrhundert im Fokus, während die zweite Welle in der zweiten Hälfte des 20. Jahrhunderts aufbrandete (Nave-Herz 1994) und später thematisiert wird (Kap. IV.4). Beide Wellen sind als historische Etappen für die Theorien der Arbeit von Bedeutung, weil in ihnen jeweils konzeptionelle Ideen vorgetragen wurden, die die theoretischen Auseinandersetzungen um Arbeit prägten. Indessen waren beide Wellen keine rein akademischen Veranstaltungen, da sie im Kern aus politischen Kämpfen bzw. sozialen Bewegungen und bildungsbürgerlichen Reformbestrebungen hervorgingen.

Die erste Welle der Frauenbewegung hatte zwei Flügel mit jeweils spezifischen politischen Konzepten: einerseits das humanistisch-aufklärerische, auf wirtschaftliche Gleichberechtigung zielende Konzept der bürgerlichen Frauenbewegung ab 1865, andererseits das marxistisch-sozialistische Konzept im Kontext der Arbeiterbewegung des 19. Jahrhunderts (Nave-Herz 1994). Was beide Frauenbewegungen einte, war der Bezugspunkt ›Arbeit‹. Was sie voneinander unterschied, waren die Ideen über Frauenarbeit und die empirischen Praxisfelder der Arbeit ihrer sozialen Gruppen.

Das politische Konzept der bürgerlichen Frauenbewegung war verankert in der Tradition des deutschen Idealismus und der Aufklärung in der Tradition der Philosophen Immanuel Kant und Jean-Jacques Rousseau. Ihre Vertreterinnen waren etwa Louise Peters, Helene Lange und Gertrud Bäumer (Schaser 2000). Diese waren Verfechterinnen einer sittlichen Höherentwicklung der Menschen durch Bildung und betrachteten Freiheit und Mündigkeit als Ergebnis von Selbstbestimmung. Allerdings wurde die Entfaltung entsprechender Persönlichkeitsrechte als nachgeordnet gegenüber den weiblichen Pflichten der Hingabe, Liebe und Aufopferung betrachtet. Die Forderungen waren daher ideell in die bürgerliche Geschlechterordnung eingefasst, sodass Selbstbestimmung letztlich geschlechtsspezifisch eingeschränkt und nicht als volles Bürger:innenrecht konnotiert wurde; das Frauenwahlrecht war insofern kein Thema. Energisch wurde dagegen ein Recht auf gleiche Bildung eingefordert, u. a. auf Industrie- und Handelsschulen für Mädchen, Mutterschutz, Chancengleichheit im Beruf, gleiche Bezahlung. Doch auch hier ging es um Gleichheit in der Differenz, wie sich etwa auch daran zeigt, dass sich in dieser Zeit das Berufsfeld der Sozialen Arbeit und die Arbeiterwohlfahrt als frauentypischer Erwerbsbereich bzw. als Ehrenamt bürgerlicher Frauen etablierten (Gélieu 2022).

So trieb die bürgerliche Frauenbewegung die Schaffung von weiblich segregierten Bildungspfaden mit mäßigen Amortisierungschancen von Bildungsanstrengungen voran, etwa durch die Gründung des Lette-Vereins im Jahr 1866 (Günther 2019; Krüger 1995; Manske 2021a). Zugleich bemühte sich der institutionalisierte Zweig der bürgerlichen Frauenbewegung (der Allgemeine Deutsche Frauenverein, ADF) darum, Frauen den Eintritt in typische Männerberufe wie den Post-, Bahn- und Telegraphendienst zu ermöglichen. Dem schob die preußische Regierung im Jahr 1867 jedoch einen Riegel vor. Eine selbstbestimmte und erwerbsorientierte Lebensführung von Frauen war nicht erwünscht, insbesondere weil sie neue Konkurrenzverhältnisse am Arbeitsmarkt eröffnet hätte (Nave-Herz 1994: 12).

Während die bürgerliche Frauenbewegung um ein Recht auf Arbeit kämpfte, war dieser Kampf in der proletarischen Frauenbewegung längst »gewonnen«, denn im Zuge der Industrialisierung und der Ausweitung der Fabrikarbeit waren die meisten proletarischen Frauen erwerbstätig. Für die Mehrheit von ihnen war Fabrikarbeit gewiss kein Herzensanliegen, sondern eine ökonomische Notwendigkeit, die aber auch Chancen der Selbstständigkeit eröffnete (Becker-Schmidt 2010). An der Wende vom 19. zum 20. Jahrhundert kämpfte die proletarische Frauenbewegung für soziale Rechte im Arbeitsleben und für die »Abschüttelung der Kapitalherrschaft«, so die Wortführerin Clara Zetkin (Nave-Herz 1994: 19). Ihre politische Stoßkraft bezog die proletarische Frauenbewegung auch daraus, dass sie integriert war in die sozialistische Arbeiterbewegung. Doch auch Arbeiterfrauen hatten in ihrer sozialen Klasse mit Frauenfeindlichkeit zu kämpfen. Viele Aktivisten der Arbeiterbewegung sahen Frauen als Konkurrenz, als billige Arbeitskräfte und Reservearmee, die den Männern die Arbeit wegnähmen. So war auch die proletarische Frauenbewegung damit konfrontiert, dass Männer die Frauen aus machtvollen Positionen etwa innerhalb der Gewerkschaften oder gleich ganz aus dem Arbeitsmarkt herauszuhalten versuchten (Nave-Herz 1994: 18).

Allerdings errang die proletarische Frauenbewegung eine stärkere Durchsetzungskraft mit dem Moment, ab dem August Bebel den Parteivorsitz der SPD übernahm. Bebel setzte sich für »Frauenrechte« ein. Mit der Schrift *Die Frau und der Sozialismus* dokumentierte er seine Idee von Gleichberechtigung öffentlichkeitswirksam und politisch machtvoll (Bebel 1879). Er forderte darin die vollumfängliche berufliche und politische Gleichberechtigung der Geschlechter und leitete damit einen Bewusstseinswandel in der Arbeiterbewegung ein. Bis dato bewegungspolitische Forderungen der Frauenbewegung wurden nun allmählich von der Gesamtheit der Arbeiterorganisation aufgestellt, wie z.B. Mutterschutz, Wahlrecht, gleicher Lohn. Einiges davon ist heute erreicht, vieles noch nicht.

Marx: Produktive (männliche) und unproduktive (weibliche) Arbeit

Die feministische Kritik an der Marx'schen Theorie der Arbeit ließ lange auf sich warten; nämlich bis zur sogenannten zweiten Welle der Frauenbewegung, die im Kontext der neuen sozialen Bewegungen um das Jahr 1968 herum entstand (Rucht 2021). Wichtige Vertreter:innen der feministischen Kritik am ›malestream‹ der politischen Ökonomie waren ab den 1970er Jahren die sogenannten Bielefelder:innen[24], eine Gruppe sozial bewegter Wissenschaftlerinnen, die an der soziologischen Fakultät der

Universität Bielefeld (Veronika Bennholdt-Thomsen, Claudia von Werlhof) bzw. an der Fachhochschule Köln (Maria Mies) beschäftigt waren. In den 1980er Jahren publizierten sie den bis heute populären Titel *Frauen, die letzte Kolonie. Zur Hausfrauisierung der Arbeit* (Werlhof et al. 1988).

Das übergeordnete Thema der feministischen Ökonomiekritik war Marx' Ungleichheitsverständnis und die Frage, welche Rolle Frauen und die Haus- und Familienarbeit darin spielten. Denn Marx zählte die (ganz überwiegend von Frauen geleistete) Hausarbeit zur »unproduktiven Arbeit«. Gemeint ist damit, dass sie nicht unmittelbar wertschöpfend ist im Sinne der kapitalistischen Mehrwertproduktion. Ob Marx selbst damit der Hausarbeit eine untergeordnete Rolle zuwies oder ob er nur die faktische Abwertung von Hausarbeit in der kapitalistischen Produktionsweise benennen wollte, ist Interpretationssache (es spricht einiges dafür, dass es eine Mischung von beidem ist). Unstrittig ist dagegen, dass Marx Geschlechterverhältnisse als nachgeordnetes Problem begriff; und zwar deshalb, weil nach seiner Analyse der Industriekapitalismus die Menschen zwinge, ihre Stellung und Beziehungen nüchtern zu betrachten, d.h. die gesellschaftlichen Zusammenhänge als ökonomisch bedingtes Verhältnis zu erkennen, in dem alles »Ständische verdampft« (MEW 4: 465). Geschlecht und auch Alter hätten keine gesellschaftliche Geltung mehr. Vielmehr seien sie ein askriptives Merkmal der Arbeiterklasse, das in der modernen Industriegesellschaft zu einem reinen Kostenfaktor der Arbeitskraft degeneriere.

»Je weniger die Handarbeit Geschicklichkeit und Kraftäußerung erheischt, d.h. je mehr die moderne Industrie sich entwickelt, desto mehr wird die Arbeit der Männer durch die der Weiber und Kinder verdrängt. Geschlechts- und Alters-Unterschiede haben keine gesellschaftliche Geltung mehr für die Arbeiterklasse. Es gibt nur noch Arbeitsinstrumente, die je nach Alter und Geschlecht verschiedene Kosten machen.« (MEW 4: 469)

In der frauenpolitisch getriebenen Kapitalismuskritik wurde es jedenfalls als Kernproblem gesehen, dass bei Marx nur eine bezahlte und somit durch Dritte ökonomisch verwertbare Tätigkeit als produktive Arbeit gilt, während demgegenüber die unbezahlte Arbeit im Privathaushalt theoretisch unsichtbar bleibt und abgewertet wird (Federici 2020; Gruhlich 2020). Kritisch gesehen werden kann ebenfalls die auch heute noch geläufige Bezeichnung von Hausarbeit als »reproduktive Arbeit«: Sie dient dazu, die Arbeitskraft – die produktive Arbeit leistet – herzustellen und zu erhalten (durch biologische Reproduktion der Gattung und damit immer auch des Proletariats, durch Kinderaufzucht, durch Zubereitung von Nahrungsmitteln für den häuslichen Verbrauch usw.). Damit wird ihr eine rein funktionale Bedeutung für den Kapitalismus beigemessen. Care-Arbeit, die darüber hinausgeht wie etwa die Sorge um Alte oder gesundheitlich Beeinträchtigte, deren Wiedereingliederung in den kapitalistischen Produktionsprozess nicht mehr ansteht, wird auf diese Weise ausgeblendet (siehe Kap. VI.1). Karin Gottschall konstatiert daher eine »Marginalisierung der Geschlechterfrage in der Marx'schen Theorie« (2000: 62). Demgegenüber weisen die Schriften von Marx' Mäzen und Koautor Friedrich Engels einen größeren Sinn für Geschlechterfragen auf. Hinzuweisen ist etwa auf seine Analyse zum Zusammenhang von Privateigentum und Geschlechterungleichheiten, in der geschlechtsspezifische ökonomische Abhängigkeiten in privaten Beziehungen als Quelle der Frauenunterdrückung markiert werden (Engels 1894).

Die Generation von Feministinnen, die neben den Bielefelder:innen die Aufbaugeneration des akademischen Feminismus in der alten Bundesrepublik bildete (Becker-Schmidt 2010; Knapp 2012; Kulke 1985; Thürmer-Rohr 1987, 2019), prägte den Terminus des Patriarchats als Pendant zur Klassenherrschaft (Cyba

2008; Scheele/Wöhl 2018; Volk 2018). Unter »Patriarchat« werden Beziehungen zwischen den Geschlechtern verstanden, in denen Frauen Männern untergeordnet sind, von ihnen dominiert, unterdrückt und ausgebeutet werden (Cyba 2008: 17). Intensiv wurde darüber debattiert, welches Unterdrückungsverhältnis – Patriarchat oder Kapitalismus – vorgängig und langlebiger sei. Quelle der hitzig geführten Diskussionen war Marx' Auffassung, dass das Kapitalverhältnis und folglich die ökonomische Stellung in der Gesellschaft das zentrale Ungleichheitsverhältnis sei.

Insbesondere in den 1970er Jahren tobten heftige theoretische Kämpfe über die richtige Marx-Interpretation und Blindstellen in seinem Werk. Eine der damaligen Protagonist:innen der Theorieströmung des »feministischen Sozialismus« (die sich wesentlich in der Tradition der Marx'schen Gesellschaftsanalyse sah), Frigga Haug, reflektiert diese historische Phase als einen sich mühsam durchsetzenden wissenschaftstheoretischen und politischen Paradigmenwechsel. Es bedurfte intensiver, teils heftig geführter Debatten, sich nicht mehr »ausschließlich auf kapitalistische Ausbeutung zu konzentrieren« (Haug 2004: 50), sondern Patriarchat *und* Kapitalismus als »sich wechselseitig stützende [...] Herrschaftsverhältnisse« (ebd.) anzuerkennen. Die Antwort auf dieses Deutungsangebot der Frauenbewegung sei aufseiten der »Organisationen der Arbeiterbewegung als Vorwurf die Rede vom ›Haupt- und Nebenwiderspruch‹, der sich bald auch wie Pech an die Feministinnen heftete« (ebd.). In der feministischen Marx-Debatte wurde das Diktum gleichwohl produktiv aufgegriffen (z. B. Scheele/Wöhl 2018), bisweilen aber als (vulgär-)marxistisch betrachtet, da die Rede vom Haupt- und Nebenwiderspruch gar nicht von Marx selbst stammt. Zugleich blieben viele feministische Theoretikerinnen »den Kernelementen der marxistischen Kapitalismus-, Gesellschafts- und Herrschaftskritik verbunden« (Scheele/Wöhl 2018: 9). Mannigfach wurde seitdem auf die »androzentrischen Verkürzungen« (Beer 1989) des Marx'schen Theoriegebäudes hingewiesen, die in Marx' Verleugnung von Hausarbeit als Arbeit und in seiner Verkürzung gesellschaftlicher Verhältnisse auf ökonomische Konflikte wurzeln.

Weber: Patriarchalismus als Herrschaftsform

Für Weber war ›Arbeit und Geschlecht‹ kein vordringliches Thema. Vielmehr nimmt er insbesondere die Familie als Ort geschlechtsspezifischer Machtverhältnisse in den Blick. Dabei bringt er einen Begriff ins Spiel, der in der Frauenbewegung erst ab den 1970er Jahren zu großer Form auflaufen wird: den Patriarchalismus (Weber 1972 [1922]). Dieser Begriff ist Bestandteil von Webers Herrschaftssoziologie. Er versteht den Patriarchalismus als eine vormoderne, private Herrschaftsform. Allerdings verwendet er ihn nicht als Pendant zum Begriff der Klassenherrschaft. Für Weber ist das Patriarchat kein die westliche Welt umspannendes Strukturverhältnis, das sich mit der kapitalistischen Wirtschaftsform etablieren konnte. Er definiert den Patriarchalismus vielmehr als regellose und rechtlose Vorherrschaft des Mannes im privaten Haushalt. Sie beruhe auf persönlicher Unterwerfung unter den Herrn und trage Züge von »Sklaverei« innerhalb einer haushaltsbezogenen »Schicksalsgemeinschaft« (Weber 1972: 581).

»Bei der patriarchalen Herrschaft ist es die persönliche Unterwerfung unter den Herrn, [...] und nur [...] seiner Herrengewalt entstammen ihrerseits ›Normen‹ [...]. Immer aber geht die Tatsache, daß dieser konkrete Herr eben der ›Herr‹ ist, im Bewusstsein der Unterworfenen allem anderen voraus; und soweit seine Gewalt nicht durch [...] konkurrierende Gewalten begrenzt ist, übt er sie schrankenlos und nach freiem Belieben, vor allem: regelfrei (aus, AM).« (Weber 1972: 580)

Im Kern beschreibt Weber hier eine traditionell gewachsene Willkürherrschaft, die sämtliche Gemeinschaftsmitglieder unterwirft und sie nach Gutdünken ausbeutet. Denn die männliche »Hausgewalt« (Weber 1972: 581) sei durchaus eigentumsartig organisiert. So stünden sowohl sämtliche der im Haushalt lebenden Kinder als auch Frauen unter der Kuratel des Herrn, »sei es als Weib oder Sklavin [...] als ›seine‹ Kinder, wie [...] Vieh« (ebd.). In ihrer reinsten Ausprägung sei die »Hausherrschaft« (Weber 1972: 582) nicht nur autokratisch, sondern als Erbfolge organisiert. Im Zweifel gehe daher auf den neuen Hausherrn auch das Recht auf »die geschlechtliche Benutzung der Weiber« (ebd.) über.

Die patriarchalische Herrschaft, für die die persönliche Autorität des Herrn charakteristisch ist, sieht Weber als »vorbürokratisches« Strukturprinzip, das von der bürokratischen Herrschaft abgelöst werde. Patriarchalismus erscheint dabei als ursprüngliche Quelle der politischen Herrschaft in der bürokratisch und rational verfassten modernen Gesellschaft. Von daher beschreibt Weber die patriarchalische Herrschaft als eine Art Übergangsphänomen, das zwei gegenläufigen Entwicklungssträngen vorausgeht: a) der Abschwächung der schrankenlosen Vatergewalt durch ständische, staatliche und religiöse Kräfte (Weber 1972: 224 f.) und b) der Erweiterung patriarchaler Gewalt durch die Politisierung als Organisationsprinzip politischer Verbände (Weber 1972: 583; siehe Wobbe 2011: 54). Patriarchale Herrschaft erscheint primär als traditionales Gewaltverhältnis, dessen sich die Unterworfenen bewusst sind. Als solche betrachtet Weber sie als Ausgangspunkt der Bewegung der Herrschaft »vom Haushalt zum Betrieb einerseits und zur Politik andererseits« (Wobbe 2011: 55). Darin unterscheidet sich Webers Konzept vom feministischen Sprachgebrauch des späten 20. Jahrhunderts. Denn aus geschlechtertheoretischer bzw. feministischer Sicht sind Patriarchat und Kapitalismus als zwei ineinander verschränkte

Systeme der Frauenunterdrückung zu sehen, »da in der Familie auch der Kapitalismus herrsche und im Kapitalismus das Patriarchat« (Scheele/Wöhl 2018: 9). Weber jedoch verknüpft seine Version des Patriarchalismus nicht mit dem Industriekapitalismus, sondern mit der vormodernen Gesellschaft bzw. mit traditionalen Herrschaftsformen.

Webers Verständnis des Patriarchalismus wurde in der feministischen Gesellschaftskritik kaum aufgegriffen. Die feministische Arbeitsforschung hat sich stärker an Marx als an Weber abgearbeitet. Vereinzelt wurde dennoch gegen dessen Deutungsangebot zur patriarchalen Herrschaft eingewendet, dass es »eine statische Sicht auf die Unterordnung von Frauen innerhalb der Hausgemeinschaft nahelege« (Wobbe 2011: 53). Weber setze eine historisch zweifelhafte Unterlegenheit von Frauen voraus und betrachte die Ungleichheit der Geschlechter als natürlich. Frauen fungierten darin als Schutzbedürftige und Machtlose. Das Konzept trage dazu bei, »die Unvermeidbarkeit der Machtbeziehungen zwischen den Geschlechtern zu festigen« (Wobbe 2011: 54). Als zeithistorisch typischer Vertreter der bürgerlichen Idee des Geschlechterdualismus (Hausen 1976; Honegger 1991) erweist sich Weber, wenn er als Quelle des weiblichen »Autoritätsglaubens [...] die normale Ueberlegenheit der physischen und geistigen Spannkraft des Mannes« (Weber 1972: 581) anführt.

Weber historisiert den Patriarchalismus und erkennt im Zurückdrängen der Vatergewalt eine Grundlage für die moderne, rechtliche Form der Ehe. In diesem Punkt lässt sich seine Ehefrau Marianne sicherlich als seine intellektuelle Lotsin betrachten. In ihren rechtssoziologischen Schriften trat sie für eine rechtliche Gleichstellung von Ehefrauen und für eine Stärkung der Rechtsposition der Frauen im Bürgerlichen Gesetzbuch des neu gegründeten Deutschen Reichs ein; beide Webers, Max und Marianne, nahmen als öffentliche Intellektuelle an dieser Kontroverse über die ›Frauenfrage‹ in der bürgerlichen Gesellschaft regen Anteil. Wer also Max Webers Reflexion von Geschlecht würdigen will, kommt nicht um Marianne Weber herum. Denn durch ihr Wirken sind Schnittstellen zur Geschlechterforschung entstanden (dazu etwa Meuser 2010; Wobbe et al. 2011).

Durkheim: Arbeitsteilung der Geschlechter als organische Solidarität

Durkheim hat sich relativ viel mit der Beziehung von Männern und Frauen befasst. Dennoch waren die Geschlechterbeziehungen für ihn kein eigenständiger Gegenstandsbereich. Sie repräsentieren eher einen Mosaikstein in seiner Beschreibung der modernen Gesellschaft (Lallement 2011). Durkheim befasste sich nicht nur mit Erwerbsarbeit, seine Überlegungen zur Arbeitsteilung bezogen auch andere Arbeitsformen ein. In dieser Hinsicht interessierte er sich für die Geschlechterbeziehungen, insbesondere für die soziale Bedeutung der sexuellen Beziehungen von Männern und Frauen. Diese Probleme analysierte er vor allem in seinen Studien über die soziale Arbeitsteilung von 1893 und in der 1897 erschienenen Studie über den Selbstmord (Durkheim 1988 [1893], 1983 [1897]).

Wenn Durkheim von Arbeitsteilung der Geschlechter spricht, hat er ihre sozialen Folgen im Sinn. Jene Form der Arbeitsteilung allerdings, die später in der feministischen Debatte als geschlechtsspezifische Arbeitsteilung von Lohn- und Familienarbeit respektive Produktions- und Reproduktionstätigkeit begrifflich gefasst wurde (Becker-Schmidt/Knapp 2007), ist für Durkheim eher eine soziale Folge der sexuellen Arbeitsteilung. Diese stellt für ihn sogar das Fundament der modernen, bürgerlich-freiheitlichen Gesellschaft dar, da sie die Grundlage der heterosexuellen Ehe als arbeitsteilige Institution bildet und für ihn ein Ausweis organischer Solidarität ist (Durkheim 1988: 107). Durkheims Haltung zur Geschlechterfrage ist allerdings widersprüchlich. Einerseits progressiv-liberal, ging er nicht von natürlich bedingten Wesensunterschieden, sondern von historisch herausgebildeten Geschlechterunterschieden aus. Hier war er konsistent in seiner Argumentation, da er Geschlechterunterschiede als soziale Tatsache betrachtet. Andererseits lassen sich stereotypisierende Züge seiner Erklärungen nicht abstreiten, etwa wenn er konstatiert, dass der Mann »fast ganz ein Produkt der Gesellschaft« sei, die Frau hingegen »in viel höherem Maße so geblieben ist, wie [sie] von der Natur erschaffen wurde« (Durkheim 1983: 458).

> »Man könnte sagen, daß sich die beiden großen Funktionen des psychischen Lebens getrennt haben, daß eines der Geschlechter die Gemütsfunktionen und das andere die Verstandesfunktionen übernommen hat.« (Durkheim 1988: 106)

Diese Beschreibung verdeutlicht, dass Durkheim die dualistische Geschlechterkonzeption nicht als natürliche betrachtet, sondern als Ausweis der funktional differenzierten modernen Gesellschaft. Mit der folgenden Aussage hingegen steigert er die sozial erworbene Naturverbundenheit von Frauen geradezu ins Misogyne.

> »Die Frau ist weniger am Zivilisationsgetriebe beteiligt als der Mann; sie nimmt weniger daran Teil und zieht aus ihm weniger Gewinn; sie erinnert mehr an gewisse Züge primitiver Naturen.« (Durkheim 1988: 304)

Diese befremdlich erscheinenden Sätze sind im Lichte ihrer Zeit zu sehen. Michael Meuser (2010) und Isabelle Berrebi-Hoffmann (2011) unterstreichen, dass Durkheim zwar bekannte Deutungsmuster reproduziert, nach denen der Mann das Außen und die Kultur repräsentiere und die Frau auf der Seite der irrationalen Natur stehe. Doch seine Erklärungen ließen »eine strikt soziologische Perspektive erkennen« (Meuser 2010: 43), weil er diesen

Dualismus nicht als naturgegeben, sondern als soziale Tatsache betrachte. Zudem weist Berrebi-Hoffmann (2011) auf eine subtile Widersprüchlichkeit bei Durkheim hin, die in seiner Einschätzung zwischen privater und institutioneller Geschlechterordnung auftrete. Denn der natürliche Ausgangspunkt der Geschlechter sei (ganz im Sinne von Rousseau) eine moralische (ontologische) Gleichheit, die sich, wie er hoffte, im Laufe des langfristigen gesellschaftlichen Fortschritts auch wieder einstellen werde, da er die soziale Geschlechtsdifferenz als »bedauernswerten, moralischen Konflikt« (Durkheim 1983: 59) bewertet, den es zu mildern gelte. Somit artikuliert er sich als Vertreter einer Gleichheit in Differenz (Berrebi-Hoffmann 2011). Allerdings darf nach Durkheim die institutionell-rechtliche Gleichheit der psychologisch-moralischen nicht vorausgehen.

> »Wer für die kommenden Zeiten für die Frau das gleiche Recht verlangen will wie für den Mann, übersieht [...], dass das Werk von Jahrhunderten nicht in einem Augenblick abgeschafft werden kann, und dass [...] formelle Gleichheit solange nicht rechtens sein kann, als die psychologische Ungleichheit so eklatant ist.« (Durkheim 1983: 459)

Geschlecht in Arbeit, Arbeit am Geschlecht

Das Anliegen der soziologischen Klassiker war es, die Anatomie der bürgerlichen Gesellschaft im 19. Jahrhundert samt ihrer Wirtschaftsform, dem Industriekapitalismus, zu vermessen. Sie ignorierten dabei weder die Geschlechterverhältnisse noch ihre Bedeutung für die Arbeit. Allerdings ging es ihnen nicht um die kritische Inspektion der Geschlechterverhältnisse. Zumindest für Weber und Marx trifft zu, dass sie die Bedeutung von Geschlecht als soziale Kategorie nicht untersuchten. Vielmehr interessierten sie sich für die Kategorie Geschlecht in erster Linie aus dem Blickwinkel ihrer »Großtheorie«, nämlich als vornehmlich ökonomisch getrieben bzw. als ständisch strukturiert (Gottschall 2000: 59).

Marx sah bei der Installierung von weiblichen und männlichen Zuständigkeitsbereichen die Ökonomie als treibende Kraft, während Weber zudem kulturelle und religiöse Gründe für die männliche Vorherrschaft erkannte. In seiner Herrschaftssoziologie beschreibt er Patriarchalismus als regellose Vorherrschaft des Mannes in einem Haushalt bzw. in der Familie. Damit hat er einen Begriff vorweggenommen, der später in der feministischen Forschung als Gegenbegriff zur Klassenherrschaft etabliert wurde (Cyba 2008). Durkheim widmete sich den Geschlechterbeziehungen und ihren empirischen Ausprägungen vergleichsweise explizit. Sein Fokus lag auf der Arbeitsteilung der Geschlechter, wobei er deren sexuelle Beziehungen als Bestandteil einer modernen organischen Solidarität fasste. Er verstand Geschlechterdifferenzen als sozial hergestellt, deren soziale Ungleichheiten als notwendigen moralischen Konflikt der Moderne. Wenngleich Durkheim kein Gegner der Frauenemanzipation war, stand er im Unterschied zu Weber den Forderungen der Frauenbewegung nach rechtlicher und institutioneller Gleichstellung eher skeptisch bis ablehnend gegenüber (Berrebi-Hoffmann 2011: 22). Webers Sichtweise auf die patriarchalische Hausgewalt war hingegen davon gekennzeichnet, dass er die Geschlechterbeziehungen als »natürlich« ungleich betrachtete. Er kennzeichnete die patriarchale Hausgewalt als recht- und regelloses Gewaltverhältnis der vormodernen Gesellschaft, das durch die rechtsförmige Ehe gezügelt werde (Wobbe 2011: 61). Pointiert gesagt, argumentieren Durkheim und Weber gegenläufig: Durkheim geht von einer ursprünglichen Gleichheit der Geschlechter aus, die in der modernen Gesellschaft verloren geht. Weber erkennt eine vermeintliche natürliche Überlegenheit des Mannes, die durch das moderne Rechtssystem gezügelt wird.

Indem die hier behandelten Klassiker in unterschiedlichem Ausmaß und mit je eigenen theoretischen Schwerpunkten die Geschlechterverhältnisse thematisierten, leisteten sie ihren Beitrag zur Theoretisierung des Problems. Das gemeinsame Kennzeichen der Klassiker in ihrer Sichtweise auf Gesellschaft war zugleich, dass sie Erwerbsarbeit als Normalzustand der modernen Gesellschaft verstanden. Vor diesem Hintergrund wurden die differenztheoretischen Geschlechternormen und die damit verbundenen Abwertungen von Frauen bzw. des weiblichen Sozialcharakters in den Denkweisen des 19. Jahrhunderts durch Marx, Weber und Durkheim mitgetragen und sozialwissenschaftlich verstärkt. Dies zeigte sich etwa daran, dass Haus- und Care-Arbeit als nachrangige Arbeit betrachtet wurden, seitdem die Lohnarbeit in Verbindung mit der bürgerlichen Kleinfamilie zum Fixpunkt der gesellschaftlich organisierten Arbeit und ihrer Analyse aufgestiegen war. In der Folge wurde die Privatsphäre als Rekreationssphäre konstruiert, die der Erholung und Reproduktion der Arbeitskraft dient – und als stereotyper, aber ökonomisch an sich wertloser Wirkungskreis von Frauen installiert.

Insgesamt bieten die Klassiker verschiedene Anknüpfungspunkte, um Erwerbsarbeit in ihrer gesellschaftlichen Einbettung zu verstehen, die sich jeweils aus deren allgemeinem Theorieprogramm ergeben. Gleichwohl lässt sich Arbeit in ihrer ganzen Komplexität, insbesondere im Hinblick auf ihre geschlechtsspezifischen Aspekte und ihre Vergeschlechtlichung, allein mit Marx, Weber oder Durkheim nicht befriedigend erfassen. Vielmehr waren die Klassiker insofern Kinder ihrer Zeit, als sie die zeitgenössischen Wissenschaften und deren »Sonderanthropologie des Weiblichen« (Honegger 2011) soziologisch je spezifisch validierten und auf diese Weise eine weitgehend geschlechtsblinde Analyse von Arbeit legitimierten. Damit eröffneten sie nicht zuletzt eine Quelle langwährender Auseinandersetzungen um die Bedeutung der Kategorie Geschlecht in den Theorien der Arbeit.

IV Perspektiven auf Arbeit in der fordistischen Industriegesellschaft

Die Theorien von Marx, Durkheim und Weber hatten die grundsätzlichen Strukturmerkmale des Kapitalismus im Blick: Arbeitsteilung, Rationalisierung, Technik, Ausbeutung. Gegenstand ihrer Betrachtungen waren die europäischen Gesellschaften von den Anfängen des Kapitalismus und der beginnenden Industrialisierung bis hin zur Wende zum 20. Jahrhundert. Die darauf folgenden Theorien der Arbeit, die in diesem Teil der Einführung im Mittelpunkt stehen, hatten zumeist einen kleinformatigeren Anspruch. Der Kapitalismus galt als etabliert, seine Entstehung nicht mehr als besonders erklärungsbedürftig, seine Grundmerkmale (abgesehen von eher begriffstheoretischen Debatten) als wenig strittig. Über sein mögliches Ende wurde, spätestens seitdem klar wurde, dass die kommunistischen Revolutionen regional begrenzt blieben, im Wesentlichen nur von Marxist:innen debattiert. In den Mittelpunkt der Arbeitstheorien rückten nun vor allem die Entwicklungstendenzen innerhalb des Kapitalismus. Dabei konnte durchaus an zentrale Fragen des theoretischen Dreigestirns angeschlossen werden: Was bedeuten die Prinzipien der gesellschaftlichen Rationalisierung, wie Weber sie im Blick hatte, wenn man die Organisation von Arbeit in den Betrieben betrachtet? Wie entwickelt sich die Arbeitsteilung, Durkheims zentrales Thema, mit der fortschreitenden Technisierung von Arbeit, und was bedeutet das für die gesellschaftliche Integration oder, aus der Perspektive von Marx, für die Unterwerfung der Arbeiter:innen (oder im Gegenteil für ihre mögliche Befreiung)? Welche Vorstellungen von ihrer sozialen Lage und ihrer Zusammengehörigkeit bzw., mit Marx formuliert, welches Klassenbewusstsein bildet sich in den Prozessen von fortschreitender Rationalisierung, Technisierung und Arbeitsteilung heraus?

Dies sind die zentralen Themen, die die Diskussionen um Arbeit im 20. Jahrhundert jahrzehntelang geprägt haben. In diesem vierten Teil der Einführung betrachten wir diejenigen Theorien und Analysen von Arbeit, die mit der Epoche des *Taylorismus* beziehungsweise des *Fordismus* verbunden sind, die bis etwa in die 1970er Jahre reicht. Vorab umreißen wir kurz, was mit diesen Epochenbegriffen gemeint ist. Dann steht die Diskussion um *Automatisierung* im Mittelpunkt. Sie kreist um die Frage, ob die ökonomischen und technischen Entwicklungstendenzen zu einer immer weiter fortschreitenden Degradierung der menschlichen Arbeit führen (wie Marx für die weitere Entwicklung im Kapitalismus prognostiziert hatte) oder ob im Gegenteil die Arbeitskraft in der automatisierten Fabrik requalifiziert und aufgewertet wird (IV.1). Damit verknüpft stellt sich die Frage nach den subjektiven Vorstellungen und Ansprüchen der Beschäftigten (IV.2). Finden die Arbeiter:innen angesichts von verschärfter Ausbeutung zu einem kollektiven Klassenbewusstsein? Oder entsteht ein »Produzentenstolz«, der womöglich zu einer wachsenden Integration der alten Arbeiter:innenschaft in die Gesellschaft führt?

Auf diese beiden thematisch ausgerichteten Kapitel folgt der Blick auf eine bestimmte konzeptionelle Perspektive: Die Labour Process Theory ist seit den 1970er Jahren zu einem der wichtigsten internationalen Ansätze der kritischen Arbeitsanalyse geworden. Sie schließt an die Frage nach der Unterwerfung oder Integration der Arbeitenden an, formuliert die Antworten aber weniger aus einer technikzentrierten, vielmehr aus einer machttheoretischen Perspektive (Kap. IV.3). Für die genannten Debattenfelder um Arbeit im Fordismus gilt ebenso wie für die Theorien der drei Klassiker der Arbeitsanalyse: Ihr Blick ist androzentrisch, im Mittelpunkt steht industrielle Erwerbsarbeit. Damit ist eine doppelte Ausblendung verbunden. Es fehlt nicht nur weitgehend eine Analyse reproduktiver Arbeit jenseits der Warenförmigkeit; auch innerhalb der Erwerbsarbeit werden solche Tätigkeitsfelder in den Mittelpunkt gerückt, die stark männlich geprägt sind. Die feministischen Diskussionen erweitern nicht nur das Blickfeld auf Arbeit, sondern nehmen zugleich auch neue theoretische Positionen ein (Kap. IV.4). Spätestens seit Mitte der 1980er Jahre zeigt das tayloristisch-fordistische Arrangement von Arbeit Erosionstendenzen. Die zeitgenössischen sozialwissenschaftlichen Interpretationen deuteten dies nicht einfach als typisches Phänomen eines üblichen sozialen Wandels, sondern riefen eine tiefergehende *Krise der Arbeitsgesellschaft* insgesamt aus (Kap. IV.5).

Frederick W. Taylor war ein ganz anderer »Theoretiker der Arbeit« als Marx, Durkheim oder Weber. Er war kein philosophischer oder sozialwissenschaftlicher Beobachter der Umbrüche der industriellen Arbeitsgesellschaft; er wollte ihr Gestalter sein, zumindest auf der betrieblichen Ebene. Dies ist ihm durchaus gelungen: Eine ganze Periode der Entwicklung kapitalistischer Arbeit trägt seinen Namen: »Taylorismus«. Taylors Mission war es gewissermaßen, die von Weber so eindrücklich beschriebenen Prinzipien des okzidentalen Rationalismus in den Unternehmen wirksam werden zu lassen. Dies betrifft insbesondere die Bereiche Arbeitsorganisation und Führungstechniken, die bis dahin – im auffälligen Kontrast zur technischen Rationalität der Anlagen und Maschinen – häufig durch Willkür geprägt waren. Sein Hauptziel war die Einführung exakter wissenschaftlicher Methoden, der Prinzipien von Experiment, Kalkulation und

Optimierung. Die Hauptübel, die er bekämpfen wollte, waren »Drückebergerei« und unsystematisches »Faustregel«-Wissen.[25]

Die »Drückebergerei« der Arbeiter:innen führte er einerseits auf die menschliche Natur zurück, andererseits auf schlechte Anreizsysteme und Führungstechniken, die Konflikte befördern. Taylor entwarf demgegenüber ein Modell eines effektiven, nach wissenschaftlichen Prinzipien organisierten Unternehmens, von dessen Prosperität beide Seiten gleichermaßen profitieren sollten und das zu einer Harmonisierung der Arbeitsbeziehungen führen werde. Zwei der Grundprinzipien lauten: erstens eine systematische Personalauswahl anhand objektiver Kriterien und praktischer Testverfahren; zweitens eine Ausführung der einzelnen Arbeitstätigkeiten und -schritte streng nach wissenschaftlichen Kriterien. Die Beschäftigten sollten nicht auf Basis eigenen Erfahrungswissens oder informellen Austauschs arbeiten, sondern nach strikten Vorgaben der Unternehmen, die auf einer systematischen Kalkulation des besten Wegs der Arbeitsausführung basieren. Konzeption und Ausführung von Arbeit sollten also klar getrennt sein.

Die wissenschaftliche Ermittlung der richtigen Arbeitsweise geschieht dabei nicht am Reißbrett, sondern durch Beobachtung besonders effizienter Arbeiter:innen. Ihre Arbeit wird genauestens analysiert und in Einzelaufgaben zerlegt, sodass für jeden einzelnen Arbeitsschritt bis hin zu einzelnen Handbewegungen die optimale Ausführung ermittelt werden kann. Es geht dabei immer um die *eine* beste Methode des Arbeitens. Dazu dienen Zeit- und Bewegungsstudien. Die massive Einschränkung der individuellen Selbstständigkeit stellt Taylor nicht als Degradierung dar, vielmehr preist er sie als Entlastung der Arbeiter:innen, als faire Aufteilung der Verantwortung zwischen ihnen und dem Management. Für die wissenschaftlich korrekte Ausführung der Arbeitstätigkeit sollen die Arbeiter:innen einen Pensumlohn erhalten, also eine definierte Summe für eine definierte Arbeitsleistung.

Interessant ist ein Punkt, der in der Diskussion um Taylor wenig beachtet wird: Auch wenn er überwiegend in Kategorien der Zweckmäßigkeit und Rationalität argumentiert, finden sich in Taylors Konzept immer wieder Hinweise auf Gerechtigkeitsprinzipien, die seine Ausführungen zu Leistung und Lohn grundieren. Das geforderte Arbeitspensum ist nicht nur wissenschaftlich korrekt ermittelt, es besteht gewissermaßen aufseiten der Arbeiter:innen auch eine moralische Pflicht, es zu erfüllen, die über eine extrinsische Orientierung an der Vergütung oder der Vermeidung von Sanktionen hinausgeht. So spricht Taylor immer wieder von einer »angemessenen Tagesleistung« oder einem »richtigen Tagwerk«, das »billigerweise verlangt« werden kann (im Original: »a fair day's work«, »a proper day's work«).[26] Wissenschaftlichkeit und Gerechtigkeit sind dabei aufs Engste verknüpft: Gerecht ist, was auf wissenschaftlicher Grundlage bestimmt werden kann.

Eine Harmonisierung der Beziehungen zwischen Unternehmen und Beschäftigten behauptet Taylor auch im Fall der systematisierten Personalauswahl und -bewertung. Diese betrachtet er nicht in erster Linie unter der Perspektive von Selektion und Hierarchisierung. Wer einen Job nicht erhält oder diesen verliert, wird seiner Vorstellung nach gleichsam erlöst, nämlich von einer Tätigkeit, die seinen oder ihren Fähigkeiten und Kompetenzen nicht entspricht.

Zwischen dem Taylor-System als Managementlehre, so wie Taylor sie formuliert hat, und dem, was dann in der Rationalisierungsepoche, die bis heute als »Taylorismus« bezeichnet wird, in der Arbeitspraxis tatsächlich geschah, muss unterschieden werden. Bestimmte Elemente des Taylor-Systems erwiesen sich in der Praxis schlicht als untauglich, etwa das von ihm vorgeschlagene überdifferenzierte System von insgesamt acht Funktionsmeistern, die unterschiedliche Aufgaben übernehmen sollten (u.a. technische Unterweisung, Zeitermittlung, Kontrolle des Arbeitsergebnisses). Der für Taylors Prinzipien so zentrale Pensumlohn (ein vergleichsweise hoher fester Lohn für ein fest definiertes Arbeitspensum, ggf. mit Strafen bei Unterschreitung) wurde in der Praxis häufig zum Akkordlohn – eine Vergütungsform, die Taylor gerade für besonders untauglich hielt, weil sie Leistungszurückhaltung befördere. Und die Umsetzung der neuen Rationalisierungsprinzipien verlief keineswegs harmonisch, wie es nach Taylors Postulaten hätte geschehen müssen. Erste Anwendungen seiner Prinzipien hatten für massive Auseinandersetzungen in den Betrieben gesorgt, am berühmtesten der Streik 1911 im »Watertown-Arsenal« der Armee, der zur Einsetzung einer nationalen Kommission zur Beurteilung des Taylor-Systems und schließlich zu seinem Verbot in staatlichen Organisationen führte (ausführlich zu interessenpolitischen Auseinandersetzungen um die wissenschaftliche Betriebsführung: Ebbinghaus 1984).

Taylor selbst hat die Konflikte auf eine fehlerhafte Umsetzung seines Managementverfahrens und den schlechten Einfluss der Gewerkschaften zurückgeführt. Fakt ist, dass er nur solche Unternehmen für seine Experimente auswählte, in denen die Gewerkschaften schwach waren, um Konflikten vorzubeugen. Zunächst begann die Umsetzung der tayloristischen Prinzipien schleppend. Die Einführungskosten sind hoch, nicht überall sind die stofflichen und produktionstechnischen Bedingungen gegeben, um die Prinzipien überhaupt sinnvoll anwenden zu können (z.B. bei Fertigung in kleinen Serien); nicht zuletzt bedeutete das Taylor-System eine Entmachtung der unteren Führungsebene, die gegenüber den Ingenieur:innen und Techniker:innen der Arbeitsplanung erheblich an Einfluss verlor und daher nur widerwillig mitmachte. Das alles änderte aber nichts am grundsätzlichen Siegeszug der propagierten Prinzipien, der auch über die Betriebe hinauswirkte. In den 1920er Jahren wurde die systematische Rationalisierung schließlich zu einem breit geteilten gesellschaftlichen Leitbild, und sie blieb keineswegs auf Erwerbsarbeit beschränkt. Auch der lebensweltliche Alltag, die unbezahlte Hausarbeit oder die Erziehung sollten nun gemäß den Prinzipien von Effizienz und Rationalität organisiert werden (Siegel 1993).

Im allgemeinen Sprachbegriff ist »Taylorismus« nach und nach zur Chiffre geworden für dequalifizierte, zergliederte, standardisierte und in hohem Maße entfremdete Arbeit, in der jeglicher Dispositionsspielraum der Arbeiter:innen getilgt ist. Und die kritische Arbeitsforschung konkurriert bis heute darum, in jeglichen Arbeitsformen einen »Neo-« oder aktuell auch einen »digitalen« Taylorismus zu wittern und dabei gelegentlich zu vergessen, dass es darüber hinaus noch andere kritikwürdige Aspekte von Arbeit gibt, die sich gerade in post-tayloristischen Arbeitsformen finden (siehe Kap V.2).

Der zweite viel genutzte Epochenbegriff ist der des *Fordismus*, häufig auch in direkter begrifflicher Kombination als »Taylor-Fordismus«. Aufgebracht hat den Fordismus-Begriff der italienische kommunistische Theoretiker Antonio Gramsci.[27] Zu einer allgemein etablierten Bezeichnung für eine Epoche kapitalistischer Entwicklung ist er vor allem durch die *Regulationstheorie* (Aglietta 1979; Lipietz 1985; Hirsch & Roth 1986) geworden, einen heterodoxen Ansatz der Wirtschaftswissenschaften, der eine modifiziert-marxistische Analyse von »Akkumulationsregimen« (epochenspezifischen Prinzipien der Kapitalverwertung) in Zusammenhang bringt mit einer Untersuchung der politischen und gesellschaftlichen Institutionen (»Regulationsweisen«) und »Konsumnormen« der Bevölkerung.

In aller Kürze gesagt, beschreibt der Begriff Fordismus ein kapitalistisches Entwicklungsmodell, das aus einer Verbindung von standardisierter Massenproduktion und Massenkonsum mit vergleichsweise guten Löhnen, einer keynesianischen (nachfrageorientierten, antizyklischen) Wirtschaftspolitik und dem Ausbau wohlfahrtsstaatlicher Institutionen besteht. Konstitutiver Bestandteil ist zudem ein Modell geschlechtlicher Arbeitsteilung, in dem der Mann einer Erwerbsarbeit (idealtypischerweise in Gestalt eines »Normalarbeitsverhältnisses«) nachgeht und die Frau häusliche Sorgearbeit im Rahmen einer Kleinfamilie unbezahlt erledigt. Der Namenspate Henry Ford hatte in seinen Automobilwerken 1913 (nach dem Vorbild der Fleischindustrie) Fließbänder eingeführt und die ganze Produktion nach dem Fließprinzip organisiert, also als systematischen Zusammenhang, in dem alle Bestandteile des Produktionsprozesses entlang des Fertigungsflusses aufgereiht werden und ineinandergreifen.[28] Flankiert und kompensiert wurde die höchst intensive Arbeit durch verkürzte Arbeitszeiten und vergleichsweise gute Entlohnung.[29] Der Begriff »Fordismus« meint in der aktuellen Begriffsverwendung aber nicht allein dieses betriebliche Produktionskonzept, sondern ein umfassendes ökonomisch-soziales Gesellschaftsmodell, das für eine Phase der kapitalistischen Entwicklung prägend war.[30]

IV.1 Industriearbeit und Technik: die Debatten um Automatisierung

Das Taylor-System war zunächst eine Organisationstechnologie. Zwar verband sie sich in der Praxis mit der Soziotechnik Fließband, in der sie gewissermaßen ihre ideale Materialisierung fand. Tayloristische Prinzipien waren aber viel weiter verbreitet als

Fließbandarbeit, die spezifische Anwendungsmöglichkeiten zur Voraussetzung hatte. Aber wie historisch dauerhaft sind Taylorismus und Fließbandarbeit? Sind sie Merkmal einer bestimmten Entwicklungsphase oder sind sie Ausdruck des kapitalistischen Rationalisierungsprinzips schlechthin, also die gleichsam zu sich selbst gekommene kapitalistische Produktionsweise, wie Harry Braverman annahm (siehe Kap IV.3)? An dieser Frage entspann sich, ausgehend von Frankreich, die »Automationsdebatte«, die in den 1960er und frühen 1970er Jahren ihren Höhepunkt hatte. Ihre Kernfrage lautete: Führt die technische Entwicklung dazu, dass sich die rigiden Strukturen des Taylorismus auflösen, dass der Kontrollverlust der Produzierenden über den Arbeitsprozess und die Dequalifizierungstendenzen zum Stillstand kommen oder sich gar in ihr Gegenteil verkehren?

Mit einem klaren Ja beantwortete der unorthodox-marxistische Arbeitssoziologe Serge Mallet diese Frage in seiner einflussreichen Studie *Die neue Arbeiterklasse*, die 1963 im französischen Original erschien (dt. 1972). Die Technisierung der Produktion habe in den »fortgeschrittenen Industrien« eine neue Qualität gewonnen, die die Rolle und Bedeutung der menschlichen Arbeit grundlegend neu definiere.

> »In der automatisierten Industrie ändert sich die Natur der Arbeit des Arbeiters vollkommen: man spricht besser von ›Überwacher‹ oder ›Operateur‹ als von Produzent im eigentlichen Sinne des Wortes. In letzter Konsequenz schaltet die Automation, wie es scheint, den Menschen aus der Produktion von Gebrauchswerten aus; diese werden durch andere Produktionsgüter erzeugt, die sich selbst berichtigen, ihre eigenen Unvollkommenheiten korrigieren und sich sogar selbst produzieren können.« (Mallet 1972 [1963]: 79)

Die Arbeiter:innen verlassen ihre Position des unmittelbaren Produzenten und nehmen in erster Linie kontrollierende und überwachende Funktionen ein, um den nunmehr automatisch ablaufenden Produktionsprozess aufrechtzuerhalten. Der historische Prozess des Verlusts an Initiative und Einfluss der Arbeiter:innen, wie er für den Übergang von der handwerklichen Produktion zum Taylorismus kennzeichnend war, dreht sich nun um. Parzellierte, isolierte Tätigkeiten werden, so Mallet, durch umfangreichere, teils auch besser qualifizierte ersetzt, Kooperation und Gruppenzusammenhang werden gestärkt.

»Wenngleich die Automation die Beziehung des Menschen zum Objekt vollständig ausschaltet, so stoppt sie doch durch die von ihr geschaffenen Arbeitsplätze die Zerstückelung der Arbeit und stellt auf der Ebene des Arbeitsteams, d. h. des Arbeitskollektivs, das Bild eines Gesamtarbeiters wieder her. Die Produktionseinheiten werden kleiner, und die menschlichen Beziehungen zwischen den Arbeitsgruppen sind lebhafter und weniger anonym als diejenigen, die man in der nach dem Taylor-System organisierten Fabrik beobachten konnte.« (Ebd.: 89)

Die »neue Arbeiterklasse« profitiert in mehrfacher Hinsicht: Sie ist sozial stärker integriert, besser bezahlt und genießt, weil die Unternehmen stärker von ihr abhängig sind, eine höhere Beschäftigungssicherheit. Das bedeutet für Mallet aber keineswegs, dass die neuen Arbeiter:innen generell stärker angepasst seien. Zwar strebten sie keine revolutionäre Machtübernahme an; auf Basis ihrer wiedergewonnenen Berufsautonomie entwickelten sie aber »Sinn für Initiative und Verantwortung« (Mallet 1970 [1965]: 112), stellten dysfunktionale Hierarchien und Privilegienwirtschaft infrage und forderten Mitbestimmung ein – nicht nur in der Arbeitswelt.

Es fällt leicht, Mallet übertriebenen Optimismus vorzuwerfen. Zwar sind seine Thesen durch umfangreiche empirische Studien gestützt, die er seit den späten 1950er Jahren durchgeführt hat. Dabei hat er aber explizit nur diejenigen Industrien einbezogen, die er für die Vorreiterbranchen hielt. Dies waren für ihn Prozessindustrien wie Chemie und Erdöl, außerdem Energiewirtschaft und Fernmeldewesen. Es liegt die Vermutung nahe, dass es hier eher die besonderen stofflichen Bedingungen der Industrien sind, die dazu führen, dass die Menschen gewissermaßen »neben« dem eigentlichen Produktionsprozess stehen und nicht selbst das materielle Produkt formen und bearbeiten. Generelle Entwicklungstendenzen lassen sich daraus nicht erschließen.

Vorschnelle Generalisierungen lassen sich der großen deutschen Automatisierungsstudie von Horst Kern und Michael Schumann *Industriearbeit und Arbeiterbewusstsein* von 1970 ganz sicher nicht vorhalten. Die Untersuchung des Soziologischen Forschungsinstituts (SOFI) Göttingen gilt bis heute als ein Klassiker der arbeits- und industriesoziologischen Forschung und basiert auf umfangreichen empirischen Erhebungen zu technischen Umstellungsprozessen mit einem breiten industriellen Branchenbezug. Ihr Befund lautet: Technisierung und Automatisierung sind keine linearen Entwicklungen und stehen nicht in einem eindeutigen Determinationsverhältnis zu Arbeitstätigkeit und Qualifikation, vielmehr lasse sich eine wachsende Diversität von Arbeitsstrukturen erkennen. Unter bestimmten Bedingungen führe Automatisierung tatsächlich zur Reduktion »repetitiver Teilarbeiten«. Anders als Mallet annahm, sei dies aber keine allgemeine Entwicklungstendenz. In vielen Fällen würden restriktive Arbeitsbedingungen auch bei verstärktem Einsatz von Automatisierungstechniken fortbestehen.

Bis dahin hatte in der Automatisierungsdebatte ein Drei-Stufen-Modell vorgeherrscht.[31] Auf eine Epoche, die durch qualifizierte Arbeit und hohe Einflussmöglichkeiten der Beschäftigten entsprechend einem klassischen Handwerkermodell geprägt ist, folgt eine Phase gering qualifizierter, entfremdeter tayloristischer Arbeit. Die fortschreitende Automatisierung führt dann in einem dritten Entwicklungsabschnitt zu einer Aufwertung von Qualifikation und Arbeiterinitiative, allerdings nicht als Rückkehr zum Handwerkermodell, sondern als Entwicklung zu einer neuen Tätigkeitsstruktur der »Automationsarbeiter: innen«, die überwiegend überwachende und kontrollierende Aufgaben übernehmen.

An die Stelle dieses schlichten Entwicklungsmodells stellen Kern und Schumann eine differenzierte Kategorisierung von acht Mechanisierungsstufen, denen wiederum insgesamt 15 Arbeitstypen zugeordnet sind. Bei bestimmten Mechanisierungsstufen, etwa der Fließbandfertigung, stünden generell nur wenig Dispositionsmöglichkeiten zur Verfügung und die Qualifikationsanforderungen seien gering. Bei anderen, insbesondere den neueren Mechanisierungsstufen könnten Qualifikationshöhe und Handlungsmöglichkeiten stark variieren – in Abhängigkeit davon, in was für Arbeitssystemen die jeweilige Technik eingesetzt wird. Für die Entwicklung wesentlich ist eine *Polarisierung* der Belegschaften, mit einer kleineren Gruppe von Rationalisierungsgewinner:innen und einer größeren Gruppe derjenigen, die in restriktiven Arbeitssituationen verharren müssen. Aber auch im Hinblick auf die Automationsarbeiter:innen, die bei Mallet im Zentrum stehen, fällt der Befund von Kern und Schumann zurückhaltend aus: Sie erlebten weiterhin eine generelle Ersetzbarkeit ihrer Arbeitskraft und entwickelten auch kein neues Leistungs- oder Expertenbewusstsein; auch neue Beteiligungsansprüche, die Mallet behauptet hatte, waren in der deutschen Industrie kaum zu finden. Ebenso wenig finde eine Angleichung an das Angestelltenbewusstsein statt (Kern/Schumann 1970).

Die Follow-up-Studie *Ende der Arbeitsteilung?* (Kern/Schumann 1984) wies eine geringere Untersuchungsbreite auf, formulierte dafür aber einen stärkeren prognostischen Anspruch.

Entsprechend pointiert fielen die Kernthesen aus. Behauptet wurde nicht weniger als ein grundsätzlicher Paradigmenwechsel in der Stellung der lebendigen Arbeit. Wurde sie in den Unternehmen bis dato als möglichst eng zu kontrollierende Restgröße angesehen, als Hindernis bei der möglichst weitgehenden technischen Durchdringung des Produktionsprozesses, so erfährt sie in automatisierten Produktionssystemen nunmehr eine ganz neue Wertschätzung.

> »Bisher beruhten alle Formen kapitalistischer Rationalisierung auf einem Grundkonzept, das lebendige Arbeit als Schranke der Produktion fasste, die es durch möglichst weitgehende technische Autonomisierung des Produktionsprozesses zu überwinden galt. In dem Residuum lebendiger Arbeit sah es vor allem den potentiellen *Störfaktor*, der durch restriktive Arbeitsgestaltung möglichst weitgehend zu kanalisieren und zu kontrollieren war. Dieser Ansatz wird heute nicht mehr nur aus der Perspektive der Beschäftigten, sondern auch aus der der *Kapitalverwertung* selbst in Frage gestellt. Gerade in einem historischen Moment der Explosion technischer Möglichkeiten zur Ersetzung menschlicher Funktionen, die gigantische Freisetzung zur Folge hat, mag dies paradox erscheinen, aber in eben dieser Zeit steigt auch das *Bewusstsein für die qualitative Bedeutung menschlicher Arbeitsleistung* und die Wertschätzung der besonderen Qualitäten lebendiger Arbeit.« (Ebd.: 19)

Die »Reprofessionalisierung der Produktionsarbeit« in den »neuen Produktionskonzepten« betrifft aber keineswegs alle Arbeiter:innen. Zwar sehen Kern und Schumann eine deutlich breitere Basis für solche Arbeitskonzepte als zuvor. Doch neben den »Rationalisierungsgewinnern«, den neu aufgewerteten industriellen Produktionsfacharbeiter:innen (später »Systemregulierer« genannt), steht eine Gruppe von »Rationalisierungsduldern« in den Betrieben, die kaum profitieren. Blickt man über die Kernbranchen hinaus, kommen auch »Rationalisierungsverlierer« in den Blick: Beschäftigte in ökonomisch krisenhaften

Betrieben und Branchen sowie schließlich auch die Arbeitslosen. Diese Formen der Hierarchisierung und Differenzierung in der Arbeiterschaft benennen Kern und Schumann als »Segmentierung« (als gewandelte Form der »Polarisierung«) der Arbeiter:innenschaft.

Insgesamt betrachtet lassen sich in der Automatisierungsdiskussion zunächst drei Positionen identifizieren: 1) diejenige, die die Entwicklung weiterhin durch eine fortschreitende Taylorisierung geprägt sieht und die »Automationsarbeiter:innen« bestenfalls als arbeiteraristokratische Sondergruppe versteht (etwa Braverman, s. u.), 2) als direkter Kontrast dazu diejenige, die einen grundlegenden Wandel mit einer Aufwertung der lebendigen Arbeit im industriellen Produktionsprozess sieht (Mallet, Blauner, mit geringen Abstrichen Kern/Schumann 1984), 3) dazwischen eine abwägende, empirisch differenzierte Position, die Vor- und Nachteile, Fortschritte und weiter bestehende Rigiditäten benennt (Kern/Schumann 1970). Für eine weitere, vierte Position steht André Gorz in seiner *Kritik der ökonomischen Vernunft* (siehe auch Kap. IV.5). Er teilt zwar die These, dass im Zuge der Automatisierung ein neuer Typus von Arbeitskraft entsteht, der durch Requalifizierung und neue Handlungsfreiheiten geprägt ist, bewertet dies aber völlig anders. Der »Prozessarbeiter« ist nicht in erster Linie ein erstarktes Subjekt, das Kontrolle über den Produktionsprozess wiedergewinnt, sondern ein entfremdetes Wesen, das durch Technisierung und Informatisierung von seinem Arbeitsgegenstand mehr und mehr abgetrennt wird und dadurch den materiell-sinnlichen Bezug zur Tätigkeit verliert. An die Stelle einer arbeitsinhaltlichen Orientierung auf den Produktionsprozess trete die bloße Erfüllung von sachlichen Funktionen.

> »Er arbeitet hauptsächlich mittels der Kenntnis und Entzifferung von Symbolen und Indikatoren. Den zu bearbeitenden Werkstoff handhabt und berührt er gar nicht mehr – ja, in den meisten Fällen sieht er ihn nicht einmal mehr, oder höchstens noch über ein Videosystem. Oder nicht einmal mehr über Videokameras, sondern auf einem Bildschirm, auf dem grafische Symbole, Kurven oder Chiffren den Produktionsprozess ›visualisieren‹ sollen. Der Gestaltungsprozess des Produkts selbst ist nicht mehr unmittelbar verständlich und kann nur noch entziffert werden, wenn man das entsprechende Modell bereits im Kopf hat. Die Fertigkeiten des Arbeiters werden dem jeweils bearbeiteten Gegenstand gegenüber weitgehend gleichgültig, betreffen nur noch die Kontrolle der Beziehung zwischen Technik und Produktverwaltung.« (Gorz 1989: 112)

Eine weitere Kritik artikuliert die »Projektgruppe Automation und Qualifikation« unter der Leitung von Frigga Haug. Sie vertrat bereits frühzeitig – als in der deutschen Arbeitssoziologie noch Degradierungsannahmen vorherrschend waren – die These einer qualifikatorischen Aufwertung durch Automatisierung. Dieser Prozess sei allerdings durchaus ambivalent zu bewerten, weil er immer auch einhergehe mit vergeschlechtlichten Abwertungsprozessen derjenigen, denen der verbesserte Status nicht zugestanden werde. Diese geschlechterbezogene Ungleichheit bleibe den Automatisierungsstudien nicht nur verborgen, diese verstärkten sie sogar. Kern und Schumann reproduzieren mit ihrer kaum übersehbaren normativen Parteinahme für den »Systemregulierer« ein überkommenes Ideal eines implizit männlich verstandenen Arbeiters, der in der Praxis gleichsam selbst mitwirkt bei Segmentierungs- und Unterordnungsprozessen (rückblickend: Haug 2019).

Während in den Automationsstudien die *Produktions*technik im Zentrum stand, formulierten die Forscher:innen vom Institut für Sozialwissenschaftliche Forschung (ISF) München Mitte der 1980er Jahre die These einer *systemischen Rationalisierung*, die auf arbeitsplatz- und betriebsübergreifenden *Vernetzungs*technologien basiert (Altmann et al. 1986).[32] Aktuelle Formen des Technikeinsatzes zielten nicht mehr primär auf die Rationalisierung von Einzelarbeitsplätzen, sondern vielmehr auf den gesamten betrieblichen und überbetrieblichen Verwertungszusammenhang, der qua Informations- und Kommunikationstechnik zunehmend zentral koordiniert und flexibel gesteuert wird. Daraus folgt eine andere Einschätzung hinsichtlich der Rolle der lebendigen Arbeit, als die zeitgleiche Diagnose der »neuen Produktionskonzepte« (Kern/Schumann 1984) sie formuliert. Das »elastische Potenzial« in den aktuellen Rationalisierungsweisen sind nicht die aufgewerteten Produktionsfacharbeiter:innen, sondern ist vielmehr die neue Vernetzungstechnologie. Von einer generellen Rückkehr der Produktionsintelligenz in den Betrieb kann aus dieser Perspektive keine Rede sein.

Zuvor hatte bereits das Institut für Sozialforschung (IfS) in Frankfurt mehrere Untersuchungen durchgeführt, die als »*Computerstudien*« Eingang in die arbeitssoziologische Diskussion gefunden haben und ebenfalls Steuerungstechnologien ins Zentrum rückten (Brandt et al. 1978; Benz-Overhage et al. 1981). Sie schließen theoretisch an das Konzept der »ökonomischen Doppelnatur des Kapitalismus« von Alfred Sohn-Rethel an. Der hieraus entwickelte »Subsumtionsansatz«[33] orientierte sich an Sohn-Rethels Unterscheidung zwischen zwei Formen »gesellschaftlicher Synthesis«, einer, die markt- oder wertökonomisch, und einer anderen, die produktions- oder zeitökonomisch verlaufe. Erstere umfasst die Herstellung gesellschaftlicher Zusammenhänge über Tauschbeziehungen, letztere die betriebliche Koordination von Prozessen in Zeitgrößen. EDV als »Organisationstechnologie« ermöglicht eine erhebliche Erhöhung des Integrationsgrades des Arbeitsprozesses und trägt zu einer neuen Stufe seiner zeitökonomischen Durchdringung bei. Die »Poren des Arbeitstages« werden mehr und mehr geschlossen, die Produktions- wird gegenüber der Marktökonomie gestärkt (Brandt et al. 1978). Die zweite Computerstudie revidiert diese Position etwas: Die EDV steht hier nicht mehr allein auf der Seite der eigenlogischen Produktionsökonomie, sondern wird zum Vermittlungsinstrument zwischen den widersprüchlichen Logiken von Produktions- und Marktökonomie (Benz-Overhage et al. 1981) – eine wichtige Beobachtung, die auch für die heutigen Digitaltechnologien noch Gültigkeit hat (vgl. Eichler et al. 2010).

Die Studien zu Produktions- und Vernetzungstechnik wurden später – nicht ganz zu Unrecht – massiv dafür kritisiert, dass sie trotz mancher Differenzierungen die Technik als die hauptsächlich treibende Kraft für die Veränderung von Arbeit ansahen. Aus Furcht vor dem lange Zeit grassierenden Vorwurf des »Technikdeterminismus« schlug das Pendel ab den 1990er Jahren in die Gegenrichtung aus: Die Technik geriet aus dem Blickfeld der Arbeits- und Industriesoziologie. Die Betriebe wurden nun bevölkert von Subjekten und Akteuren, von Kulturen und Strategien; Fragen der Materialität wurden weitgehend ausgeklammert. Erst mit der aktuellen Diskussion um Digitalisierung (Kap. VI.4) kehrt die Technikfrage wieder zurück – ohne dass allerdings auf die alten Untersuchungen zurückgegriffen würde. Aber gerade die Studien zu Informations- und Vernetzungstechnologien aus Frankfurt und München, die Technik nicht nur als Produktions-, sondern in erster Linie als Vernetzungstechnik thematisierten, haben bereits frühzeitig genau die Themen in den Mittelpunkt gerückt, die heute in der Digitalisierungsdiskussion wieder wichtig geworden sind. Sie dürften daher auch für aktuelle Debatten theoretische Impulse liefern können (Nies 2021).

IV.2 Arbeiterbewusstsein

Die »Automatisierungsdebatte« drehte sich nicht allein um den Zusammenhang von Technik und Arbeitsorganisation. Es ging dabei immer auch um die Folgen dieser soziotechnischen Umbrüche für die Vorstellungen und Deutungen und vor allem die interessenpolitischen Orientierungen der Beschäftigten, also um – in damaligen Worten – das »Bewusstsein«. Sind die neuen Automationsarbeiter:innen – anders als die klassischen Industriearbeiter:innen – nunmehr in die Gesellschaft integriert? Oder entwickeln sie angesichts ihrer aufgewerteten Stellung ein neues Selbst- und Leistungsbewusstsein, das sich in betrieblichen und politischen Beteiligungsansprüchen niederschlägt? Im Anschluss an Marx: Lässt sich noch von einem Klassenbewusstsein sprechen?

Diese Fragen wurden bis zu Beginn der 1980er Jahre auch jenseits der Automatisierungsdebatte intensiv beforscht und diskutiert. Das Pionierwerk dazu ist die Studie *Das Gesellschaftsbild des Arbeiters* von Heinrich Popitz, Hans Paul Bahrdt und Kollegen (Popitz et al. 1957). Auf Basis einer umfangreichen Befragung in einem Betrieb der Stahlindustrie unterscheiden die Autoren zwischen drei zentralen »Gesellschaftsbildern«, verstanden als »Gesamtbild, das sich der Befragte von der Gesellschaft und seiner eigenen Position in dieser Gesellschaft macht« (ebd.: 184): »Gesellschaft als Ordnungsgefüge«, »Gesellschaft als unabwendbare Dichotomie«, »Gesellschaft als Klassengesellschaft«.

Auffällig ist zunächst die geringe Bedeutung des dritten Gesellschaftsbildes. Dessen Variante im Sinne »revolutionsorientierter Klassenkampfvorstellungen« vertraten nur ein Prozent, ein stärker reformistisches, aber gleichwohl transformationsorientiertes Gesellschaftsbild vier Prozent der Befragten. Gleichmäßig verteilt mit jeweils 48 Prozent waren die Vorstellungen der Gesellschaft als »Ordnungsgefüge« und als »unabwendbare Dichotomie«. Dichotome Elemente finden sich allerdings auch in den anderen Gesellschaftsbildern, wenn auch in etwas geringerer Ausprägung. Typisch für die Stahlarbeiter[34] insgesamt waren Vorstellungen eines »Oben« und »Unten«; sie selbst zählen sich zum »Unten« und haben wenig Erwartungen, an dieser Position etwas ändern zu können. Die Abgrenzung nach »oben« erfolgt dabei auch positiv, als Vorstellung einer sinnhaften und sichtbaren (häufig körperlich verstandenen) Leistung der Arbeiter in Kontrast zu den Angestellten. Die Industriearbeiter haben durchaus ein Klassenbewusstsein im Sinne einer geteilten Vorstellung über ihre kollektive soziale Situiertheit. Dieses Klassenbewusstsein impliziert aber keine weitergehenden Umbruchs- oder gar Revolutionsvorstellungen.

Popitz und Kollegen erklären die Bewusstseinsinhalte anders als die Beiträge der Automatisierungsdebatte nicht aus den konkreten Arbeitserfahrungen oder deren technischen Bedingungen – hier haben sie keine relevanten Zusammenhänge gefunden. Für Gesellschaftsbilder ist kennzeichnend, dass sie gerade erfahrungsfern sind. Sie werden unter Rückgriff auf bestehende Deutungsangebote und politische Denktraditionen (z.B. Marxismus, Liberalismus) entwickelt. Dabei sind sie nicht unbedingt rational im Sinne einer Angemessenheit, z.B. im Hinblick auf die soziale Lage der Arbeit oder die gesellschaftliche Konstitution von Arbeit (eine Bewertung als »richtiges« oder »falsches Bewusstsein« verweigern die Autoren).

Ein zweites Referenzwerk der Forschungstradition ist die Studie zum »wohlhabenden Arbeiter« von John Goldthorpe und Kolleg:innen (1970, englisches Original 1968). Sie befasst sich mit einer neuen Gruppe von Arbeitern[35] in einer aufblühenden Industrieregion mit einem hohen Anteil von Qualifizierten und einem vergleichsweise guten Einkommen. Hintergrund der Fallauswahl war: Falls es eine Verbürgerlichung und eine Angleichung an die Angestellten im Arbeiterbewusstsein gibt, dann müssten diese gerade hier zu finden sein.

Der zentrale Befund wird zur These einer vorherrschenden »instrumentellen« Orientierung auf Arbeit verdichtet – eine These, die sich im weiteren Verlauf der arbeitssoziologischen Debatte zu einem Theorem verselbstständigte, das in vielen Studien eine Rolle spielte, aber nicht immer empirisch wirklich gedeckt war.

> »Die Arbeit hat in erster Linie als Mittel zu einem Zweck oder zu Zwecken Bedeutung, die außerhalb der Arbeitssituation liegen, d. h. die Arbeit wird als Möglichkeit betrachtet, das notwendige Einkommen zu erhalten, um ein Leben führen zu können, in das die Arbeit selbst nicht unbedingt integriert ist. Der Beruf wird so als ›Arbeit‹ im Sinn einer Kraftaufwendung für mehr äußerliche als innere Vergütungen verstanden.« (Ebd., Bd. 1: 48)

Entsprechend habe Arbeit nicht teil »an den zentralen Lebensinteressen«, die »wohlhabenden Arbeiter« sind ihrem Beruf und ihrer Tätigkeit gegenüber emotional neutral. Der gleiche Instrumentalismus ist auch für die Einstellungen gegenüber Gewerkschaft und Arbeiterpartei prägend. Zwar wendet sich der wohlhabende Arbeiter nicht von diesen klassischen Organisationen der Arbeiterbewegung ab (insofern verbürgerlicht er nicht), bewertet sie nunmehr aber nach der konkreten Nützlichkeit für sich. Damit wird die Unterstützung von Gewerkschaften und Labour Party kontingent, also abhängig davon, ob diese den Interessenkalkulationen der wohlhabenden Arbeiter weiterhin entsprechen. Klassische Vorstellungen von Arbeitersolidarität schwinden dagegen. Ursache dieses Instrumentalismus sind nicht konkrete Arbeitserfahrungen, vielmehr wird diese Orientierung gewissermaßen schon in den Betrieb mitgebracht: Es herrscht eine Wertung der gesellschaftlichen Sektoren vor, in der das Privat- gegenüber dem Erwerbsleben höher gewichtet wird, die mithin eher lebens- als arbeitsweltlich verankert ist.

Darin unterscheidet sich die Studie grundsätzlich von derjenigen von Kern und Schumann (1970), die wir bereits oben kurz vorgestellt haben. Diese sieht gerade in den Arbeitsbedingungen und -erfahrungen den zentralen Erklärungsfaktor. Die Einstellungen der Beschäftigten, etwa die Arbeitszufriedenheit, sind stark abhängig von Technik- und Organisationsgestaltung. Alles in allem diagnostiziert allerdings auch diese Studie eine grundsätzliche Instrumentalitätsorientierung, wie sie bereits Goldthorpe und Kolleg:innen vorgefunden hatten. Im Kern geht es allen Beschäftigten um ihr Einkommen, das gegenüber arbeitsinhaltlichen Orientierungen oder Vorstellungen von Beruflichkeit privilegiert wird. Zwar finden sich gerade hinsichtlich der Automationsarbeit gegenteilige Orientierungen, etwa ein Berufsbewusstsein. Kern und Schumann deuten dies aber als bloße Übernahme bürgerlicher Vorstellungen und damit als ideologisch (Bd. 1: 220).

Werner Kudera und Kollegen (1979) lehnen es dagegen ab, arbeitsinhaltliche und instrumentelle Orientierungen gegeneinander auszuspielen, als könne es die einen nur auf Kosten der anderen geben. Dazu ziehen sie einen stärker kapitalismustheoretischen Ansatz heran. Als wichtigster theoretischer Mangel der Kern-Schumann-Studie wurde – gerade aus einer marxistisch inspirierten Perspektive – immer wieder benannt, dass die allgemeinen Bedingungen des Lohnarbeitsverhältnisses zu sehr in den Hintergrund getreten seien zugunsten einer technologisch verkürzten Analyse der konkreten Arbeitsbedingungen. Kudera und Kollegen beginnen stattdessen mit einer theoretischen Analyse der »objektiven Situation von Lohnarbeitern«

und ihrer im Lohnarbeitsverhältnis fundierten grundlegenden Interessen. Der Umgang mit Arbeit im Kapitalismus macht immer einen doppelten Bezug nötig, einen instrumentellen *und* einen arbeitsinhaltlichen.

> »Lohnarbeit ist nicht nur Einkommensquelle, sondern als konkrete Tätigkeit immer auch Anwendung subjektiver Fähigkeiten. Sie ist ein zweckmäßiger Prozess, in dem der Arbeiter als Produzent planvoll und zielbewusst bestimmte Arbeitsaufgaben bewältigt, um den Arbeitsgegenstand in der beabsichtigten Form zu gestalten. [...] Andererseits ist seine Arbeitskraft ebenso wie Maschinen, Roh- und Hilfsstoffe bloßes Produktionsmittel im Kapitalverwertungsprozess, d.h. Mittel für dem Arbeiter vorgegebene fremde Zwecke, denen er in seiner Tätigkeit unterworfen ist. [...] Dieser ambivalente Zusammenhang begründet die arbeitsinhaltliche Bezugsweise, sich entweder als Subjekt des Arbeitsprozesses oder als Objekt den gegebenen Arbeitsbedingungen bzw. der Arbeitsorganisation unterworfen zu sehen.« (Ebd.: 27)

Beschäftigte müssen sich diesem Ansatz zufolge also *immer* (selbst unter restriktivsten Arbeitsbedingungen) sowohl auf ihre eigene Subjekthaftigkeit in der Arbeit beziehen als auch auf ihre Arbeit als Einkommensquelle. Allerdings können die arbeitsinhaltlichen Ansprüche in der Arbeitspraxis auch enttäuscht werden. Von den fünf entsprechenden Bezugsweisen, die in der Studie unterschieden werden, ist der »gleichgültige Typus« der dominante, also derjenige, bei dem arbeitsinhaltliche Ansprüche aufgrund restriktiver Arbeitsbedingungen so weit frustriert worden sind, dass sie empirisch kaum mehr in Erscheinung treten. Anders gesagt: Am Ende bleiben dann doch nur instrumentelle Orientierungen übrig.

Die Bewusstseinsstudien sind Gegenstand vielfältiger Kritik geworden. Gudrun-Axeli Knapp (1981) weist in einer akribischen Analyse des methodischen Vorgehens nach, dass die Behauptung des Vorherrschens instrumenteller Arbeitsorientierungen weitgehend ein Artefakt ist, das die vielfältigen Bezüge der Subjekte methodisch wegrationalisiert.

Die Skizzierung der Ausprägungen und Typen geschieht immer wieder in Abgrenzung vom Bewusstsein eines »klassischen Industrieproletariats« (z. B. Kern/Schumann 1970, Bd. 1: 284 f.), dem einerseits ein handwerkliches Leistungsbewusstsein, andererseits ein reformistisches bis revolutionäres Klassenbewusstsein zugeschrieben wird. Zudem erscheint dieses Proletariat als weitgehend homogen, zumindest werden keine internen Differenzierungen vorgenommen. Ob das historisch so war (und ob diese Gruppe so homogen war), muss angesichts fehlender historischer Vergleichsstudien empirisch offenbleiben, ist aber wenig wahrscheinlich. Zu fragen bleibt zudem, ob dieses kaum verhohlene Idealkonzept eines klassischen Arbeiters nicht implizit androzentrisch formuliert ist, als autonom und kompetent Handelnder mit einer auf Körperlichkeit basierenden Leistungsorientierung und identifikatorischem Anspruch primär auf Berufsarbeit.

Günter Voß (1983) moniert, dass die Arbeiter in den Bewusstseinsstudien als passive Träger von Bewusstseinsstrukturen, nicht als Subjekte oder Akteure konzeptualisiert werden (»Bewusstsein ohne Subjekt«). Sie waren zwar interessant als politische Massenakteure, zum Beispiel als Gewerkschaftsmitglieder, als Wähler, als Mitglieder einer Klasse, aber nicht als eigenständig Handelnde in betrieblichen Kontexten oder im Rahmen ihrer eigenen Lebensgestaltung, auch über die Erwerbsarbeit hinaus. Fraglich wurde auch, ob es angesichts von Tendenzen einer gesellschaftlichen Individualisierung überhaupt noch sinnvoll ist, nach geteilten Deutungsmustern und Bewusstseinsinhalten von Großgruppen wie Arbeitern zu suchen.

Folgerichtig riss die Tradition der Bewusstseinsforschung in den frühen 1980er Jahren erst einmal ab. An ihre Stelle trat eine subjektorientierte (Arbeits-)Soziologie, die die Organisationsfähigkeiten und Handlungskompetenzen der Beschäftigten sowohl in Bezug auf ihren Alltag wie auch hinsichtlich ihres beruflichen Lebenslaufes stärker akzentuierte (Kap. V.4). Dafür steht im zeitlichen Querschnitt die mittlerweile umfangreiche Forschungstradition der »Alltäglichen Lebensführung« (Kudera/Voß 2000; Jurczyk/Rerrich 1993; Voß 1991; Voß/Weihrich 2001), im Längsschnitt die der (Erwerbs-)Biografieforschung (für die Arbeiterschaft: Brock/Vetter 1982; Giegel et al. 1988). Damit ging eine stärkere Fokussierung auf jeweils bestimmte Beschäftigtengruppen bzw. Berufe innerhalb der verschiedenen Studien einher – darunter viele, die bis dahin sträflich vernachlässigt worden waren. Allerdings drohte gegenüber den Bewusstseinsstudien nun wiederum die gegenteilige Gefahr der Parzellierung der Befunde.

Eine gewisse Reorientierung findet in den letzten Jahren statt, gelegentlich werden Plädoyers für eine Revitalisierung der Erforschung des Beschäftigtenbewusstseins formuliert, die natürlich möglichst nicht in die alten Fehler zurückfallen sollte (Menz 2022; Schumann 2016). Und es gibt die Tendenz, den Geltungsanspruch der »bewusstseinsinteressierten« Arbeitssoziologie in gewisser Hinsicht wieder zu erweitern. Dafür stehen die Studien *Nichtnormale Normalität* aus dem Institut für Sozialforschung, Frankfurt (Hürtgen/Voswinkel 2014), sowie *Legitimationsprobleme in der Erwerbsarbeit* (Kratzer et al. 2015) aus dem Institut für Sozialwissenschaftliche Forschung, München, und dem Soziologischen Forschungsinstitut, Göttingen. Beide haben den Anspruch, ein breites Spektrum von Tätigkeiten bzw. Branchen zu umfassen. Natürlich war weder Erwartung noch Ergebnis dieser Studien, einheitliche Beschäftigtenorientierungen für »die« Arbeitnehmer:innen zu identifizieren, gleichwohl fokussieren sie querliegende Anspruchs- und Deutungsmuster, die über Betriebsgrenzen und Berufsgruppen hinausgehen.

IV.3 Arbeit und Kontrolle: die Labour Process Debate

Marx war (und ist bis heute, wenn auch in geringerem Maß) prägend für die Theorien und Analysen von Arbeit. Gerhard Brandt (1984) hatte zwischen solchen industriesoziologischen Arbeiten unterschieden, die sich mit den klassischen Themen der Marx'schen Theorie wie Technisierung, Klassenbildung und Bewusstsein auseinandersetzen, und solchen, die dies darüber hinaus unter explizitem Rückgriff auf das Marx'sche Begriffsinstrumentarium tun. Demzufolge würden Popitz et al. zur erstgenannten Gruppe, die weiteren »Bewusstseinsstudien« überwiegend zur zweiten zählen. Allerdings wenden die Studien der zweiten Gruppe die Begriffe von Marx an, ohne deren Grundlagen im Marx'schen Werk noch einmal ernsthaft zu rekonstruieren und gegebenenfalls zu korrigieren.

Dieser Aufgabe stellt sich *Harry Braverman* in seiner Studie *Die Arbeit im modernen Produktionsprozeß*, die zu einem internationalen Klassiker der Theorien der Arbeit geworden ist. Seinen Ausgangspunkt bildet das »Transformationsproblem«, die Frage der Umwandlung von Arbeits*kraft* in konkret verausgabte *Arbeit* (Braverman 1977: 45 ff.). Unter den Bedingungen der kapitalistischen Klassengesellschaft treten sich Kapitalist:innen und Arbeiter:innen auf dem (Arbeits-)Markt gegenüber und schließen einen Vertrag über den Kauf der Arbeitskraft der Arbeiter:innen ab. Die Eigentümlichkeit der Arbeitskraft gegenüber anderen Waren besteht darin, dass ihre Nutzung im Produktionsprozess (ihre »produktive Konsumtion« in der marxistischen Begrifflichkeit) durch den formalrechtlichen Erwerb allein nicht gesichert ist. Während die Kapitalist:innen die Arbeitskraft (als das Potenzial zu arbeiten) kaufen, können sie nur deren *Verausgabung* konkret nutzen, die »konkrete Arbeit«, wie Marx sie nennt (vgl. III.1). Daraus resultiert für sie die Notwendigkeit, die Umsetzung der Arbeitskraft in für den konkreten produktiven Zusammenhang nützliche Arbeit sicherzustellen – eine Umsetzung, die vertraglich nicht genau ex ante im Detail definiert werden kann (und selbst wenn, bestünde noch das Problem, die Einhaltung zu kontrollieren). Zudem kann, anders als bei gewöhnlichen Waren, die Arbeitskraft nicht von ihren Träger:innen, den Arbeiter:innen, getrennt werden, sodass die vollständige Ausschöpfung des Arbeitspotenzials immer durch eine mögliche Eigensinnigkeit der Arbeiter:innen erschwert wird. Aus beiden Gründen folgt, dass im Kapitalismus grundsätzliche Kontrollmechanismen zur Unterwerfung der lebendigen Arbeit unter die Bedürfnisse des Kapitals nötig sind. Im Kern drehen sich die weiteren Diskussionen der Labour Process Theory, deren Begründer Braverman ist, nun um genau diese Frage: Wie gelingt es den Unternehmen, die Leistungsbereitschaft ihrer Beschäftigten sicherzustellen? Welche Formen und Methoden der Kontrolle werden dazu entwickelt? Was bedeutet dies für die Strukturen betrieblicher Herrschaft?

Nach Braverman wird das Transformationsproblem durch eine immer weiter fortschreitende Degradierung der lebendigen Arbeit und Dequalifizierung der Beschäftigten gelöst, für die paradigmatisch das Taylor-System steht. Im Verlauf wachsender Arbeitsteilung und stetig verschärfter Trennung von Konzeption und Ausführung kommt es zu einer Zergliederung und Parzellierung der Tätigkeiten, zu einer Enteignung des Produzent:innenwissens und zu einer fortschreitenden Zerstörung selbsttätiger Kontrolle über die eigene Tätigkeit. Diese trifft nicht nur die Arbeiter-, sondern ebenso die Angestelltentätigkeiten. Diese Tendenz ist zwar in ihrer Realisierung im historischen Prozess durchaus Brüchen und Widersprüchlichkeiten unterworfen, sie ist bei Braverman aber bereits in den Grundprinzipien kapitalistischer Ökonomie angelegt und daher nicht wesentlich veränderbar.[36]

Vieles lässt sich kritisieren an Braverman: Der Quasi-Gesetzescharakter, den er den Prozessen der Degradierung zuschreibt, übersieht die historische Vielfalt und Kontingenz von Kontrollformen – Braverman verwechselt hier die Rationalisierungsweise einer bestimmten Phase des Kapitalismus (nämlich der tayloristischen) mit den basalen Grundprinzipien dieser Gesellschaftsformation. Das Kontrollkonzept vernachlässigt den widersprüchlichen Zusammenhang von Kontrolle und Kooperation ebenso wie die Widerstandsmöglichkeiten im Arbeitsprozess. Empirisch lassen sich generelle Dequalifizierungstendenzen nicht verifizieren (wie die Automationsdebatte deutlich macht, Kap. IV.1). Die Analyse bleibt einseitig am Handwerkermodell als dem historischen und normativen Ausgangspunkt orientiert (das teilt sie wiederum mit der Automatisierungsdebatte und Teilen der Bewusstseinsstudien). Das alles berührt aber nicht das Theorem des »Transformationsproblems«[37], das bis heute als Grundkonzept der Arbeitssoziologie breit geteilt wird, von marxistischen ebenso wie von nicht-marxistischen Ansätzen (vgl. Mayer-Ahuja 2021). Zentral und unbestritten ist Bravermans Einsicht, dass Kontrolle im kapitalistischen Unternehmen aus strukturellen Gründen essenziell ist, um das Transformationsproblem zu lösen. Kontrolle kann also keineswegs aus persönlichem Machtstreben der Kapitalist:innen erklärt werden. Zugleich ist Kontrolle relevant, um den *Arbeitsprozess* an den Anforderungen des *Verwertungsprozesses* zu orientieren. Von der rein stofflich-organisatorischen Seite wäre sie nicht nötig – aus dieser Perspektive kann sie gar die Effizienz des Arbeitsprozesses mindern. Damit bietet die Labour Process Theory auch einen interessanten Blick auf die Rolle der Technik: Diese dient nicht einfach nur der Effizienzsteigerung, sondern hat Bedeutung auch in ihrer Funktion als *Kontroll*technologie und ist damit genuiner Bestandteil kapitalistischer Herrschaftsverhältnisse.

Die der Pionierarbeit Bravermans nachfolgenden Studien aus der Labour Process Debate, von denen hier nur die prominentesten erwähnt werden sollen, versuchen sich daran, die wesentlichen der genannten Defizite zu beheben. Insbesondere wird zwischen unterschiedlichen Formen von Kontrollsystemen unterschieden, die nun nicht mehr aus den Grundprinzipien kapitalistischer Gesellschaftsverfassung strukturell abgeleitet werden, sondern als Strategien des Managements unter spezifischen Bedingungen gelten. *Andrew L. Friedman* unterscheidet in seiner historisch orientierten Untersuchung die Strategie der »direkten Kontrolle« von Formen der »verantwortlichen Autonomie«, die zu verschiedenen Zeitpunkten für jeweils unterschiedliche Beschäftigtengruppen Anwendung fanden (Friedman 1977). *Richard Edwards* (1981 [1979]) sieht eine Abfolge unterschiedlicher Kontrollsysteme, die von der »einfachen Kontrolle« im Kleinbetrieb des 19. Jahrhunderts, wo der Managerkapitalist die Arbeit persönlich und willkürlich überwacht, über die – allerdings eher transitorische, da instabile – »hierarchische Kontrolle« hin zu »strukturellen Kontrollformen« im Monopolkapitalismus reicht. Unter die strukturelle Kontrolle fallen einerseits technische Kontrollsysteme, bei denen der Arbeitsrhythmus durch maschinelle Vorgaben bestimmt ist (z. B. das Fließband), und andererseits bürokratische Kontrollformen, die sich detaillierter formalisierter Systeme betrieblicher Regelungen bedienen, die Belegschaften anhand verobjektivierter Stellenbeschreibungen durchhierarchisieren und ihre eigene Legitimität durch formale Beschwerdeverfahren steigern. Sowohl für Edwards als auch für Friedman sind die jeweiligen Kontrollstrategien immer auch Reaktionen auf Klassenauseinandersetzungen und widerständiges Verhalten der Arbeiter:innen. Das einseitige Kontrollmodell Bravermans wird damit in ein dualistisches Konfliktverhältnis zwischen Kontrolle und Widerstand überführt.

Während Braverman die Unterwerfung der Arbeiter unter die Kontrollimperative als weitgehend unproblematisch ansieht, begehe Edwards, so kritisiert *Michael Burawoy* (1979), den entgegengesetzten Fehler, indem er Widerstand als gegeben voraussetzt. Während in der einen Perspektive immer schon ausgemacht ist, dass die Arbeiter:innen sich der Übermacht des Managements beugen (müssen), erscheint in der anderen Widerstand als natürlich und nicht erklärungsbedürftig. Beide Positionen beinhalten, dass Arbeit und Kapital nicht nur in einem grundsätzlichen Widerspruchsverhältnis stehen, sondern dass dieses auch unmittelbar die Arbeitsbeziehungen und das Bewusstsein prägt.

Burawoy formuliert die transformationstheoretische Fragestellung entsprechend um: Warum machen die Beschäftigten aktiv mit bei der Organisation ihrer Ausbeutung? Zumindest unter Bedingungen gewisser arbeitsrechtlicher und sozialstaatlicher Absicherungen sei die Umsetzung von Arbeitskraft in Arbeit nicht allein durch Zwang zu erklären, sondern basiere immer auch auf der Zustimmung der Beschäftigten. Wie diese »Produktion von Zustimmung« geschieht, lässt sich nicht auf der Ebene der Produktionsverhältnisse (»relations *of* production«) klären, sondern macht eine genauere Analyse der Verhältnisse *in* der Produktion (»relations *in* production«) nötig. Ein Beispiel dafür, wie ein »hegemoniales Fabrikregime« (Burawoy 1985) in dem Geflecht von Machtstrukturen und Alltagspraktiken im Unternehmen entsteht, beschreibt Burawoy in seiner einflussreichen Studie *Manufacturing Consent*, die auf teilnehmender Beobachtung in einem Motorenwerk, in dem er als Maschinenführer mitgearbeitet hat, basiert. Er analysiert, wie sich lokale »Spiele« herausbilden, an denen die Beschäftigten partizipieren und damit deren Regeln reproduzieren. Die »Spiele« werden durch informelle Praktiken gestützt, sind aber nicht selbstorganisiert, sondern erfüllen im Ergebnis die betrieblichen Leistungsziele. So funktioniert das Akkordlohnsystem, an dessen Fall er dies beschreibt, nicht nur durch den unmittelbaren monetären Lohnanreiz, sondern auch durch das »Mitspielen« in einem Kampf um Leistungspunkte (»game of making out«). Die Beschäftigten sind damit weder reine Opfer betrieblicher Kontrollstrukturen noch deren natürliche Opponent:innen. Vielmehr funktioniert betriebliche Herrschaft durch die Einbindung und strategische Nutzung ihrer Subjektivität. *David Knights* und *Hugh Willmott* (1989) reformulieren dies später in den machttheoretischen Begriffen von Michel Foucault, der im weiteren Verlauf der Labour Process Debate zunehmend rezipiert wird: Macht ist immer auch produktiv, nicht nur einschränkend; sie konstituiert Subjektivität und wirkt zugleich durch sie hindurch.

Die Labour Process Debate, die ihren Ausgangspunkt in den Arbeiten von Braverman, Friedman, Edwards und Burawoy hatte, ist bis heute eine höchst lebhafte Debatte um Macht, Kontrolle und Subjektivität, in der eine Vielzahl von Arbeitsformen und mittlerweile auch Fragen von Geschlecht und Ethnizität untersucht werden. Aktuelle Anschlüsse finden sich etwa in der Diskussion um Digitalisierung von Arbeit (Briken et al. 2017, siehe Abschnitt VI.4). Grundsätzliche Einwände gegen die Perspektive der Labour Process Theory lassen sich in Bezug auf die Zentralität des Transformationsproblems formulieren: Die Kontrolle der lebendigen Arbeit ist nicht das einzige, manchmal nicht einmal das zentrale Problem, für das Unternehmen Strategien entwickeln müssen. Denn auch die Organisation der Zulieferstrukturen und der (häufig transnationalen) Wertschöpfungsketten, Technologieentwicklung oder Absatzstrategien sind relevant.

Und auch diese können wieder Auswirkungen auf den Arbeitsprozess und die dort wirksamen Kontrollstrukturen haben. Dies relativiert die Bedeutung des Transformationsproblems. Gleichwohl bleibt es eine zentrale Kategorie der kritischen Arbeitsforschung bis heute.

IV.4 Arbeit aus feministischer Sicht der 1970er und 1980er Jahre

Die Theorien der Arbeit waren von Beginn an und lange Zeit weitgehend geschlechtsblind. Konsequent wurde Arbeit auf Lohnarbeit im kapitalistisch organisierten Betrieb enggeführt. Arbeit außerhalb von betriebsförmig organisierter (Industrie-) Arbeit war nicht auf dem theoretischen Radar (Böhle 2017; Voß 2018). Weitgehend ausgeschlossen waren beispielsweise Dienstleistungsarbeit, Hausarbeit, künstlerisch-kreative Arbeit (Geissler 2018; Dunkel/Weihrich 2018; Manske/Schnell 2018). Weitgehend ignoriert wurde auch die Frage nach der geschlechtsspezifischen Strukturierung von Erwerbsarbeit (Gottschall 2018). Dies änderte sich langsam ab den mittleren 1970er Jahren, als sich die feministische Arbeitssoziologie zu konstituieren begann und »den orthodoxen Konsensus« der Arbeitssoziologie und seine Geschlechtsblindheit infrage stellte.

Kritik am orthodoxen Konsensus der Arbeitsforschung

Die feministische Kritik an den Theorien der Arbeit lässt sich für die 1970er und 1980er Jahre auf folgende Stichpunkte bringen: Kritik an der Lohnarbeitszentriertheit, der Dethematisierung von Familien- und Hausarbeit, der Vernachlässigung von Frauen als Erwerbstätige sowie der mangelnden theoretischen Reflexion von Klasse und Geschlecht als ineinandergreifende

Prinzipien sozialer Gliederung der modernen Gesellschaft. Wie sich im Folgenden zeigen wird, setzte auch die feministische Kritik durchaus unterschiedliche Schwerpunkte. Ihr Gemeinsames besteht darin, dass sie übergreifend auf einen erweiterten Arbeitsbegriff und die Anerkennung von »Reproduktionsarbeit« (Haus- und Familienarbeit) als gesellschaftlich notwendige Arbeit zielte. Die deutschsprachige feministische Arbeitsforschung ist wissenschaftsgeschichtlich eng mit der aus der Frauenbewegung hervorgegangenen Frauen- und Geschlechterforschung verbunden. Mit ihr teilte sie das Ziel, »den Frauen in allen Lebensbereichen, in Staat, Gesellschaft, Kultur, gleichen gesellschaftlichen Einfluss und eine dem Manne gleichberechtigte Stellung zu verschaffen« (Gerhard 1995: 248). Karin Gottschall (2000) spitzte den in der Kritik stehenden orthodoxen Konsensus auf zwei Aspekte zu: Zum einen leide die Arbeitssoziologie unter einem eingeschränkten Objektbereich. Ihre Interpretationsfolie in der Analyse von Arbeit bilde der marxistische Grundkonflikt des Dualismus von Arbeit und Kapital. Zum anderen sei der eingeschränkte Objektbereich mit theoretisch-methodischen Begrenzungen verbunden, soziale Ungleichheiten und der gesellschaftliche Aufbau würden allein mit ökonomischen Kräfteverhältnissen erklärt. Unter dem theoretischen Radar blieben somit soziopolitische und kulturelle Ungleichheiten (Gottschall 2000: 190).

Die mit dem orthodoxen Konsens verknüpfte Priorisierung bestimmter gesellschaftlicher Sphären, nämlich der Produktionssphäre, des Arbeitsmarkts und der Berufsstruktur, impliziert, dass Erwerbsarbeit als *das* entscheidende Strukturmoment der Gesellschaft verstanden wird, das wiederum als Ausdruck ökonomischer Herrschaftsverhältnisse gilt. In diesem an die Klassiker anknüpfenden Rahmen wurde Arbeit vorrangig als männlich konnotierte und marktvermittelte Tätigkeit gedacht. Daher blieb nicht nur Familienarbeit im Sinne von Hausarbeit ausgeblendet, sondern auch die gesellschaftliche Organisation von Generativität und Sexualität. Damit zusammenhängend galt das »Normalarbeitsverhältnis« (Mückenberger 1985) mit einem »Familienernährerlohn« als Normalfall (Geissler 2018). Dagegen wurden das Privatleben und seine Konstellationen von Partnerschaft und Familie als Anhängsel der ›eigentlichen‹ Arbeit begriffen, nämlich als Reproduktionssphäre, in der die Arbeitskraft fit gemacht wird für den Arbeitsmarkt (siehe Kap. IV.5).

Erwerbsarbeit und geschlechtsspezifische Arbeitsteilung

Feministische Arbeitskonzepte der 1970er und 1980er Jahre forderten eine Revision der Theorien der Arbeit. Sie konzipierten ein erweitertes Verständnis von Arbeit und trieben die Theoriebildung entscheidend voran. Im Zentrum der feministischen Arbeitsforschung stand in den 1970er und 1980er Jahren (Erwerbs-)Arbeit als zentrale Kategorie unter der Prämisse eines Arbeitsbegriffs, der auch die geschlechtsspezifische Arbeitsteilung sowie das Verhältnis von Klasse und Geschlecht in den Fokus rückte (Beck-Gernsheim/Ostner 1978; Becker-Schmidt/Knapp 2007; Beer 1990; Prokop 1976). Als wesentliche Ursache der sozialen Ungleichheit zwischen Männern und Frauen wurde die »geschlechtsspezifische Arbeitsteilung« ausgemacht und die im privaten Haushalt stattfindende Hausarbeit als besonderer Arbeitsgegenstand bestimmt (vgl. Geissler 2018).[38] Demnach seien die leibliche Sorge und die Reproduktion von Arbeitskraft nur jenseits von Lohnarbeit möglich, nämlich in der Privatsphäre. Doch der Lohn, den Frauen für diese Arbeit erwarten könnten, sei bestenfalls »Liebe« (Bock/Duden 1977).

Flankiert wurden diese theoretischen Debatten von einer Auseinandersetzung mit der Marx'schen Theorie unter dem Begriff »Hausarbeitsdebatte«, die im internationalen Kontext der Frauenforschung geführt wurde (Mies 1989; Bennholdt-Thomsen et al. 1983; vgl. Aulenbacher 2018: 438 f.). Die feministischen Interventionen beschränkten sich insofern nicht auf das Verhältnis von Frauen und Arbeit, sondern betrieben zugleich eine theoretische Auseinandersetzung mit der modernen Gesellschaft und ihren arbeitsgesellschaftlichen Errungenschaften wie der Trennung von Öffentlichkeit und Privatheit. Diese ›Errungenschaften‹ erweisen sich aus feministischer Perspektive als ein zentraler Baustein geschlechtsspezifischer Ungleichheit in der bürgerlichen, kapitalistisch verfassten Gesellschaft (Aulenbacher 2018: 443).

Konflikt- und differenztheoretische Ansätze

Die theoretischen Ansätze der feministischen Arbeitsforschung der 1970er und 1980er Jahre lassen sich in konflikttheoretische und differenztheoretische Zugänge unterteilen (Gottschall 2000). Das konflikttheoretische Paradigma wurzelt in einer marxistischen Theorietradition. Es zielt vorrangig auf eine Reformulierung des Verhältnisses von Geschlecht und Klasse als ineinander verwobenes Macht- und Herrschaftsverhältnis. Der Begriff »Patriarchat« fungiert dabei als Gegenbegriff zu »Klasse« (vgl. auch Kap. III.2). Das Patriarchat wird als Verhältnis der Unterdrückung der Frau durch den Mann und zugleich als Ausdruck der internationalen Arbeitsteilung betrachtet.

Vertreterinnen der marxistischen Theorietradition der 1970er und 1980er Jahre sind u. a. Maria Mies (1989), Veronika Bennholdt-Thomsen, Claudia von Werlhof (1983) und Ursula Beer (1990). Sie argumentieren, dass Frauen ein doppelt, nämlich kapitalistisch und patriarchal unterdrücktes Kollektivsubjekt seien. Die geschlechtsblinde und insofern verkürzte Theorietradition der Arbeitsforschung betrachte nur die Produktions- und

Ausbeutungsverhältnisse der Arbeiter, während die patriarchale Ausbeutung der Frau ignoriert werde. Ursula Beer und Jutta Chalupski prägten zur näheren Beschreibung patriarchaler Unterdrückungsverhältnisse den Begriff des »Sekundärpatriarchalismus« (Beer/Chalupski 1993). Sekundär sei diese patriarchale Herrschaftsform, da sie eine historische Nachfolge feudaler, patriarchalisch geprägter Gesellschaftsverhältnisse sei. Der Sekundärpatriarchalismus habe sich mit der bürgerlich-kapitalistischen Gesellschaft und der damals entstandenen Trennung von öffentlicher und privater Sphäre entwickelt (Hausen 1976). Unter den historischen Bedingungen des sich entfaltenden Industriekapitalismus sei der Sekundärpatriarachalismus dafür verantwortlich, dass Frauen auch in der modernen Gesellschaft eine Randstellung einnehmen. Zentrale Ursache hierfür sei die geschlechtsspezifische Arbeitsteilung, die Frauen die unentgeltliche Familienarbeit zuweise, während in der Erwerbswelt »Männer individuell und kollektiv jene Berufsfelder für sich reservierten und beanspruchten, die ertragreich und Erfolg versprechend waren« (Beer 2010: 62). Dass Frauen nicht allein im Vergleich mit Männern, sondern auch als »Klassensubjekte« (Beer 2010: 63) gesellschaftlich benachteiligt seien, bilde den »Teufelskreislauf« (ebd.: 62) des Sekundärpatriarchalismus.

Während die konflikttheoretischen Zugänge vorrangig strukturelle Macht- und Herrschaftsverhältnisse betrachten und von einer politökonomisch inspirierten Marx'schen Gesellschaftskritik getrieben sind, aus der heraus sie ein Kollektivsubjekt adressieren, fokussieren differenztheoretisch argumentierende Ansätze stärker aus einer handlungstheoretischen Perspektive auf den »weiblichen Lebenszusammenhang«. Auch hier steht in erster Linie »die« Frau im Zentrum der Aufmerksamkeit, nicht die Geschlechterverhältnisse. Differenztheoretische Ansätze der 1970er Jahre wendeten sich explizit der Stellung der Frau im

Berufsleben und ihrer Lebenswelt zu. Eine marxistisch geprägte Grundannahme war dabei, dass die weibliche Produktivkraft aufgrund der patriarchalisch-kapitalistischen Formbestimmtheit der Familie ihre Fähigkeit als Arbeitskraft nicht voll entfalten könne. Im Ergebnis sei die spezifisch weibliche Ware Arbeitskraft auf dem Arbeitsmarkt benachteiligt.

Weiblicher Lebenszusammenhang, weibliches Arbeitsvermögen

Pionierarbeit, um die Benachteiligung von Frauen im Kontext des Lebenszusammenhangs zu erklären, leistete Ulrike Prokops Studie mit dem Titel *Weiblicher Lebenszusammenhang. Von der Beschränktheit der Strategien und der Unangemessenheit der Wünsche* (Prokop 1976). Die historisch gewachsene lebensweltliche Prägung des weiblichen Lebenszusammenhangs sei das herausragende Kennzeichen der weiblichen Produktivkraft. Die Zuweisung der Privatsphäre an Frauen sei daher mit der Herausbildung bestimmter Fähigkeiten wie beispielsweise des im Sozialsektor nachgefragten Arbeitsvermögens der Bedürfnisorientierung, Kommunikationsfähigkeiten etc. verbunden.

Prokop legte den begrifflichen Grundstock für weitere Studien und trug insofern wesentlich zur Theoriebildung über Arbeit bei. Ihr Verdienst ist es auch, erstmals den Zusammenhang von Arbeit und Leben aus einer spezifisch »weiblichen« Perspektive zu definieren als »Tätigkeiten und Beziehungen der Frauen [...] in Haushalt, Familie, Erziehung und Geselligkeit« (ebd.: 44). Unverkennbar wird hier auch die Verbindung zur Frauenbewegung der damaligen Zeit und damit die Suche nach einem politischen Kollektivsubjekt »Frau«.

Ein zeithistorisch typischer, über den akademischen Kontext hinaus prominent gewordener theoretischer Erklärungsansatz für die spezifische Stellung der Frau in Beruf und Arbeitswelt knüpfte an Prokops Erkenntnisse an: das von Elisabeth

Beck-Gernsheim und Ilona Ostner (1978) konzipierte »weibliche Arbeitsvermögen«. Das zentrale Argument dieser Theorie lautet, dass die weibliche Sozialisation und der weibliche Lebenszusammenhang ein spezifisches Arbeitsvermögen hervorbrächten, charakterisiert durch Einfühlungsvermögen, Intuition, Fürsorglichkeit, Geduld usw. (siehe auch Hausen 1976). Das weibliche Arbeitsvermögen leite das Berufswahlverhalten von Frauen und strukturiere zugleich die weibliche Berufsarbeit. Allerdings – und das mache die Benachteiligung von Frauen auf dem Arbeitsmarkt aus – stünden die spezifisch weiblichen Eigenschaften im Widerspruch zu den in der Industriearbeit geforderten Qualifikationen und Orientierungen. Frauen ergriffen daher vor allem Berufe, die mit der weiblichen Reproduktionsarbeit kompatibel seien. Nur sie erlaubten es, die in der Reproduktionssphäre erworbenen Qualifikationen, das heißt ihr Arbeitsvermögen, auch im Berufsleben zu verwerten. Überdies seien Frauen angesichts des in der Nachkriegszeit noch relativ unangefochtenen »Normalfalls« der Versorgerehe gezwungen, weitreichende Kompromisse zu schließen. Da männlich geprägte Vollzeitarbeit im Industriesektor ein ›Anderthalb-Personen-Beruf‹ sei, seien Frauen strukturell gezwungen, dem Mann den Rücken freizuhalten, und folglich allein für die Haus- und Familienarbeit verantwortlich.

Doppelte Vergesellschaftung

Ab den 1980er Jahren wurde der Blickwinkel erweitert. Fortan wurden Theorien entwickelt, die über die differenztheoretische Argumentation hinausgingen und sich zunehmend auf Geschlechterverhältnisse konzentrierten. Die bedeutsamste Weiterentwicklung der frühen 1980er Jahre war das Theorem der doppelten Vergesellschaftung: Regina Becker-Schmidt und Gudrun-Axeli Knapp argumentierten, dass Frauen doppelt vergesellschaftet werden, nämlich in Haus-(Reproduktions-)Arbeit und Produktionsarbeit. Sie vertraten die Grundannahme, dass sich Vergesellschaftung als Vergeschlechtlichung vollzieht (Becker-Schmidt 2010: 65). So werden Individuen zu Gesellschaftsmitgliedern, indem sie sich in das »Zwangssystem der Zweigeschlechtlichkeit« (Becker-Schmidt 2010: 65) integrieren und sich die geschlechtsspezifische Arbeitsteilung mit ihren geschlechterdifferenten und hierarchisierenden Aufgaben zu eigen machen. Vergesellschaftung wird insofern auch als innerer Prozess gefasst und »das Geschlechterverhältnis als Stützpfeiler gesellschaftlicher Herrschaft« (Becker-Schmidt 2010: 65) betrachtet. Allerdings handele es sich dabei nicht allein um ein Herrschaftssystem, sondern auch um einen Praxiszusammenhang, der zwar von Männern und Frauen praktisch vollzogen werde, aber dennoch gewisse Spielräume biete.

Dabei gehen Becker-Schmidt und Knapp davon aus, dass Frauen eine Doppelorientierung ausbilden: auf Beruf *und* Familie (siehe auch Geissler/Oechsle 1998). »Eines ist zuwenig, beides ist zuviel« (Becker-Schmidt/Knapp 1984) lautet denn auch der Titel ihrer Untersuchung über akkordarbeitende Fabrikarbeiterinnen in der Automobilindustrie, auf der das Theorem der doppelten Vergesellschaftung empirisch fußt. Thema ist die Lage der lohnarbeitsabhängigen Frau aus der ›Arbeiterklasse‹, für die Erwerbsarbeit seit jeher selbstverständlich und notwendige Quelle zum Lebensunterhalt ist. Die Studie zeigt, dass Erwerbsarbeit für Frauen aus der Arbeiterklasse einen Zugang in die Öffentlichkeit darstellt; dass es den Frauen auch darum ging, soziale Kompetenzen jenseits von Familien- und Hausarbeit zu erwerben, soziale Anerkennung zu erfahren und soziale Kontakte außerhalb von Familien- und Nachbarschaftsbeziehungen zu knüpfen (Becker-Schmidt 2010).

Insgesamt besteht die Widersprüchlichkeit der doppelten Vergesellschaftung von Frauen diesem Theorem zufolge darin, dass die Anforderungen der jeweiligen Lebensbereiche gegenseitig sowie in sich widersprüchlich strukturiert sind. Zudem sei die Sozialisation von Frauen, da sie über Beruf *und* Familie in die Gesellschaft integriert sind, sowohl geschlechtsspezifisch als auch klassengeprägt (Becker-Schmidt 2010: 68). Darin würden Verhältnisbestimmungen sichtbar: die Relationen, durch die Frauen und Männer in Geschlechterarrangements zueinander in Beziehung gesetzt sind.

Neue theoretische Ufer

Die feministischen Theorien der Arbeit der 1970er und 1980er Jahre haben deutlich gemacht, dass Produktion und Reproduktion von Arbeit und Leben einen wechselwirksamen Zusammenhang bilden. Die Widersprüche des weiblichen Lebenszusammenhangs (Prokop) aufzudecken, die sich als Folge der doppelten Vergesellschaftung von Frauen (Becker-Schmidt) ergeben, ist eine wesentliche theoretische Leistung der feministischen Arbeitsforschung dieser Epoche. Sie hat die theoretische Debatte über Arbeit auf ein neues Level gehoben, da sie der Geschlechtsblindheit der traditionellen Arbeitsforschung Interpretationsangebote entgegensetzte, die den Grundkonflikt von Arbeit und Kapital, also die ökonomischen Kräfteverhältnisse als alleinige Interpretationsfolie hinterfragten und erweiterten. Sie kontextualisierten Arbeit und daran geknüpfte ökonomische Machtverhältnisse durch ›Geschlecht‹ als Strukturkategorie, stellten die Zweigeschlechtlichkeit selbst aber nicht theoretisch oder praktisch infrage.

In Bezug auf die berufliche Stellung von Frauen hat die feministische Arbeitsforschung der 1970er und insbesondere der 1980er Jahre herausgearbeitet, dass Frauen nicht als vollwertige Arbeitskräfte in den Arbeitsmarkt integriert sind und dass sich Segregationsprozesse entlang der geschlechtsspezifischen Arbeitsteilung ereignen. Dabei zieht sich bis Ende der 1980er Jahre die Fokussierung auf das Kollektivsubjekt Frau wie ein roter Faden durch die feministischen Theorien von Arbeit. So wird etwa im Konzept des weiblichen Arbeitsvermögens ein durch Sorgearbeit geprägter weiblicher Lebenszusammenhang stilisiert, dagegen im Konzept der doppelten Vergesellschaftung die doppelt belastete lohnabhängige Mutter (Gottschall 2000: 188). Zugleich betonten sie entgegen alltagsweltlichen Annahmen von der Natürlichkeit von Geschlechterdifferenzen, dass weibliche Fähigkeiten und Kompetenzen sozial produziert seien, etwa durch familiale Sozialisationsbedingungen. Dass diesen selbst ein sozialer Konstruktionsprozess vorangehen muss, in dem die Unterscheidung in »männlich« und »weiblich« hergestellt wird, kam erst später mit sozialkonstruktivistischen Ansätzen wie dem »doing gender« (West/Zimmerman 1987; Gildemeister/Wetterer 1992) in den Blick.

Dennoch sind Teile der Arbeitssoziologie bis heute am orthodoxen Konsensus des marxistischen Grundkonflikts orientiert. Auch in der Frauen- und Geschlechterforschung dauerte es mehr als zwei Jahrzehnte, bis sich die feministische Kritik an ökonomisch fundierten und patriarchal abgesicherten Herrschaftsverhältnissen auch als Kritik an der Idee der Zweigeschlechtlichkeit durchsetzte. Für die Untersuchung von Arbeit besteht die damit verknüpfte theoretische Perspektiverweiterung unter anderem darin, auch die Arbeitswelt nicht mehr allein nach binären Geschlechterkategorien einzuteilen, sondern auch darüber hinausgehende Momente, etwa Diskriminierungsmechanismen, theoretisch präzise benennen zu können. Zwei Vertreter:innen des zunächst nur zögerlich angenommenen, inzwischen weithin unumstrittenen sozialkonstruktivistischen Ansatzes, Regine Gildemeister und Angelika Wetterer, attestierten in den frühen 1990er Jahren der Frauenforschung, dass sie die Zweigeschlechtlichkeit »reifiziere« und also eine konservative Geschlechterordnung bekräftige (Gildemeister/Wetterer 1992). Demgegenüber wurde in der US-amerikanischen Geschlechterforschung die Zweigeschlechtlichkeit bereits in den 1980er Jahren aus queerer Perspektive als »Zwangsheterosexualität« kritisiert (Rich 2020 [1980]). Zwar waren Adrienne Richs Schriften ebenso wie etwa jene von bell hooks hierzulande eher in bewegungspolitischen Kreisen jenseits des Wissenschaftsbetriebs populär; dennoch bereiteten sie gewissermaßen den Boden für das gendertheoretische Beben, das ab den mittleren 1990er Jahren die Texte von Judith Butler auslösten (Villa 2008). In *Gender trouble* etabliert Butler eine stark vom französischen Poststrukturalismus gefärbte Perspektive auf Geschlecht als Performanz. Sie untersucht ab den 1990er Jahren das binäre System der »heterosexuellen Matrix« (Butler 1991). Dieses schaffe einen problematiscchen Zusammenhang zwischen Geschlechtsidentität und Begehren, weil darin gewissermaßen das Gesetz der Zweigeschlechtlichkeit und damit die männliche Herrschaft vorherrsche. Während Butler eine theoretische Ikone aus dem akademischen Feld ist, die sich auch bewegungspolitisch engagiert, war Adrienne Rich eine US-amerikanische Vertreterin der Neuen Linken Bürgerbewegung der 1960er Jahre und des lesbischen Feminismus. Ihr kam es darauf an, lesbische Existenzen und Identitäten als Teil des feministischen Kampfes gegen das Patriarchat zu betrachten, den sie zwar auch im akademischen Feld vertrat, doch vor allem als Literatin und von daher im Feld der Kunst agierte.

Rich und Butler boten (queer-)feministische Konzepte im je zeithistorisch geprägten Duktus an. Während Rich von »Zwangsheterosexualität« sprach und dabei das Kollektivsubjekt »Frau« im Kampf gegen patriarchale Verhältnisse beanspruchte, war Butlers Diagnose der heterosexuellen Matrix sprachphilosophisch geprägt. Ihre Aufrufe, die Genderkategorien parodistisch zu unterlaufen, war als Praxis des Performativen und radikal anti-essenzialistisch zu verstehen, was zur Folge hatte, dass sich das feministische Kollektivsubjekt gleichsam auflöste. Im deutschsprachigen, gendertheoretisch vergleichsweise konservativ ausgerichteten Diskurs, der sich nur langsam und zögerlich für einen Abschied von der Idee der Zweigeschlechtlichkeit öffnete, zeigten sich dagegen ab der 1990er-Dekade einige Wechselwirkungen zwischen den Teildisziplinen Geschlechter- und Arbeitsforschung, etwa im Konzept der Alltäglichen Lebensführung, das noch vorgestellt wird (Kap. V.4). Ein Motor für die Annäherung von Geschlechter- und Arbeitsforschung war die vergleichsweise starke Tradition der (west- sowie ost-)deutschen Frauenarbeitsforschung in der marxistischen bzw. kapitalismuskritischen Tradition. Von daher waren die Umbrüche von Arbeit, die seit den 1980er Jahren verstärkt ins Bewusstsein drangen, ein empirisches Parkett, auf dem sich die beiden Fraktionen ohnehin bewegten, nun eben auch vermehrt aufeinander zu.

IV.5 Krise der (Industrie-)Arbeitsgesellschaft

In den 1970er Jahren geriet das gesellschaftliche und ökonomische Entwicklungsmodell des Fordismus in eine Krise, die über die typischen zyklischen Konjunkturschwankungen oder punktuelle soziale Auseinandersetzungen um Arbeit hinausging. Ursache für die Erlahmung des Wirtschaftswachstums war ein komplexes Bündel von Faktoren.

Nach einer lang anhaltenden Prosperitätsphase hatte sich die Konkurrenzsituation zwischen den aufstrebenden europäischen Staaten und Japan, die seit der Nachkriegszeit ein nachholendes Wachstum erlebt hatten, einerseits und den USA andererseits verschärft. Daraus entstand eine Überakkumulationskrise, also ein Überschuss an anlagesuchendem Kapital, und damit eine Investitionsschwäche. Die Golddeckung des Dollars und das System stabiler Wechselkurse brachen zusammen – was die schon länger bestehenden ökonomischen Globalisierungstendenzen allerdings keineswegs zum Erliegen brachte, denn die Unternehmen suchten gerade in der Verlagerung von Produktionskapazitäten und im Erschließen neuer Absatzmärkte ihren Profitabilitätsproblemen zu begegnen. Dies änderte aber nichts daran, dass die nationalen wie die globalen Märkte für Massengüter zunehmend gesättigt waren. Die starren Produktionsstrukturen waren nicht geeignet, neue Absatzchancen in stärker spezialisierten und volatileren Märkten zu erschließen. Die Versuche scheiterten nicht zuletzt an der Inflexibilität der tayloristischen Formen der Arbeitsorganisation. Diese waren zu dieser Zeit bereits von anderer Seite zunehmend in die Kritik geraten: Die Zergliederung und Dequalifizierung der Tätigkeiten führte zu Entfremdung und der Zerstörung von Kompetenzen, mithin zu einer Gefährdung menschlicher Subjektivität, so die immer weiter verbreitete Einsicht. Neue Konflikte um Arbeit entstanden, die nicht nur deren Organisationsweisen betrafen. Eine vergleichsweise starke Gewerkschaftsbewegung konnte zunächst noch hohe Entgeltforderungen durchsetzen, die die Ökonomie weiter belasteten. Es kam zu einer Stagflation (Inflation trotz stagnierenden Wirtschaftswachstums) und schließlich längerfristig zum Anstieg der Arbeitslosigkeit.

Es war vor allem diese letztgenannte Tendenz, die bald darauf zur Ausrufung einer »*Krise der Arbeitsgesellschaft*« führte (vgl. Matthes 1983). Der Begriff der Arbeitsgesellschaft war bis dahin kaum verwendet worden (Ausnahme: Arendt 1960) und erhielt erst in der Phase der Krise eine begriffliche Form.

Die Krise zeigte sich zunächst in der Herausbildung einer dauerhaften strukturellen Arbeitslosigkeit, die auch nach Konjunkturaufschwüngen nicht wieder verschwand, sondern einen immer größer werdenden Sockel bildete. Aber auch in den Arbeitsorganisationen selbst wurde eine verdeckte strukturelle Unterbeschäftigung vermutet. So behauptete Ralf Dahrendorf (1983), dass in staatlichen Verwaltungen aus arbeitsmarktpolitischen Gründen mehr Menschen beschäftigt würden als für die Aufgaben und Ziele eigentlich nötig. Zugleich ging die Lebensarbeitszeit der Menschen immer mehr zurück, insbesondere durch eine Verlängerung der Ausbildungsphase in den Biografien der Beschäftigten. Das Arbeitszeitvolumen sank zudem durch die von der Arbeitnehmer:innenseite und ihrer Interessenvertretung durchgesetzten Verkürzungen der Wochenarbeitszeit. Der ausgebaute Wohlfahrtsstaat (sein Zurückschneiden wurde erst etwas später im Zuge der neoliberalen Wende zum politischen Ziel) führte dazu, dass zumindest eine basale Existenzsicherung von der Erwerbsarbeit entkoppelt wurde. All dies, so die zentrale These in der Debatte um die Krise der Arbeitsgesellschaft, habe zum Verlust des strukturgebenden Charakters von Erwerbsarbeit geführt, und zwar sowohl in Bezug auf die Subjekte und die Alltagsgestaltung als auch hinsichtlich ihrer Funktion der gesellschaftlichen Integration. Mit dem Verlust ihrer gesellschaftlichen Zentralität werde Arbeit »zu einer Angelegenheit ›neben anderen‹« und verliere ihre subjektive Relevanz sowie ihre »Funktion als Orientierungspunkt für den Aufbau personaler und sozialer Identität« (Offe 1983: 52). Alles in allem lasse sich eine »abnehmende Determinationskraft der Tatbestände von Arbeit, Produktion und Erwerb für die Gesellschaftsverfassung und die gesellschaftliche Entwicklung insgesamt« konstatieren (ebd.: 43).[39]

Ralf Dahrendorf beschrieb die Folgen der nachlassenden Bedeutung von Arbeit als ambivalent. Die Leerstelle, die die im Schwinden begriffene Arbeit hinterlasse, werde durch belang-

und geistlosen Konsum gefüllt. Die »Strukturlosigkeit einer um die Arbeit erleichterten Arbeitsgesellschaft« könne bis hin zu einer »Auflösung von *law and order*, Recht und Ordnung« führen: »Drogenkonsum, Gang-Schlachten mopedfahrender Jugendlicher, die Reservearmee der Gewalt von noch so gewaltlos geplanten Demonstrationen, die Terrorisierung von Straßen und Verkehrsmitteln« (1980: 754). Er formulierte aber auch gegenteilige Potenziale: Die »Arbeit« (verstanden als Pflicht und Mühsal) könne durch »Tätigkeit« (im Sinne kreativen Schaffens) ersetzt werden. Eine so verstandene Tätigkeit könne die Grenzen zwischen Beruf und Privatleben überschreiten und mit neuen Sinngehalten gefüllt werden. Organisierte Formen der »Selbsthilfe in überschaubaren Gruppen« (Dahrendorf 1983: 35), alternative Lebensformen und neue Netzwerke, die sich dem Erhalt der ökologischen Umwelt oder der »Entfaltung schöpferischer Talente« (ebd.) widmen, könnten solches Potenzial freilegen.

Für André Gorz, dessen Thesen in den 1980er und 1990er Jahren in Wissenschaft und Gesellschaft großen Widerhall fanden, beginnt das Ausgangsproblem nicht erst mit dem Schwinden der Erwerbsarbeit, sondern bereits mit der vorangegangenen Veränderung ihres grundsätzlichen Charakters. »Arbeit ist nicht mehr eine dem Arbeiter eigentümliche Tätigkeit. In der Fabrik oder im Dienstleistungssektor ist sie überwiegend eine passive, vorprogrammierte, einem Apparat dienliche und dienstbare, jede persönliche Initiative ausschließende Aktivität« (Gorz 1980: 62). Das gilt für ihn nicht nur mit Blick auf taylorisierte Arbeit, sondern auch für die zeitgenössischen »Automationsarbeiter« (siehe Kap. IV.1), deren Tätigkeit immer abstrakter und von stofflichen Inhalten gelöst werde. Die Sinnfrage, die Ralf Dahrendorf und Claus Offe erst beim gesellschaftlichen und individuellen Bedeutungsverlust von Arbeit stellen, ist bei Gorz also eine grundsätzlichere, weil sie auch die Verfassung von Arbeit selbst betrifft. Zunächst sieht Gorz kaum Möglichkeiten einer Überwindung entfremdeter Arbeit (später fällt sein Urteil etwas milder aus) und plädiert für eine »dualistische Gesellschaft«: eine Sphäre der Erwerbsarbeit, die nicht anders als heteronom organisiert werden kann, einerseits und eine Sphäre des Tätigseins und der bewussten Steuerung andererseits (Gorz 1980). Damit bleibt die Befreiung *von* der Arbeit die zentrale Perspektive. Diese wird unterstützt durch ein Produktivitätswachstum dank Technisierung. Durch die Krise der Arbeitsgesellschaft werde eine radikale Neuorganisation der Verteilung von (Erwerbs-)Arbeit nötig, die eine massive Arbeitszeitkürzung für alle bedeute und damit allen Menschen die Möglichkeiten einer (im Umfang reduzierten) Beschäftigung biete.

»*Das Konzept einer Gesellschaft der befreiten Zeit, in der alle Arbeit finden, aber immer weniger ökonomisch zweckbestimmt arbeiten müssen* – dieses Konzept ist der *mögliche* Sinn der gegenwärtigen historischen Entwicklung.« (Gorz 1989: 313 f., Hervorh. i. Orig.)

Später geht Gorz etwas gnädiger mit der Erwerbsarbeit und den Chancen ihrer Aneignung durch die Beschäftigten um (2000). Die neuen Prinzipien des Tätigseins könnten auch auf die Arbeit in Fabrik und Büro zurückwirken.

Gegen so manche Elemente der Krisendiagnose der Arbeitsgesellschaft lassen sich plausible Einwände formulieren. Zunächst sind einige der empirischen Ausgangsannahmen der Debatte fraglich. Dem sinkenden Arbeitsvolumen der Einzelnen steht nämlich eine erhebliche Ausweitung der Zahl der Erwerbstätigen gegenüber. Das gesellschaftliche Arbeitsvolumen ist seit den 1960er Jahren insgesamt durchaus zurückgegangen, aber keineswegs so stark, wie die teils alarmistische Debatte vermuten lässt. Die wichtigste Ursache ist eine erhebliche Ausweitung weiblicher Erwerbstätigkeit. Durch sie ist der Arbeitskräftepool angewachsen, der Anteil der Erwerbstätigen an der erwerbsfähigen Bevölkerung insgesamt sogar gestiegen – dabei handelt es sich allerdings zu großen Teilen um (wiederum überwiegend weibliche) Teilzeitarbeit. Wie so häufig, lässt sich auch hier die Kritik formulieren, dass die Debatte androzentrisch ist: Die Krise der Arbeitsgesellschaft ist im Kern eine Krise der männlichen Erwerbsarbeit.

Aus heutiger Perspektive lässt sich als weiteres empirisches Argument anführen, dass die Arbeitslosigkeit gegenüber ihrem Höchststand zur Zeit der Krisendiagnose wieder deutlich gesunken ist. Das bedeutet allerdings keineswegs eine Rückkehr zur (vermeintlichen) Stabilität und Sicherheit des fordistischen Arbeits- und Gesellschaftsmodells. Klaus Dörre sieht eher die Heraufkunft einer »prekären Vollerwerbsgesellschaft« (Dörre 2016).

Die Frage, ob Arbeit als Ort und Gegenstand subjektiver Sinnproduktion wirklich an Bedeutung verloren hat, ist heute zumindest strittig. Jedenfalls lässt sich bezweifeln, dass steigende Arbeitslosigkeit eine solche Folge hat. Das (nicht nur monetäre) Leiden unter Arbeitslosigkeit – als fehlende persönliche Verfügbarkeit von Arbeit – verweist ja gerade auf den Fortbestand von Arbeit als zentralem normativem Deutungsrahmen der Gesellschaft. Insgesamt ist fraglich, ob die Gesellschaften des Globalen Nordens wirklich weniger arbeits- und produktivitätszentriert geworden sind. Der Anthropologe James Suzman etwa sieht eine jahrhundertealte Entwicklungstendenz zu einer Ausweitung und Intensivierung von Arbeit, die längst irrational geworden sei. Daran habe sich auch in gegenwärtigen Gesellschaften nichts Grundsätzliches geändert (Suzman 2020). Die Diagnose einer »Krise der Arbeitsgesellschaft« wird in ihrer Pauschalität jedenfalls heute kaum mehr geteilt. Aktuell bleiben allerdings bis heute die Visionen für eine künftige Gesellschaft jenseits von banalisierter Arbeit und Entfremdung.

Eine weniger weitreichende, aber breiter geteilte Krisendiagnose betrifft das *»Normalarbeitsverhältnis«* (NAV). Darunter wird üblicherweise eine abhängige, weisungsgebundene Beschäftigung mit unbefristetem Arbeitsvertrag verstanden, die in Vollzeit ausgeübt wird, arbeitsrechtlichen Regelungen (z. B. Arbeitsschutzgesetzen) unterliegt und in soziale Sicherungssysteme integriert ist (durch Sozialversicherung oder, bei Beamten, staatliche Absicherung). Leiharbeit wird meist nicht dem NAV zugerechnet, auch wenn sie die sonstigen Kriterien erfüllt. Umstritten ist, wie »Vollzeit« definiert werden soll. Das Statistische Bundesamt zieht die Grenze mit zwanzig Stunden sehr weit, häufiger wird erst vollzeitnahe Teilzeit zum Normalarbeitsverhältnis gezählt.[40] Der Gegenbegriff ist »atypische Beschäftigung«, die alle Beschäftigungsformen umfasst, welche nicht unter das Normalarbeitsverhältnis fallen.

Die bis heute breit geteilte Diagnose einer »Krise des Normalarbeitsverhältnisses« hat Ulrich Mückenberger kurz nach der Diskussion um das Ende der Arbeitsgesellschaft formuliert. Dabei geht es ihm nicht in erster Linie um den Rückgang der faktischen Verbreitung dieser Art von Arbeitsverhältnis, sondern um dessen normative und handlungsleitende Bedeutung.

> »Normalarbeitsverhältnis im normativen Sinne ist dasjenige Arbeitsverhältnis, das optimal die Kriterien erfüllt, an die die geltende Rechtsprechung vorteilhafte Regelungen knüpft (durch Schutzvorkehrungen, Gewährleistungen, flankierende Ge- und Verbote usw.).« (Mückenberger 1985: 424)

Dass es in die Krise gerät, heißt, dass das Normalarbeitsverhältnis als bislang »herrschende Fiktion« an Bedeutung verliert: »Das überkommene Arrangement gesamtgesellschaftlicher Reproduktion wird somit als rechtskonstruktiver Bezugspunkt aufgegeben« (ebd.: 464). Die Leitvorstellung des Normalarbeitsverhältnisses fungiert immer weniger als »Schablone für juristische Normsetzung und -interpretation [...], die sich intervenierend und normalisierend auf das Feld der Erwerbsarbeit beziehen« (ebd.: 423).

Dass es sich beim Normalarbeitsverhältnis um ein Modell *männlicher* Beschäftigung gehandelt hat, das für Frauen kaum Gültigkeit hatte, ist Mückenberger bewusst. Trotzdem relativiert sich die Krisendiagnose aus heutiger Perspektive noch einmal, wenn man die aktuelleren Entwicklungen im Geschlechterverhältnis genauer in den Blick nimmt. Zwischen 1991 und 2007 verdoppelte sich die Quote atypischer Beschäftigung fast und blieb anschließend – bei einigen Schwankungen – ungefähr konstant.[41] Diese eindrückliche Entwicklung wird aber stark relativiert, wenn man als Bezugspunkt nicht die Anzahl abhängiger Beschäftigungsverhältnisse nimmt, sondern die der Menschen im erwerbsfähigen Alter. Dann ergibt sich seit 1991 ein leichter Abfall des Anteils von Personen im NAV. Insgesamt bewegt sich die Quote der atypischen Beschäftigung aber um nur wenige Prozentpunkte (IGZA 2018). Die Differenz der Betrachtungsweisen entsteht dadurch, dass im Vergleichszeitraum die Frauenerwerbstätigkeit erheblich angestiegen ist und Frauen um ein Mehrfaches häufiger in Teilzeit arbeiten als Männer. Anders formuliert: Dadurch, dass die weiblichen Beschäftigten überhaupt erst in die Erwerbsabhängigenstatistik gelangen, erhöhen sie den Anteil atypischer Beschäftigungsverhältnisse. Zwar steigt der Anteil von Beschäftigten jenseits des Normalarbeitsverhältnisses an der Gesamtbeschäftigtenzahl. Aber nur deshalb, weil neue Personen – überwiegend Frauen – in die Erwerbstätigkeit eintreten. Gemessen an der Gesamtbevölkerungszahl schwindet das Normalarbeitsverhältnis kaum.

V Perspektiven auf Umbrüche von Arbeit im Postfordismus

Die Krisendiagnosen der 1980er Jahre – die Krise der Arbeitsgesellschaft, des Normalarbeitsverhältnisses, des Fordismus – ließen weitgehend offen, was die neuen Formen von Arbeit sind, die auf die beschriebenen Erosionsprozesse folgen könnten. Diese Leerstelle wurde ein gutes Jahrzehnt später nach und nach geschlossen. Die Debatten um die Jahrtausendwende waren geprägt durch Thesen, die neue Umbrüche postulierten. Entsprechend waren ihre zentralen Konzepte Prozessbegriffe: Entgrenzung, Subjektivierung und Prekarisierung von Arbeit.

Die Arbeitssoziologie hatte sich von jeher für historische Entwicklungen interessiert. Sie war dabei aber überwiegend von Prozessen allgemeinen, anhaltenden – und durchaus tiefgreifenden – sozialen Wandels ausgegangen, nicht von epochalen Umbrüchen. Dieses Verständnis war von der Annahme geprägt, dass es sich bei dem Wandel um eine (krisenhafte) Fortschreibung von grundsätzlich im Kapitalismus angelegten Prinzipien handele, insbesondere von Technisierung und Rationalisierung, gerahmt von der verstärkten Herausbildung von arbeits- und mitbestimmungsrechtlichen Regulierungen.

Die neuen Umbruchsthesen dagegen gingen von einem grundlegenden Epochenbruch aus. Es ging nun nicht mehr um die weitere Entfaltung der kapitalistischen Basisprinzipien, sondern um das Entstehen eines ganz neuen ökonomischen Entwicklungsmodells, eines weiterhin kapitalistischen, aber grundlegend neu konfigurierten Modells. Wie schon der inhaltlich bewusst offen gelassene Zukunftsbegriff *Post*fordismus deutlich macht, war allerdings nicht ganz klar, was die neuen Basisprinzipien sein könnten. Der zunächst als aussichtsreichster Kandidat erscheinende »Finanzmarktkapitalismus« hat sich letztlich begrifflich nicht durchgesetzt und wird mittlerweile von diversen digitalisierungsbezogenen Bezeichnungen des Gegenwartskapitalismus abgelöst. Insbesondere war und ist bis heute fraglich, ob das angenommene neue Entwicklungsmodell jemals eine ähnliche Kohärenz und ökonomische Stabilität wie der Fordismus haben wird oder ob wir es vielmehr mit einer Dauerkrise zu tun haben.

Zwar blieb der ökonomische und gesamtgesellschaftliche Rahmen analytisch eher unterbestimmt, doch die Umbruchsanalysen in Bezug auf Arbeit waren deutlicher. Diejenige arbeitssoziologische Zeitdiagnose, die mit großem Abstand am einflussreichsten geworden ist, ist die des »Arbeitskraftunternehmers«, die Günter Voß und Hans Pongratz im Jahr 1998 formuliert, in den nachfolgenden Jahren weiter ausgearbeitet und auch zum Thema eines empirischen Forschungsprojekts gemacht haben. In der Arbeitskraftunternehmer-Diagnose sind eine Vielzahl der in den Folgejahren diskutierten Fragen und Thesen bereits im- oder explizit enthalten, insbesondere solche, die in den Diskussionen um Entgrenzung und Subjektivierung im Zentrum standen, auf die wir noch näher eingehen werden (Kap. V.1 und V.2). Zunächst lohnt ein einleitender Blick auf die »Generalthese« von Voß und Pongratz, die bis heute zu den am meisten zitierten und am häufigsten (durchaus auch kontrovers) diskutierten Überlegungen gehört. Voß und Pongratz konstatieren einen »grundlegenden Wandel der gesellschaftlichen Verfassung von Arbeitskraft« (1998: 132), der sich im Übergang vom

»verberuflichten Arbeitnehmer« des Fordismus zum »Arbeitskraftunternehmer« des Postfordismus ausdrückt. Dieser neue Typus von Arbeitskraft beinhaltet, dass die Beschäftigten ein neues, ein unternehmerisches Verhältnis zu ihrer eigenen Arbeitskraft ausprägen, indem sie die Formierung, Vermarktung und den Verkauf von Arbeitskraft sowie ihre Verausgabung als konkrete Arbeit eigenständig organisieren und strukturieren.

Dies betrifft drei Dimensionen: Im Arbeitsprozess sind die Arbeitenden zur systematisch erweiterten »Selbst-Kontrolle« angehalten. Die Ausführung der Arbeit erfolgt selbstgesteuert, die Beschäftigten überwachen ihre Leistungserbringung eigenständig. Kontrolltheoretisch interpretiert: Das »Transformationsproblem« (siehe Kap. IV.3) wird den Beschäftigten überantwortet. Zweitens arbeiten die Beschäftigten systematisch an der Produktion und Vermarktung ihrer Fähigkeiten und Kompetenzen auf inner- wie auch außerbetrieblichen Arbeitsmärkten, was Voß und Pongratz als »Selbst-Ökonomisierung« bezeichnen. Die dritte Dimension betrifft die Organisation des Privatlebens und dessen Verhältnis zur Erwerbsarbeitsdomäne. Es entstehe eine zunehmende »Verbetrieblichung der Lebensführung« (später als »Selbst-Rationalisierung« bezeichnet), eine »alle Lebensbereiche umfassende und alle individuellen Ressourcen einbeziehende systematische Organisation des gesamten Lebenszusammenhangs« (ebd.: 143). Das eigene Leben wird mehr und mehr entsprechend den Prinzipien rationaler Betriebsführung gestaltet.

Die Autoren verstehen den Arbeitskraftunternehmer als einen Idealtypus im Sinne Webers, in dem sich verschiedene empirisch auftretende Merkmale zuspitzen und verdichten. In der ursprünglichen Fassung bezeichnet der Arbeitskraftunternehmer zunächst die Seite der Anforderungen oder Adressierungen, einen »normativen Leittypus«, in dem die Ansprüche der zeitgenössischen Arbeitswelt an die Beschäftigten verdichtet sind. Wie die Arbeitssubjekte mit diesen Erwartungen, sich in ein unternehmerisches Verhältnis zu sich selbst zu stellen, umgehen, bleibt zunächst offen. Dies wird einige Jahre später Gegenstand einer empirischen Studie, in der Pongratz und Voß untersuchen, inwieweit die Arbeitskraftunternehmer-These von subjektiver Seite gedeckt ist. Der Befund lautet, dass sich bei den Beschäftigten tatsächlich solche Erwerbsorientierungen finden lassen, die zu den Anforderungsdimensionen »Selbst-Kontrolle« und »Selbst-Rationalisierung« passen. Die Bereitschaft oder Fähigkeit zur Selbst-Ökonomisierung – zu einer permanenten Perfektionierung des eigenen Arbeitskraftprofils und der Vermarktung der eigenen Arbeitskraft unabhängig von bestehendem Beschäftigungsverhältnis und Unternehmensloyalitäten – ist dagegen empirisch deutlich weniger ausgeprägt als erwartet. Vielmehr herrsche eine »Absicherungsmentalität« im Sinne einer »Orientierung an den Sicherheitsstandards des Normalarbeitsverhältnisses« vor (Pongratz/Voß 2003: 155), eine »mentale Bindung an die Sicherheitsimplikationen einer festen Anstellung« (ebd.: 170). Die Kernelemente der Arbeitskraftunternehmer-These sehen die Autoren dadurch allerdings nicht beeinträchtigt, eher nehmen sie eine Art subjektive Rückständigkeit an, aufgrund derer die Beschäftigten die Augen vor der Realität der Anforderungen der postfordistischen Arbeitswelt verschließen und zugleich auf mögliche Autonomiegewinne durch steigende Unabhängigkeit vom konkreten Arbeitgeber verzichten.

Von feministischer Seite ist kritisiert worden, dass die Arbeitskraftunternehmer-These allein von der Seite der Erwerbsarbeit her konstruiert ist und die Reproduktionsseite ausblendet. Wie gelingt es dem Arbeitskraftunternehmer, die Reproduktionsnotwendigkeiten für seine Arbeitskraft zu organisieren, wenn das Privatleben zunehmend unter die Dominanz arbeitsweltlicher

Imperative gerät? Oder, wie Annette Henninger (2003) fragt: Woher bezieht der Arbeitskraftunternehmer die nötigen Sorgeleistungen? Der Verdacht liegt nahe, dass die neue Leitfigur der Arbeitswelt weiterhin oder in noch verschärftem Maße die unbezahlte Sorgearbeit von (Haus-)Frauen nutzt. Nicht nur an dieser Stelle bleibt unklar, in was für Geschlechterarrangements der Arbeitskraftunternehmer agiert. In der Ausgangsthese von 1998 wird das Thema Geschlecht praktisch vollständig ausgeblendet. Dies ändert sich in der empirischen Studie von Pongratz und Voß, die Geschlechterdifferenzen in den Arbeitsorientierungen ausdrücklich zum Gegenstand macht. Der Befund lautet, dass gerade (gut qualifizierte) Frauen Einstellungen entwickeln, die dem Arbeitskrafttypus des Arbeitskraftunternehmers am ehesten entsprechen, dass es also gerade die weiblichen Beschäftigten sind, die zu den Vorreiterinnen neuer Rationalisierungskonzepte werden. Warum dies so ist, könnten Pongratz und Voß in ihrem analytischen Rahmen allerdings nicht erklären, wie Brigitte Aulenbacher (2005) kritisiert. Geschlecht tritt empirisch in Erscheinung, wird aber nicht angemessen in theoretische Begriffe gefasst.

Unabhängig von diesen und weiteren Kritikpunkten – hinterfragt wurde etwa immer wieder die empirische Verbreitung des neuen Arbeitskrafttypus – bleibt die Arbeitskraftunternehmer-These bis heute eine der zentralen Referenzpunkte der Diskussionen um Arbeit. In ihr sind verschiedene Entwicklungstendenzen, wie sie für die postfordistische Arbeitswelt kennzeichnend sind, in pointierter Weise gebündelt. Vor diesem Hintergrund werden wir nun weitere Dimensionen dieser Umbruchsprozesse näher ansehen.

Der Begriff der *Entgrenzung* lässt sich eher zu den *Post*-Diagnosen zählen: Geläufige Grenzziehungen werden durchlässiger, institutionelle Regulierungen treten zurück, Unterscheidungen werden unklar (Kap. V.1). Im Konzept der *Subjektivierung von Arbeit* wird das Neue inhaltlich konkreter bestimmt: Je nach Diagnose können die Beschäftigten nun ihre subjektiven Ansprüche und Kompetenzen stärker in die Arbeit einbringen, oder ihre Subjektivität wird nun verstärkt der betrieblichen Verwertung unterworfen. Zumindest werden, so weit besteht Einigkeit, die Wechselverhältnisse zwischen Subjekt und Organisation intensiviert (Kap. V.2). Während Subjektivierung sich auf die »innere Qualität von Arbeit« (Nies/Sauer 2012) bezieht, fokussiert der Begriff der *Prekarisierung* zunächst die äußere Veränderung von Arbeits- und Beschäftigungsverhältnissen. An die Stelle von unbefristeter, sozialstaatlich eingebetteter und rechtlich abgesicherter Vollzeitarbeit treten mehr und mehr kurzfristige Tätigkeiten, Leih- und Niedriglohnarbeit (Kap. V.3). Allen drei Umbruchsdiagnosen ist ihr androzentrischer Bias gemeinsam: Weiblich konnotierte Hausarbeit, aber auch manche Formen bezahlter Care-Arbeit waren schon immer durch Entgrenzungs- und Prekarisierungstendenzen geprägt (wenn auch zum Teil in anderer Weise); subjektiviert sind solche Arbeiten allemal. Zum arbeitssoziologischen Thema wurde dies aber erst, als diese Entwicklungen zunehmend auch die (stärker männlich geprägte) »normale« abhängige Erwerbsarbeit erfassten.

Nicht nur der Gegenstand der Arbeitstheorien wandelt sich, auch ihre Perspektiven. Arbeit wird nicht mehr nur von der Organisation oder der ökonomischen Entwicklung her gedeutet, sondern auch als aktive Tätigkeit der Arbeitenden betrachtet. Die *(Erwerbs-)Biografieforschung* nimmt dabei eine diachrone Analyseperspektive auf den Lebensverlauf ein. Das Konzept der *Alltäglichen Lebensführung* betrachtet die aktive Organisation von Arbeit und Alltag im zeitlichen Querschnitt. Es rückt eine lebensweltliche Perspektive in den Fokus, die das Zusammenspiel von Erwerbsarbeit und dem Arbeitscharakter von nicht-erwerbsförmigen Tätigkeiten in den Blick nimmt. Die Forschungen zur Institutionalisierung des Lebenslaufs beleuchten überdies die wohlfahrtsstaatliche Strukturierung von Arbeit und Lebenslauf sowie die Rolle, die geschlechtsspezifische Arbeitsteilung darin spielt (Kap. V.4).

Über den unmittelbaren organisationalen Kontext hinaus geht auch die Forschung zu Arbeit jenseits der klassischen abhängigen Erwerbsarbeit, bis dahin das unhinterfragte Lieblingsobjekt der Arbeitssoziologie. Zu den neuen Forschungsthemen zählt insbesondere selbstständige Arbeit. An dieser Erwerbsform macht sich der Wandel von Arbeit besonders markant fest: zum einen, weil sich selbstständige Arbeit seit den 1990er Jahren ausdifferenziert hat und der Arbeitgeber-Selbstständige nicht mehr der/die typische Selbstständige ist. Zum anderen ist selbstständige Arbeit, die mehr Selbstbestimmung verspricht, zugleich eine sozial und ökonomisch riskante Erwerbsarbeit, in der industriegesellschaftliche Geschlechterungleichheiten sowohl zugespitzt auftreten als auch verschwimmen können (Kap. V.5).

V.1 Entgrenzung von Arbeit

Der Begriff der Entgrenzung dient in den Sozialwissenschaften bereits seit längerem zur Kennzeichnung von Veränderungsprozessen, die als grundlegende Transformationen, bisweilen gar als Epochenbruch der Moderne interpretiert werden (Beck 1986). Grenzen erodieren, werden brüchig, werden umgangen oder verschoben; vormals eindeutige Zuschreibungen und begriffliche Trennungen werden unscharf; gesellschaftliche Teilbereiche oder Subsysteme öffnen sich füreinander. Die Theorien der Arbeit hat der Entgrenzungsbegriff gegen Ende der 1990er Jahre erreicht (Voß 1998; Minssen 2000; Kratzer 2003). Klassische Basisunterscheidungen, die für die Grundbegriffe der Arbeitssoziologie konstitutiv waren, wurden unsicher, etwa die räumliche, zeitliche und organisationale Trennung von Erwerbsarbeit und »Privatleben«.

Als Prozessbegriff dient »Entgrenzung« dazu, Veränderungen gegenüber einem (stilisierten) Ausgangszustand zu beschreiben, dem *Fordismus*, also jener Epoche industrieller Rationalisierung, die geprägt war durch Massenproduktion, horizontal und vertikal integrierte Unternehmen und großbetriebliche Strukturen, dauerhafte Arbeitsverhältnisse sowie einen hohen Standardisierungsgrad der Arbeitsaufgaben und Produkte.

Dimensionen der Grenzziehung

Fünf Grenzziehungen sind idealtypisch für den Fordismus:

(1) Hinsichtlich der *Zeitdimension* gilt das fordistische Arbeitsregime als geprägt von hochgradig verregelten und starren Arbeitszeiten: durch tariflich definierte Wochenarbeitszeitlänge, zumeist belegschaftsumfassend einheitliche, täglich wiederkehrende Zeitpunkte von Arbeitsbeginn und -ende (z.B. festem Schichtwechsel, man denke etwa an die Fabriksirenen, die diese zeitlichen Grenzen akustisch markieren), teils auch durch standardisierte Pausen- und Urlaubszeiten. Vorausgesetzt wird dabei, dass zwischen Arbeits- und Freizeit klar unterschieden werden kann – eine Unterscheidung, die auch dann wirksam bleibt, wenn von den Standards fallweise abgewichen wird (etwa bei Überstunden, die als Ausnahme von der Regel gelten). Zugleich ist Zeit ein zentrales Maß für die Bestimmung von Arbeitsleistung.

(2) Auch *räumlich* sind Arbeits- und Lebenswelt – den fordistischen Prinzipien nach – klar voneinander geschieden: Erwerbsarbeit findet auf dem Gelände des Arbeitgebers statt (manchmal auch auf dem des Kunden) – häufig mit durch Zäu-

ne, Zugangskontrollen usw. abgesteckten Grenzen. Es gibt einen physisch definierten Raum der Erwerbsarbeit. Räumliche und zeitliche Grenzziehungen sind miteinander verknüpft. Mit dem Durchschreiten des Werkstors in die eine Richtung beginnt die Arbeit, in die andere Richtung die Freizeit. »Zu Hause« wird nicht gearbeitet (im Lohnarbeitssinne), andersherum sind »private« Tätigkeiten am Arbeitsplatz untersagt.

(3) Mit der zeitlichen und räumlichen Trennung von Arbeit und »Privatleben« sind zugleich Festschreibungen im *Geschlechterverhältnis* verbunden. Erwerbsarbeit gilt als männlicher Bereich, während die Frauen auf das Feld der (unbezahlten) Erziehungs-, Familien- und Sorgearbeit verwiesen sind. Dies schließt eine Erwerbsbeteiligung von Frauen nicht grundsätzlich aus, reduziert sie aber weitgehend auf eine Rolle als Dazuverdienerinnen im Rahmen eines männlich geprägten Familienernährer-Modells. Zugleich findet innerhalb der Erwerbsarbeit eine geschlechterbezogene Differenzierung und Hierarchisierung statt, bei der als weiblich konnotierte Arbeit weniger anerkannt und schlechter vergütet wird.

(4) Eine weitere für den Fordismus typische Grenzziehung betrifft das Verhältnis von *Organisation und Umwelt.* Unternehmen und Betrieb haben ein räumliches Innen und Außen mit unterschiedlichen Koordinationslogiken. »Markt-« und »Produktionsökonomie« (Sohn-Rethel 1972) sind voreinander geschieden. Die interne Organisation folgt den Prinzipien Hierarchie, Entscheidung und Macht, außen »im Markt« herrschen Konkurrenz, freier Warentausch und (formale) Gleichheit.

(5) Das fordistische Modell unterstellt zudem eine *Trennung von Arbeitskraft und Person.* Beschäftigte erfüllen im Betrieb eine bestimmte Berufsrolle, die mit definierten Aufgaben, Pflichten und Verhaltensweisen verbunden ist. Vom konkreten Menschen mit seinen individuell-persönlichen Eigenschaften wird abstra-

hiert. Vorherrschend ist eine instrumentelle Arbeitshaltung; Motivationen, die über die Einhaltung der Regeln und Pflichten hinausgehen, sind nicht nötig. Dies korrespondiert wiederum mit der fordistischen Geschlechterkonstruktion. Arbeit wird als männlich konnotiertes instrumentelles Handeln konzeptualisiert, während in der Familie das Prinzip der Fürsorge und Liebe gilt (Klinger 2012).

Dass die Praxis von diesen fordistischen Leitbildern nicht selten abwich, ist den Protagonist:innen der Entgrenzungsdebatte bewusst. Gleichwohl werden wesentliche Entgrenzungsentwicklungen konstatiert, die die fünf fordistischen Trennungen der Tendenz nach durchlässiger machen: In der Zeitdimension kommt es zu einer Flexibilisierung des Verhältnisses von Arbeits- und Nicht-Arbeitszeit. Die Ausbreitung mobiler Arbeit löst räumliche Bindungen von Erwerbsarbeit tendenziell auf. Mit der Feminisierung der Erwerbsarbeit werden Geschlechtergrenzen verflüssigt. Die Vermarktlichung von Organisationen führt zur Einführung vormals externer Koordinationsprinzipien ins Innere der Unternehmen. Die »Subjektivierung von Arbeit« (die wir im nächsten Kapitel V.2 ausführlich behandeln und daher an dieser Stelle ausklammern) beansprucht die Beschäftigten als »ganze Person«, nicht nur als abstrakte Rollenträger.

Dimensionen der Entgrenzung

(1) Die am besten untersuchte Entgrenzungstendenz betrifft die *zeitliche Flexibilisierung* in mindestens zwei Dimensionen: der Arbeitszeit*länge* und der Arbeitszeit*lage*. Gleitzeit mit oder ohne Kernzeiten, Arbeitszeitkonten oder gar Vertrauensarbeitszeit, also Arbeitsformen, bei denen Arbeitszeitbeginn und -ende nicht durch übergreifende Standards vorgegeben sind, sind für viele Beschäftigten heute alltäglich. An die Stelle der 40-Stunden-Woche ist eine Vielzahl unterschiedlicher Arbeits-

zeitarrangements getreten. Teilzeitarbeit ist stark und kontinuierlich angestiegen. Alle diese Tendenzen zur Flexibilisierung der Arbeitszeiten wurden zunächst als Chancen für Autonomiegewinne und eine bessere Vereinbarung von Beruf und Familie interpretiert. Nach einiger Zeit trat allerdings Ernüchterung ein: War zunächst erwartet worden, dass das Aufbrechen des rigiden fordistisch-tayloristischen Zeitregimes zugunsten variabler Arbeitszeitmodelle Vorteile gleichermaßen für Unternehmen wie für Beschäftigte zur Folge haben würde, so wurde recht bald deutlich, dass die Gewinne der Flexibilisierung asymmetrisch verteilt sind. Zumindest die »längeren Wellen« der schwankenden Arbeitszeitvolumina sind ganz überwiegend unternehmensseitig, von den Bedürfnissen der »atmenden Fabrik« bestimmt. Im Gegenzug können die Beschäftigten allerdings punktuell kurzfristige Arbeitszeitansprüche einbringen. Wertgeschätzt von Beschäftigten wird insbesondere die Rücknahme der direkten Disziplinierung durch die »Beendigung der Herrschaft der Stechuhr« (Voswinkel 2022: 220).

(2) *Räumliche Entgrenzung* heißt, Erwerbsarbeit wird immer weniger ausschließlich in der »Betriebsstätte«, d.h. in den Gebäuden und Räumen des Arbeitgebers geleistet. Arbeit wird zunehmend beweglich, sie wird *mobilisiert*, wenn auch in ganz unterschiedlicher Weise. In der einfachsten Variante wird dem betrieblichen ein weiterer, ebenfalls relativ fester Arbeitsplatz hinzugefügt, das »Homeoffice«. Zunächst als »Teleheimarbeit« bezeichnet, beinhaltet dies die Einrichtung eines zweiten (selten eines alleinigen) Arbeitsplatzes in der Privatwohnung. Eine solche Rückkehr der Erwerbsarbeit in den privaten Raum unterläuft tendenziell die historisch entstandene Entkopplung von (halb-)öffentlichem Arbeits- und privatem Wohnort, wie sie sich im Laufe der kapitalistischen Industrialisierung herausgebildet hat. Zwar sind hier Arbeits*inhalte* – also die Daten, die den Ar-

beitsgegenstand der Symbolarbeiter:innen bilden – beweglich und können dank datentechnischer Vernetzung an verschiedenen Orten bearbeitet werden. Die Arbeits*kräfte* sind dagegen weitgehend immobil – bei Teleheimarbeit ist diese Immobilität, also die Bindung der Beschäftigten an den privaten Raum (z.B. um Vereinbarkeitsprobleme zu lösen, aufgrund körperlich eingeschränkter Mobilität), wichtigster Nutzungsgrund.

Sind die Arbeitskräfte selbst beweglich, wird zumeist von »mobiler Arbeit« gesprochen (Vogl 2011). Häufig hat diese Mobilität der Arbeitskräfte ihre Ursache darin, dass die Arbeitsgegenstände zwar nicht an der Betriebsstätte, aber an einem anderen, außerbetrieblichen Ort fixiert, also immobil sind (z.B. auf einer Baustelle, in einem Kundenunternehmen, bei dem die Beschäftigten »auf Montage« arbeiten). »Ortsunabhängige Arbeit« umfasst demgegenüber solche Tätigkeiten, die prinzipiell überall erbracht werden können und nicht mehr als eine dezentrale kabellose technische Infrastruktur, zumeist nur einen Laptop oder ein Smartphone benötigen, die die Beschäftigten häufig selbst mitbringen. Marxistisch interpretiert: Der Produktionsmittelbesitz liegt nun teils wieder bei den Beschäftigten selbst – allerdings ohne dass sie daraus einen besonderen Machtgewinn ziehen können, denn sie bleiben bei ihrer Arbeit auf das Bestehen der organisationalen Netzwerke, die weiterhin privatkapitalistisch verfasst sind, angewiesen. Können die Beschäftigten ihre Arbeit ortsunabhängig erbringen, tun sie das (trotz aller plakativen Symboliken von Arbeit am Strand oder im Café) häufig doch wieder in der privaten Wohnung.

Die in den letzten Jahren erheblich gewachsene »digitale Konnektivität« (Wajcman 2015; Nowak et al. 2019), auch über die Grenze der Erwerbs- und Privatsphäre hinweg, führt zu einer *Verschränkung* von räumlichen und zeitlichen Entgrenzungstendenzen, die ihren Niederschlag im Phänomen der »ständigen Erreichbarkeit« findet (Menz et al. 2017). Dass Beschäftigte – durch datentechnische Innovationen ermöglicht – außerhalb ihrer »eigentlichen« Arbeitszeit und ihres betrieblichen Arbeitsorts kontaktiert werden, liegt nicht allein an einem steigenden Verfügbarkeitsanspruch vonseiten der Unternehmen, die ihren Zugriff auf das Privatleben ihrer Mitarbeiter:innen explizit ausweiten wollen. Häufig sind es die Beschäftigten selbst, die sich aktiv »verfügbar halten« oder die am Wochenende Mails checken – einerseits, um sich im Gegenzug selbst wiederum zeitliche Freiräume erarbeiten zu können, andererseits, um überbordenden Leistungsanforderungen gerecht zu werden (ebd.). Dadurch werden die Temporalstrukturen von Arbeit zunehmend unklar. Es werden nicht einfach die faktischen Erwerbsarbeitszeiten ausgeweitet, vielmehr werden die Grenzen zwischen Erwerbsarbeit, familialer Sorgearbeit und Freizeit »perforiert« durch einen schnellen Wechsel oder gar eine Gleichzeitigkeit von Tätigkeiten, die unterschiedlichen Sphären zugeordnet werden können. Die Corona-Krise hat diese raumzeitliche Entgrenzung noch einmal massiv ausgeweitet.

(3) Ob sich die »*Feminisierung*« von (Erwerbs-)Arbeit als Dimension von Entgrenzung fassen lässt und ob Feminisierung überhaupt ein tauglicher Begriff zur Beschreibung von arbeitsgesellschaftlichen Umbrüchen in den Geschlechterverhältnissen ist, ist umstritten. Am häufigsten wird unter diesem Schlagwort die steigende Erwerbsarbeitsbeteiligung von Frauen rubriziert (Murphy/Oesch 2016). Von 1960 bis 2019 ist die Erwerbsarbeitsquote von Frauen von 48 auf 75 Prozent gestiegen, während die von Männern von 91 auf 83 Prozent leicht gesunken ist (Zahlen des Statistischen Bundesamts). Dahinter verbirgt sich allerdings ein hoher Anteil von Teilzeitarbeit: 46 Prozent der Frauen, aber nur 10 Prozent der Männer leisten weniger als 32 Wochenstunden bezahlte Arbeit. Auch wenn sich die Gesamt-

arbeitszeitvolumina von Männern und Frauen annähern, sind sie von Egalität weit entfernt. Der partiellen Feminisierung der Erwerbsarbeit korrespondiert im Übrigen keine entsprechende Maskulinisierung der familiären Sorgearbeit (Nickel 2009), durchaus entgegen den geteilten Ansprüchen auf Geschlechterdemokratie. Der normative Wandel gegenüber dem fordistischen Modell hinsichtlich der Geschlechterleitbilder – vom Familienernährer-Hausfrau-Modell zur Adult-Worker-Norm – markiert einen bedeutsamen soziokulturellen Umbruch, aber die Praxis der Erwerbs- wie der familiären Sorgearbeitsteilung zwischen den Genusgruppen fällt deutlich dahinter zurück. Das Adult-Worker-Modell entpuppt sich in der Praxis eher als Anderthalb-Worker-Modell: vollzeitbeschäftigter Mann plus (während der Familienphase) teilzeitbeschäftigte Frau.

Über diese Veränderung in der Erwerbsbeteiligung hinaus fassen Michael Hardt und Antonio Negri unter Feminisierung eine Verallgemeinerung von informeller und prekärer Arbeit. Sie betrifft nun nicht mehr in erster Linie Frauen, sondern wird zu einem generellen Merkmal von Arbeit im »kognitiven Kapitalismus« (Hardt/Negri 2010: 147f.). Als weiteren Aspekt nennen sie, dass bislang als typisch weiblich konnotierte Fähigkeiten und Arbeitsformen (etwa Emotionalität) nunmehr zu einem allgemeinen Anspruch an die Beschäftigten werden. Eine solche Entwicklung beschreibt auch Eva Illouz, datiert sie aber deutlich früher: Eine entsprechende »emotionale Zeitenwende« habe bereits in der Epoche des »Fabriksystems« stattgefunden. Diese führe zu einer Neudefinition von Maskulinität, in die nun vormals »weibliche« Dimensionen aufgenommen werden, sodass die Geschlechtergrenzen zunehmend verschwänden (Illouz 2007: 40ff.). Für aktuelle Entwicklungen von Arbeit wird dies allerdings bezweifelt. Sozialfiguren wie das »unternehmerische Selbst« oder der »Arbeitskraftunternehmer« (siehe die Einleitung zu Kap. V) stehen eher für eine Ausweitung von Kalkulation und Instrumentalität sowohl in der Erwerbsarbeit wie auch über sie hinaus (Rau 2010).

(4) Unter *Vermarktlichung* werden solche Entwicklungen verstanden, die die Strukturlogiken von Organisationen und ihrer Umwelt tendenziell einander angleichen. War das fordistische Produktionsmodell durch eine technisch-organisationale Eigenlogik und eine Abschottung der Großunternehmen von den externen Anforderungen sowie eine Kontrolle der Märkte geprägt, so dreht sich das Verhältnis von Organisation und Markt im Postfordismus tendenziell um. Nicht die Produktionsökonomie setzt sich im historischen Verlauf gegenüber der Marktökonomie durch, wie Sohn-Rethel (1972) erwartet hatte. Vielmehr hält die Marktlogik Einzug ins Organisationsinnere. Flexible Organisationsstrukturen sollen die Volatilität der Absatz- und Finanzmärkte abbilden; »der Markt« wird explizit in die Organisation »hineingenommen«; Abteilungen werden zu Profit-Centern, Kolleg:innen zu Kund:innen, Benchmarks bilden Preis- und Kostengrößen nach, wie die Arbeits- und Organisationsoziologie seit Ende der 1990er Jahre beobachtet (Sauer/Döhl 1997; Sauer 2005; Voswinkel 2005).

Damit ändert sich die Stellung der Subjekte in der Organisation. Wilhelm Baldamus hatte das Leistungsprinzip mit der Äquivalenzlogik von Aufwand und Ertrag als Kernelement betrieblicher Organisation und zugleich als integratives Gerechtigkeitsprinzip angesehen (Baldamus 1960). Mit der organisationalen Vermarktlichung geht nun eine Verschiebung vom Leistungs- zum Erfolgsprinzip einher, werden Marktimperative zum Ausgangspunkt für die Begründung von Anforderungen an die Beschäftigten. Ob sich das eigene Bemühen »rentiert«, ob dem Leistungsaufwand auch eine entsprechende Gegenleistung entspricht, wird unsicher (Menz 2009, Wagner 2005).

Die Theorie der »indirekten Steuerung« (Peters/Sauer 2005; Peters 2011) interpretiert dies als Abkehr vom taylor-fordistischen »Kommandosystem«. Ziel- und Erfolgsorientierung treten an die Stelle von Hierarchie und Sanktionen, die »Instrumentalisierung des eigenen Willens« ersetzt die »Unterordnung unter einen fremden Willen«. Daraus entsteht die Tendenz zu einer »interessierten Selbstgefährdung«: Die Beschäftigten unterlaufen Regelungen, die eigentlich zu ihrem Schutz eingerichtet worden sind, um die gesetzten bzw. vereinbarten Ziele zu erreichen. Indirekte Steuerung beinhaltet mehr Selbstständigkeit, weil die marktbegründeten Ziele nunmehr auf selbstorganisiertem Weg erreicht werden müssen. Damit geht ein verändertes Verhältnis von Zeit und Leistung einher, das die zeitliche Entgrenzung weiter befördert (Kratzer/Sauer 2007). Der Zeitumfang gilt nicht länger als Maßstab von Leistung; teilweise werden Anwesenheits- bzw. Arbeitszeiten gar nicht mehr direkt gesteuert und überwacht. Gleichwohl wird Zeit keinesfalls unwichtig. Die Definition von Terminen und Meilensteinen wird immer relevanter, ihre Einhaltung immer strikter überwacht. Statt Zeit*mengen* werden Zeit*punkte* bewirtschaftet.

Die Vermarktlichung der Organisation bedeutet aber nicht für alle Beschäftigten mehr indirekte Steuerung. Sie kann sich – je nach Tätigkeitsbereich – auch in einer »marktorientierten Standardisierung« niederschlagen (Menz et al. 2011). Auch hier werden ›Markt‹ und ›Kunde‹ zu den Zielgrößen der Leistungssteuerung, auch hier wird die Arbeitszeit flexibilisiert und diesen Zielen unterworfen. In diesem Fall ist das aber mit direkten Vorgaben für die Arbeitsausführung und einer unmittelbaren Prozesskontrolle verbunden.

Dimension	*Trennung*	*Entgrenzung als ...*
Zeit	Arbeitszeit / Freizeit	Flexibilisierung
Raum	Betriebsgelände / privater Raum	Mobilisierung von Arbeit
Geschlecht	Männer / Frauen	Feminisierung der Erwerbsarbeit
Organisation	Betrieb / Markt	Vermarktlichung
Subjekt	Arbeitskraft / Person	Subjektivierung

Abb. 1: Fünf Dimensionen der Entgrenzung (überarbeitete Darstellung nach Menz 2013)

Ambivalenzen, Paradoxien, Verschiebungen

Alles in allem werden die Entgrenzungstendenzen von der Arbeitsforschung als ambivalent oder paradox eingeschätzt; ambivalent, weil Fortschritte und Nachteile aus systematischen Gründen miteinander einhergehen (Kratzer 2003), paradox vor allem dann, wenn bei der Verwirklichung eigentlich fortschrittlicher Prinzipien sich diese ins Gegenteil verkehren (Voswinkel 2022). Etwa: Die Flexibilitätsspielräume entgrenzter Raum- und Zeitorganisation werden durch entgrenzte Erfolgsanforderungen der Märkte unterminiert. Oder: Die Beschäftigten nutzen die real hinzugekommenen neuen Handlungsfreiheiten zur Selbstintensivierung von Arbeit, die zwar selbstorganisiert, aber nicht selbstbestimmt ist.

Ebenso besteht Einigkeit darin, dass von einem vollständigen Schwinden der für die fordistische Arbeitswelt charakteristischen Grenzen nicht gesprochen werden kann. Vielmehr scheint es sich um »begrenzte Entgrenzungen« zu handeln (Minssen 2000). Bisweilen haben wir, wie Ulrich Brinkmann es formuliert, auch gar nicht mit der Erosion von bestehenden Grenzen zu tun, sondern schlicht mit »Grenzverschiebungen«: Durch gestiegene Machtpotenziale gelingt es den Unternehmen, bestehende Schutzmechanismen zu durchbrechen und ihre Herrschaftsansprüche auszuweiten (Brinkmann 2003). So interpretiert, verschieben sich die Frontlinien, ohne dass die Grenzen selbst porös oder durchlässig werden.

Selbst dort, wo Grenzen tatsächlich erodieren, tun sie dies nicht ersatzlos. Typisch ist eher, dass es zu einer Verschiebung von Regulationsebenen kommt. Die Grenzziehungen werden heute weniger durch institutionelle Normen vorgegeben und durch Organisationen überwacht und reguliert. Im Gegenzug müssen die notwendigen neuen Grenzziehungen von den Subjekten selbst hergestellt werden. Dies kann auch Überforderungen verursachen. »Entgrenzung der Arbeit bedeutet die Ausdehnung von Gestaltungsspielräumen und zugleich einen Verlust an entlastender Begrenzung von Verantwortlichkeit und Gestaltungszwängen« (Kratzer 2003: 15). Begrenzung wird damit zu einer individuellen Herstellungsleistung (Jurczyk et al. 2009). Entgrenzung heißt also zugleich: Die Widersprüche zwischen den entgrenzten Teilsystemen werden in die Subjekte hineinverlagert.

Auch wenn das arbeitssoziologische Konzept der Entgrenzung den Fokus auf die Abgrenzung und den Zusammenhang verschiedener Arbeitssphären – Erwerbsarbeit, »private« Sorgearbeit – legt, kann an ihm doch kritisiert werden, dass es entlang klassischer Vorstellungen von (tendenziell männlich konnotierter) Erwerbsarbeit modelliert ist. Legt man einen erweiterten Arbeitsbegriff zugrunde, wird unmittelbar ersichtlich, dass Entgrenzung nur im Hinblick auf bestimmte Arbeitsformen ein neues Phänomen ist. (Familiale) Sorgearbeit war schon immer entgrenzt, sie kannte keinen Feierabend, sie endete nicht an der Haustür und sie war beständig von Volatilität und Unwägbarkeiten geprägt. Dies gilt für die Zeit des Fordismus genauso wie heute. Pointiert formuliert: Nur für Männer ist das Erleben der Erosion fordistischer Grenzziehungsinstitutionen wirklich neu, Frauen kannten dieses Phänomen bereits unter fordistischen Bedingungen.

V.2 Subjektivierung von Arbeit

Mit dem Theorem der Subjektivierung von Arbeit ist eine Perspektiverweiterung in der Analyse von Arbeit zu konstatieren, die sich bereits seit den 1980er Jahren abzeichnete. Seitdem habe sich, schreiben G. Günter Voß und Frank Kleemann im *Handbuch für Arbeitssoziologie*, die »industriesoziologische ›Zentralperspektive‹ auf Industriearbeit, die das Subjekt vor allem als (weitgehend fremdbestimmte) Arbeitskraft und Kollektivsubjekt« (Kleemann/Voß 2018: 29) betrachtet hatte, zögerlich geöffnet. Doch erst in den (frühen) 1990er Jahren wurde diese neue theoretische Perspektive auf Arbeit explizit formuliert. Dabei handelt es sich nicht um einen geschlossenen theoretischen Ansatz, sondern um verschiedene, je eigene Zugriffe auf das Verhältnis von Arbeit und Subjekt. Sie basieren auf unterschiedlichen theoretischen Prämissen und führen dementsprechend zu je spezifischen theoretischen Schlüssen. Im Kern lassen sich vier theoretische Zugriffe auf die Subjektivierung von Arbeit unterscheiden (siehe auch Kleemann 2012; Lohr 2017). Zum *ersten* ein modernisierungstheoretisch inspirierter Ansatz, konzipiert von Martin Baethge (Baethge 1991). Zum *zweiten* wird die Subjektivierung von Arbeit im Rahmen des marxistisch verstandenen Grundkonflikts von Arbeit und Kapital als betriebliches Herrschaftsinstrument gedeutet (Moldaschl/Voß 2002). Zum *dritten* wird Subjektivierung von Arbeit aus einer sozialphilosophisch geprägten Perspektive als Anerkennungsstreben der Arbeitssubjekte betrachtet (Honneth 1992, 2023; Voswinkel 2002, 2005). Zum *vierten* liegt ein gendersensibler Ansatz vor, der die Subjektivierung von Arbeit als riskante Chance analysiert (Lohr 2003; Lohr/Nickel 2005; Nickel 2007; vgl. auch Voswinkel 2002).

Normative Subjektivierung von Arbeit

Martin Baethge konstatiert ein neues Verhältnis von Arbeit und Identität. Sein Ausgangspunkt ist die Diagnose eines gesamtgesellschaftlichen Wertewandels seit den 1960er Jahren. Im Zusammenhang dieses Wertewandels habe sich insbesondere bei Jugendlichen und Berufsanfänger:innen ein neues Verhältnis von Arbeit und Identität entwickelt, das als Individualisierungsgewinn wahrgenommen werde. Er fasst diesen Prozess mit dem Begriff der »normativen Subjektivierung von Arbeit«.

Dieser Ansatz folgt dem allgemeinen theoretischen Paradigmenwechsel in der Soziologie von hierarchischen, den sogenannten vertikalen zu differenzierungs- und modernisierungstheoretisch ausgerichteten Gesellschaftsmodellen, den sogenannten horizontalen Disparitäten (Beck 1986; Berger/Vester 1998). Den gesellschaftlichen Kontext für den neuen theoretischen Blick auf Arbeit bilden sozialstrukturelle und kulturelle Wandlungsprozesse seit den späten 1960er Jahren, die gemeinhin als Individualisierungsprozesse (Beck 1983, 1986) pointiert werden. Materielle Wohlstandszuwächse, der Ausbau des Wohlfahrtsstaats sowie des Dienstleistungssektors und die Bildungsexpansion führten im Rahmen der sogenannten Aufstiegsgesellschaft der (west-)deutschen Nachkriegsgesellschaft zu einer Öffnung des Sozialraums (Gottschall 2000; Vester et al. 2001), die oft in Anlehnung an Ulrich Beck (1986) als »Fahrstuhleffekt« beschrieben wird. Im Ergebnis veränderte sich die sozialstrukturelle Zusammensetzung des sozialen Raums in Deutschlands nachhaltig (Vester et al. 2001). Vormals starre Milieu- und Klassengrenzen lockerten sich, ständisch geprägte Klassenlagen modernisierten sich und neue Sozialmilieus entstanden, etwa die alternativen, postmaterialistisch oder hedonistisch eingestellten Milieus (Siegfried 2008). Die gesellschaftlichen Aufsteiger:innen dieser Zeit waren vorrangig Angehörige kleinbürgerlicher Milieus und teils auch der ›Arbeiterklasse‹. Diese Gruppen profitierten besonders von den Versprechen der industriegesellschaftlichen Arbeitsgesellschaft, etwa dass es die Kinder besser haben sollen als ihre Eltern und dass Wohlstand, Teilhabe sowie sozialer Aufstieg für alle möglich seien (Vogel 2009: 11). Indem die Kinder vielfach andere und oftmals höherqualifizierte Berufe als ihre Eltern ergriffen, schufen sie den ideellen Nährboden für ein neues Verhältnis von Arbeit und Identität (Reckwitz 2012: 133 ff.; Vester et al. 2001: 387).

Hier setzt Baethges (1991) zentrales Argument an. Es lautet, dass Erwerbsarbeit als Ressource auch für die Befriedigung soziokultureller Bedürfnisse bedeutsamer wird. Gemeint ist damit, dass die Individuen respektive die betrieblich Beschäftigten ihre Arbeit im Betrieb mit offensiven Ansprüchen an Persönlichkeitsentfaltung und emotionalen Bezug konfrontieren (Baethge 1994: 246, 249). Die steigenden lebensweltlichen Ansprüche der Individuen an den ideellen Charakter von Arbeit, die Tatsache, dass sie mit Betreten des Betriebs ihre Identität »nicht an der Garderobe abgeben« wollen, sondern in ihrer Arbeit eine Sinnerfüllung suchen, ist der Grund für die Rede von einer »normativen Subjektivierung«.

Baethges theoretischer Beitrag der normativen Subjektivierung liegt vornehmlich darin, dass er neben den lebensweltlichen und bildungsbezogenen Aspekten auch einen subjektiven Anspruch an Emanzipation vom tayloristischen Kontrollsystem der fordistischen Ära formuliert hat. Aus diesem Blickwinkel stellt sich das neue Verhältnis von Arbeit und Subjekt primär als eine Zunahme von Selbstbestimmungsansprüchen und eine Verlebensweltlichung von Arbeit dar.

Subjektivierung als betriebliches Herrschaftsprinzip

Den Gegenpol zum Konzept einer »normativen Subjektivierung von Arbeit«, das ja vor allem auf positive Aspekte der Subjektivierung und auf subjektive Zugewinne abhebt, bildet ein theoretischer Blickwinkel, der Subjektivierung als ein neues betriebliches Herrschaftskonzept betrachtet. Betont wird hier, dass Subjektivierung das Kernstück neuer Führungs- und Managementkonzepte sei, die eine neuartige Form der Kontrolle und Steuerung von Arbeit betrieben. Vertreter:innen dieser Richtung, insbesondere Voß, Kleemann, Matuschek und Kratzer u. a., argumentieren innerhalb des marxistisch verstandenen Grundkonflikts von Arbeit und Kapital, ohne ihn schlicht zu reproduzieren. Vielmehr erweitern sie ihn um neue Ambivalenzen, nämlich jene der Subjektivierung. Demnach beschreibe Subjektivierung »eine Intensivierung von ›individuellen‹, d. h. Subjektivität involvierenden Wechselverhältnissen zwischen Person und Betrieb bzw. betrieblich organisierten Arbeitsprozessen« (Kleemann et al. 2002: 62). Sie diene den Betrieben als Strategie der Umwandlung von Arbeitskraft in Arbeitsleistung (das sogenannte »Transformationsproblem«, siehe Kap. IV.3), um im global verschärften Wettbewerb flexibler zu werden.

Das historisch Neue sei eine »gezielte betriebsseitige Vernutzung von menschlicher Subjektivität für den Arbeitsprozess, die auf neuen (›post-tayloristischen‹) betrieblichen Strategien der Vernutzung lebendiger Arbeit« (Kleemann 2012: 7) beruhe. Interpretiert wird Subjektivierung als Bestandteil neuer Management- und betrieblicher Organisationskonzepte der marktorientierten Dezentralisierung und Vermarktlichung in den

Betrieben (Lohr 2017; Moldaschl/Voß 2002). Konstatiert wird in diesem Zuge ein Paradigmenwechsel von einer Objektivierungs- zu einer Subjektivierungslogik in der Kontrolle von Arbeit (Moldaschl 2002: 32; vgl. Marrs 2018).

Anders gesagt: Im Fokus steht eine neue Art der Arbeitskontrolle. Ziel sei demnach nicht mehr eine »Entsubjektivierung« durch Bürokratie, hierarchische Steuerung und Scheidung von Arbeitskraft und Person. Neu war die Diagnose, dass Subjektivität vom Management als Ressource des Betriebs betrachtet werde, die es als individuelles Leistungsvermögen mit spezifischen Qualifikationen und Kompetenzen, Fähigkeiten und Fertigkeiten zu fördern gelte. Das subjektive Verhältnis zu Arbeit präsentiere sich demnach als »doppelter Zwang« (Moldaschl/Voß 2002: 14). Der doppelte Zwang sei Teil gegenwärtiger Herrschaftsverhältnisse im Betrieb – und korrespondiere mit weiteren Tendenzen wie etwa der Entgrenzung (#s. Kap. V.1). Zeithistorisch betrachtet, sei Subjektivierung insofern ein Kennzeichen der postfordistisch organisierten Arbeitswelt in der Dienstleistungs-, Wissenschafts- oder Informationsgesellschaft (Lohr 2017: 281). Indem die Entfaltung vormals verschütteter, subjektiver Potenziale gefördert werde, werde ein »ganzheitlicher Zugriff auf das menschliche Arbeitsvermögen« (Lohr 2017: 281) praktiziert. Subjektivität sei zu einer wirtschaftlichen Ressource geworden, die es als individuelles Leistungsvermögen mit spezifischen Qualifikationen und Kompetenzen, Fähigkeiten und Fertigkeiten zu fördern gelte.

Im Unterschied zum theoretischen Konzept der normativen Subjektivierung von Arbeit konstatiert der marxistisch orientierte, herrschaftskritische Ansatz, dass die Subjektivität der Beschäftigten funktionalisiert und vom Management gefördert werde, um die betriebliche Effizienz und Flexibilität zu steigern.

Subjektivierung und Anerkennung

Eine dritte theoretische Lesart einer Subjektivierung von Arbeit liefert die sozialtheoretisch angelegte Perspektive auf den Zusammenhang von Arbeit und Anerkennung. Stephan Voswinkel interpretiert die Prozesse der Subjektivierung von Arbeit aus anerkennungstheoretischer Perspektive (Voswinkel 2002, Voswinkel 2000). Der sozialphilosophisch geprägte Begriff »Anerkennung« geht davon aus, dass Menschen soziale Wesen sind, die sich als Subjekt erst durch die Anerkennung ihres Gegenübers, das heißt durch die intersubjektive Anerkennung selbst erfahren und konstituieren (Mead 1969). Prägend für die jüngere Debatte um Anerkennung sind Axel Honneths Überlegungen zu diesem Begriff (Honneth 2023).[42] Honneth unterscheidet drei Dimensionen der Anerkennung, die sich unterschiedlichen gesellschaftlichen Sphären zuweisen lassen. »Liebe« sei im Bereich der Intimbeziehungen und der Familie verortet und ein partikulares Prinzip, das nicht normativ eingeklagt werden kann; »Recht« sei generalisierbar und bestimme die individuelle Autonomie und ihre Grenzen; das Prinzip der »Solidarität« verkörpere die soziale Wertschätzung, die das Individuum mit seinen spezifischen Fähigkeiten und Leistungen erfährt. Die Arbeitswelt wird als eine zentrale Sphäre von Anerkennung betrachtet, da hier die »spezifischen Fähigkeiten und Leistungen« in besonderer Weise zum Tragen kommen, mit denen man in der Gesellschaft anerkannt sein wolle. Die Erwerbssphäre wird folglich als anerkennungstheoretischer Dreh- und Angelpunkt gesehen. Arbeit zählt aus dieser Sicht zu denjenigen gesellschaftlichen Feldern, in denen die individuellen Leistungsbeiträge bewertet und honoriert werden und die Individuen dadurch Selbstachtung gewinnen können. In der Erwerbssphäre werden entsprechend für die Individuen maximal folgenreiche Kämpfe um Anerkennung ausgefochten. Schließlich ist für Honneth die Erwerbssphäre die zentrale Sphäre der Anerkennung, in der die Subjekte »zu einer positiven Einstellung gegenüber sich selbst gelangen können« (Honneth 1992: 271).

Die arbeitssoziologische Anerkennungsforschung, repräsentiert vor allem von Stephan Voswinkel, Ursula Holtgrewe und Gabriele Wagner, setzt bei der Beobachtung an, dass die Bewertungsstandards, nach denen soziale Wertschätzung in Betrieb und Arbeitswelt vergeben werdem, im Umbruch begriffen sind (Holtgrewe et al. 1999). Untersucht wird dieser Umbruch im Hinblick auf die wachsende Subjektivierung von Arbeit als Anerkennungsproblem. Als unstrittig setzte sich folgende Erkenntnis durch:

> »Arbeit dient nicht allein dem Erwerb von Einkommen, sondern sie vermittelt oder entzieht auch und wesentlich Anerkennung. Arbeitsbeziehungen sind Anerkennungsbeziehungen, und Auseinandersetzungen um und in der Arbeit sind zugleich Kämpfe um Anerkennung.« (Voswinkel 2000: 40)

In diesem Ansatz wird an das herrschaftssoziologische Konzept von Subjektivierung angeknüpft, doch seine sozialen Folgen werden als paradox gedeutet – und damit als in gewisser Hinsicht offener und weniger eindeutig als in der herrschaftssoziologischen Deutungsvariante. Die Paradoxie der Subjektivierung liege darin, dass subjektive Ansprüche auf Selbstverwirklichung von den Beschäftigten zunehmend eingeklagt werden, während zugleich subjektiviertes Arbeitshandeln zu einem Anforderungsmuster der Unternehmensseite wird. Auf Basis dieser herrschaftssoziologischen These ist im vorliegenden Zugriff die entscheidende und weiterführende Überlegung, dass sich in diesem Prozess die Modi der Anerkennung im Betrieb verändern. Diese Diagnose thematisiert folglich den paradoxen Vorgang, dass einerseits subjektive Ansprüche betrieblich gefordert und damit anerkannt werden, während sie andererseits ökonomisch vernutzt werden. Entfalten können sich daher nicht beliebige subjektive Ansprüche, sondern nur betrieblich nützliche (Voswinkel/Wagner 2013: 114). Voswinkels theoretische Schlussfolgerung geht somit einen Schritt weiter als das marxistisch unterlegte Subjektivierungskonzept: Er macht diese Paradoxie zum theoretischen Ausgangspunkt für weiterführende Fragen. Von Interesse ist, wie die Individuen mit diesem paradoxen Wandel von Arbeit umgehen. In den Vordergrund rückt insbesondere, welche eigensinnigen Antworten die Individuen auf das neue Verhältnis von Arbeit und Subjekt finden, wie sie die Paradoxien der Arbeitswelt und damit auch die gesellschaftlichen Strukturen an sich gestalten, etwa in Form von Verweigerung oder Verunsicherung.

»Denn nur wenn [...] Menschen [...] in ihrem Handeln wenigstens der Möglichkeit nach [...] allgemein anerkannte normative Vorstellungen von guter Arbeit und guter Gesellschaft [...] potenziell auch mitgestalten können, sind Ansprüche mehr als bloße (›von außen‹ angelegte) Wünsche und kann Unzufriedenheit als (›immanente‹) Kritik an sozialen Verhältnissen formuliert werden. Die Frage nach den Eigensinnigkeiten, Grenzziehungen und Ansprüchen der (Arbeits-)Subjekte ist so unmittelbar verbunden mit der Frage nach den (normativen) gesellschaftlichen Strukturen, in denen sie agieren.« (Hürtgen/Voswinkel 2014: 20)

Für die Unternehmensseite kann dies zum Problem werden, wenn daraus eine Rücknahme des subjektiven Engagements resultiert (Voswinkel/Wagner 2013: 115). Schließlich werden, so die theoretische Überlegung, durch diesen Mentalitätswandel, der sich letztlich in der Subjektivierung von Arbeit manifestiert, potenziell neue Konflikte im Betrieb ermöglicht.

Subjektivierung als riskante Chance

Ein vierter theoretischer Ansatz der Subjektivierung von Arbeit findet sich Mitte der 2000er Jahre im Feld der feministischen Arbeitssoziologie respektive der Geschlechterforschung feministischer Arbeitssoziologinnen (u.a. Aulenbacher 2005, 2009; Bührmann et al. 2014; Lenz et al. 2000; Lohr/Nickel 2005; Lohr 2003; Nickel 2007). Diese Lesart knüpft sowohl an das marxistischen Analysekonzept als auch an das anerkennungstheoretische Konzept an, insbesondere an Voswinkels Überlegungen zu den Paradoxien von Subjektivierung, die aus dem Zugleich eines neuen Herrschaftskonzepts zur Kontrolle und Ausbeutung der subjektiven Arbeitskraft und der eigensinnigen Gestaltung damit einhergehender ambivalenter Freiräume durch die Individuen entstehen. Darüber hinaus füllt der feministische Ansatz die geschlechtertheoretische Leerstelle der Subjektivierungsdebatte. Erneut wird ein verkürzter Arbeitsbegriff bemängelt: Demnach hätten die theoretischen Erklärungsansätze zur Subjektivierung von Arbeit den Gesamtzusammenhang von Produktion und Reproduktion außen vor gelassen. Weder werde die widersprüchliche Verknüpfung von Arbeit und Leben in ihrer Gesamtheit berücksichtigt noch auf theoretische Erkenntnisse der Frauenforschung zu diesem Thema Bezug genommen. Dies ist bemerkenswert, da die feministische Arbeitsforschung die Produktivkraft Subjektivität bereits seit den 1980er Jahren thematisiert hatte, was zunächst von den »»Subjektivierungstheoretikern«» nicht zur Kenntnis genommen worden sei, argumentiert Brigitte Aulenbacher (2005: 41). Dieser Vorwurf stützt sich auf die in der Frauenforschung bereits seit den 1980er Jahren thematisierte »Produktivkraft Subjektivität« etwa im Theorem der doppelten Vergesellschaftung oder im Konzept des weiblichen Arbeitsvermögens (Becker-Schmidt 2010; Becker-Schmidt/Knapp 1995;

vgl. Kap. IV.4). Der marktgetriebene Zugriff auf die »Subjektpotentiale« (Knapp 1987) der Beschäftigten sei daher zeithistorisch kein neues Phänomen. Neu hingegen sei, dass dieser Zugriff nun auch in den ökonomischen Kernbereichen typischer ›Männerberufe‹ stattfinde.

Mit dem Konzept von Subjektivierung als riskante Chance amalgamieren Karin Lohr und Hildegard Maria Nickel gewissermaßen das herrschaftssoziologische und das anerkennungstheoretische Konzept der Subjektivierung von Arbeit. Mehr noch, sie spitzen dieses theoretische Amalgam geschlechtertheoretisch zu (Lohr/Nickel 2005). Zum einen betonen die Autorinnen, dass die Subjekte dem neuen Herrschaftsinstrument der subjektbasierten betrieblichen Wertschöpfung ihre eigenen normativen Ansprüche und Ideen von ›guter Arbeit‹ entgegensetzen. Dies verweise auf einen Kontrollanspruch, den Subjekte an ihre Arbeit haben und an dem sie auch unter verschärften Bedingungen festhalten. Zum anderen stellen die Autorinnen einen Arbeits-Lebens-Bezug her, indem sie reklamieren, dass die Reproduktionsinteressen von Beschäftigten bei der theoretischen Konzeption und zeitdiagnostischen Beurteilung der Subjektivierung von Arbeit grundlegend zu berücksichtigen seien. Eingedenk der geschlechtsspezifischen Arbeitsteilung, d. h. der ungleichen Arbeitsmarkt- und Familienteilhabe der Geschlechter, bestehe ein Wechselverhältnis zwischen betrieblicher und außerbetrieblicher Lebenswelt, von dem die Geschlechter je spezifisch betroffen seien. Denn wer sich wie in die Erwerbsarbeit einbringen kann, indem er/sie sich dem Arbeitsmarkt bzw. dem Betrieb als voll motivierte Arbeitskraft zur Verfügung stellt, hänge nicht zuletzt von privaten Verpflichtungen, insbesondere der Sorgearbeit (»Reproduktionsarbeit«) ab (Bührmann et al. 2014; Nickel 2007; Nickel et al. 2008). Zugleich seien die über Erwerbsarbeit vermittelten Ressourcen wie Einkommen und berufliche

Position maßgeblich dafür, wie weit die Arbeitsperson in die häusliche Arbeitsteilung involviert ist und in der privaten Lebenssphäre präsent sein kann. Aufgrund der ungleichen, vergeschlechtlichten Ausgangsbedingungen seien die Risikolagen geschlechtsspezifisch verteilt (Nickel 2007: 30).

Dieser theoretische Ansatz der Subjektivierung von Arbeit thematisiert zum einen traditionelle Risiken und Konflikte, die aus der widersprüchlichen Verknüpfung von Arbeit und Leben resultieren. Zum anderen richtet der Ansatz den Blick darauf, dass sich mit der Subjektivierung von Arbeit und der betrieblichen Neubewertung subjektiver Potenziale und Eigenschaften »riskante Chancen« für Frauen auftun (Lohr/Nickel 2005; Frey 2004). Chancen deshalb, weil die zunehmende Präsenz von (hochqualifizierten) Frauen im Arbeitsmarkt ihnen individuelle Unabhängigkeit und eine erweiterte gesellschaftliche Teilhabe ermöglicht. Riskant deshalb, weil Frauen, z.B. durch eine hohe Teilzeitquote, Minijobs oder den Gender-Pay-Gap, übermäßig mit sozialen Risiken und Gefährdungen konfrontiert sind (Nickel 2007: 28).

Subjektivierung als theoretische Perspektiverweiterung

Wenngleich Subjektivierung mittlerweile zum begriffstheoretischen Inventar der Theorien der Arbeit gehört, handelt es sich um einen Ansatz mit mehreren theoretischen Wurzeln. Zusammengenommen haben die verschiedenen Zugriffe auf das Verhältnis von Arbeit und Subjekt jeweils spezifisch zur theoretischen Weiterentwicklung der Theorien der Arbeit beigetragen. Überdies finden sich in der Debatte Parallelen und Anknüpfungspunkte zum international dominierenden Diskurs um den Wandel von Arbeit, insbesondere zu der Diagnose der französischen Sozialwissenschaftler:innen Luc Boltanski und Ève Chiapello, die zur Hochzeit der Subjektivierungsdebatte hierzulande noch nicht wirklich in den deutschsprachigen Debatten um Arbeit Raum gegriffen hatte. Deren bahnbrechende Studie *Der neue Geist des Kapitalismus* (Boltanski/Chiapello 1999) trieb ab den späten 2000er Jahren die Debatten um Arbeit voran (Henning et al. 2019; Kratzer et al. 2019; Manske 2016; Schultheis 2006).

Die verschiedenen Konzepte zur Subjektivierung von Arbeit verbindet, dass sie je spezifische theoretische Antworten auf empirische Probleme fanden und sich in intensiven Debatten aufeinander bezogen. Betrachtet man die hier referierten Ansätze zusammen, dann lässt sich eine zweifache theoretische Perspektivenerweiterung konstatieren. Erstens integriert die Debatte modernisierungstheoretische, herrschaftskritische und anerkennungstheoretische Ansätze. Zweitens wurden diese nicht nur aus geschlechtertheoretischer Perspektive kritisiert und revidiert – vielmehr schuf die Diagnose einer Subjektivierung von Arbeit auch Anschlussmöglichkeiten zwischen eher geschlechtsblinden Theorien der Arbeit und der Geschlechterforschung.

So ist das Konzept der *normativen Subjektivierung von Arbeit* geprägt von einem gewissen Fortschrittsoptimismus bezüglich der sozialstrukturellen Öffnungsprozesse, die seit den 1960er Jahren zu Milieuverschiebungen des westdeutschen Sozialraums geführt hatten. Dieser soziale Wandel, insbesondere die Idee des postmaterialistischen Wertewandels, hinterließ seine Spuren ein Stück weit in diesem Konzept. Demgegenüber thematisierte der marxistisch angeleitete Fokus auf *Subjektivierung als neuen betrieblicher Herrschaftsmodus* primär auf den krisenhaften Wandel der Arbeitsgesellschaft und auf die (bereits früher thematisierte) Globalisierung von Produktionsverhältnissen. Das Neue an den in diesem Kontext formulierten Diagnosen ist die von ihnen freigelegte Ambivalenz: die Erkenntnis, dass Subjektivität im Betrieb mittels neuer, marktorientierter Managementkonzepte erschlossen und ökonomisch verwertet wird. Subjektivierung ist in dieser Lesart vorwiegend ein Ausdruck zeithistorisch spezifischer ökonomischer Herrschaftsverhältnisse. Das sozialphilosophisch geprägte *anerkennungstheoretische Konzept der Subjektivierung* von Arbeit lenkte die Aufmerksamkeit auf die Paradoxien dieser neuen Verwertungslogiken von Arbeit. Es thematisierte verstärkt das Problem, wie unter den gewissermaßen doppelbödigen Bedingungen der Subjektivierung die Individuen ihre normativen Ansprüche an gute Arbeit in der gegenwärtigen Arbeitswelt gestalten. Der anerkennungstheoretische Zugriff auf das Verhältnis von Arbeit und Subjekt rückte somit den Aspekt subjektiver Gestaltungsoptionen stärker in den Fokus. Daran anknüpfend, konstatierte die *feministische Debatte*, dass die neuen betrieblichen Managementkonzepte mit ihrem Subjektivierungszwang die Subjektivitätspotenziale der Arbeitskraft ökonomisch zwar zu vereinnahmen drohen, die Subjekte ihre Arbeit und folglich den Betrieb jedoch mit normativen Ideen über »gute Arbeit« konfrontieren.

Obgleich zunächst eine gewisse Geschlechtsblindheit vorherrschte, wurden mit der Debatte um Subjektivierung Brücken gebaut. Geschlechterfragen wurden fortan zunehmend auch im sogenannten »malestream« (Aulenbacher 2005) der Arbeitsforschung thematisiert (Dörre 2007; Voß 2007). Insofern zeigt der Subjektivierungsdiskurs nicht zuletzt, wie sich Arbeits- und Industriesoziologie und Geschlechterforschung über die Jahrzehnte hinweg ein Stück weit angenähert haben (Aulenbacher 2005: 42) und damit den theoretischen Blick auf Arbeit modifizieren konnten.

V.3 Prekarisierung von Arbeit

Seit der Jahrtausendwende wird von einer Prekarisierung der Arbeit gesprochen (Bourdieu 1998; Castel 2000; Kalleberg 2009). Allgemein umschreibt das Theorem der Prekarisierung den Wandel von sozial sicherer zu sozial unsicherer Arbeit. Während die Grundannahme unstrittig ist, gibt es einige theoretische Differenzen über die sozialen Folgen von Prekarisierung. Sie entspinnen sich entlang des industriesoziologischen Mainstreams und der Arbeits- und Geschlechterforschung – trotz gewisser Annäherungen der Teildisziplinen in den 1990er Jahren. Im Folgenden werden die Eckpunkte des theoretischen Konzepts sowie die Grundzüge des Disputs vorgestellt. Seine Pole lassen sich zugespitzt als strukturelle Unterwerfung versus soziale Chance pointieren (Manske 2016).[43]

Das Epizentrum der Prekarisierung wird in der Reorganisation der Arbeit und den sich verändernden Machtverhältnissen innerhalb der Arbeitswelt gesehen, einschließlich der Organisation der Arbeit, ihrer Produktionsweisen und der Beschäftigungs- und Sozialsysteme (Castel/Dörre 2009). Zu unterscheiden ist zwischen dem Zustandsbegriff der Prekarität und dem Prozessbegriff der Prekarisierung (Appay 2010; Brinkmann et al. 2006; Choonara et al. 2022; Kalleberg/Vallas 2017). *Prekarität* umschreibt den Zustand von prekärer als unsichere Arbeit, sei es in Form einer neuen Art von Gelegenheitsarbeit und der »›Flexploitation‹« von Arbeit (Bourdieu 1998) oder als neuer Modus des Selbst-Regierens (Lorey, 2010). *Prekarisierung* fokussiert den Prozess des Prekärwerdens. Prekarität strahle von der prekären Zone in die gesicherten Zonen der Arbeitswelt aus und wirke »restrukturierend auf die gesamte Arbeitsgesellschaft« (Brinkmann et al. 2006: 17; Castel 2000; Kronauer 2002). Diese Rückwirkungseffekte bestünden in einer beängstigenden und zugleich disziplinierenden Ausstrahlung auf alle potenziell von prekärer Arbeit Betroffenen. Die Prekarisierung, als Zunahme unsicherer Arbeit, wird als Ausdehnung einer Zone sozialer Verwundbarkeit in ehemals sozial sichere Bereiche der Gesellschaft und somit als »Krise der Lohnarbeit« beschrieben (Castel 2000). Doch Prekarisierung ist nicht nur als eine Rückkehr der Unsicherheit zu einem Zustand vor der sozialen Absicherung durch die Wohlfahrtsgesellschaft zu verstehen. Vielmehr reklamieren theoretische Interventionen, dass es sich um eine zunehmende *neue* Unsicherheit auch in subjektiver Hinsicht handelt (Kalleberg 2009; Alberti et al. 2018). Ihnen zufolge wirkt sich prekäre Arbeit auch auf nicht-arbeitsbezogene Bereiche wie das Wohlbefinden und den allgemeinen Lebensverlauf aus (Armano et al. 2022; Kalleberg/Vallas 2017; Murgia/Pulignano 2021).

Vor diesem Hintergrund lässt sich festhalten, dass sich prekäre Arbeit in drei Dimensionen zeigt: in ökonomischer, soziopolitischer sowie soziokultureller Dimension. So bietet prekäre Arbeit kein ausreichendes Einkommen zur Deckung des Lebensbedarfs (ökonomische Dimension), keine ausreichende soziale Absicherung gegen die Unsicherheiten des Lebens und des Alters (soziopolitische Dimension) und erlaubt keine verlässliche Lebens- und Arbeitsplanung (soziokulturelle Dimension) (Dörre 2017; Manske 2007; Manske/Pühl 2010; Mayer-Ahuja 2003).

Castel und Bourdieu als Wegmarke

Der theoretische Impuls zur Prekarisierungsdebatte stammt aus Frankreich, genauer aus einer Krisendiagnose der französischen Gesellschaft, deren vergleichsweise weitreichendes staatliches Arbeitsregime seit den 1970er Jahren dereguliert wurde (Boltanski/Chiapello 1999). Allen voran die Publikationen von Robert Castel (2000, 2009, 2012), aber auch von Pierre Bourdieu (1998, 2000) gelten als Schlüsselwerke der Prekarisierungsforschung (Motakef 2015). Mit der Übersetzung von deren Beiträgen ins Deutsche nahm die Diskussion um die Prekarisierung der Arbeitsgesellschaft hierzulande Fahrt auf.

Der französische Soziologe Robert Castel betrachtet die Ausbreitung prekärer Arbeit als Metamorphose der sozialen Frage. Sie bestehe darin, dass sich eine Zone der Verwundbarkeit in gesellschaftliche Schichten ausdehne, welche zur Blütezeit der Industriegesellschaft sozialstaatlich und arbeitsrechtlich noch umfänglich abgesichert waren. Die Folge sei, dass immer mehr Menschen außerhalb institutionalisierter sozialer Sicherungsinstitutionen von der Hand in den Mund leben müssten (Castel 2000: 12). Ohne die Chance, die eigene Zukunft halbwegs verlässlich zu planen, seien die Betroffenen einer *Kultur des Zufalls* ausgesetzt, weil sie sich von einem geringfügigen Job zum nächsten hangelten. Insofern entwickle sich in der Gegenwartsgesellschaft eine neue Form des aus der Anfangszeit der Industrialisierung bekannten Pauperismus (Castel 2000: 13, 358).

Für Pierre Bourdieu steht prekäre Arbeit für eine gesellschaftliche Tendenz zur Verallgemeinerung sozialer Unsicherheit, deren Ursprung im ökonomischen Erwerbssystem der Gesellschaft liegt. In *Prekarität ist überall* (Bourdieu 1998) wendet er sich gegen die neoliberale Herrschaft der Finanzökonomie und beklagt die Spaltung der Gesellschaft in einige wenige Wohlhabende und ein wachsendes Subproletariat. Prekarität sei »Teil einer neuartigen *Herrschaftsform*, die auf der Errichtung einer zum allgemeinen Dauerzustand gewordenen Unsicherheit fußt und das Ziel hat, die Arbeitnehmer zur Unterwerfung, zur Hinnahme ihrer Ausbeutung zu zwingen« (Bourdieu 1998: 100).

Empirischer Hintergrund der Argumentation ist die Studie *Das Elend der Welt* (Bourdieu et al. 2005). Dabei handelt es sich um eine auf qualitativen Interviews beruhende Gesellschafts- und Kapitalismuskritik mit dem zentralen Argument, dass angesichts unsicherer, etwa befristeter Arbeit das Leben für eine wachsende Anzahl von Menschen den Charakter eines »Glücksspiels« annehme (Bourdieu et al. 2005: 283). Dies steigere sich zu einer »mehr oder minder dauerhaften Ohnmacht« (Bourdieu 2005: 284), insofern den Menschen etwa durch Erwerbslosigkeit eine zukunftsorientierte Lebensplanung verunmöglicht werde und sie sich nur noch an der Gegenwart abkämpften.

Die theoretischen Grundzüge der These, Prekarität sei überall, hat Bourdieu allerdings viel früher entwickelt, nämlich bereits in den 1960er Jahren in *Die zwei Gesichter der Arbeit* (Bourdieu 2000). Diese Studie geht auf ethnografische Feldstudien und soziologische Analysen in Algerien zurück, die Bourdieu in den 1960er Jahren unternommen hatte. In diesen Studien entwickelte er die Idee von den zwei Gesichtern der Arbeit, die er später auf das Problem von Prekarität als Herrschaftsform anwandte. Er beleuchtet darin das Verhältnis zwischen der materiellen und der sozialmoralischen Funktion von Arbeit, unverkennbar geprägt von Durkheim (Durkheim 1988). Erwerbsarbeit stelle einerseits den Lebensunterhalt sicher und signalisiere andererseits den Grad der sozialen Integration (Bourdieu 2000: 54). Die Funktion von Arbeit reduziere sich folglich nicht auf den materiellen Lebensunterhalt, sie stifte zugleich soziale Zugehörigkeitsgefühle bzw. mache diese zunichte. Inwieweit Arbeit sozialmoralisch integrierend wirke, entscheide sich an der »Schwelle der Sicherheit« und jener »der Berechenbarkeit« (Bourdieu 2000: 92). Jenseits dieser Schwellen, etwa unter den Bedingungen einer Herrschaftsform der Prekarität, sei eine vorausschauende Lebensplanung problematisch.

Während man mit dem Vorhandensein eines regelmäßigen Einkommens in eine andere Welt eintrete, verbanne prekäre Arbeit in die Hoffnungslosigkeit (Bourdieu 2000: 90 f.). Die Situation der ökonomischen Abhängigkeit, in der sich etwa »Subproletarier, Arbeitslose und Tagelöhner« (Bourdieu 2000: 106) befinden, werde durch »eine imperialistische Macht« (Bourdieu 2000: 27) aufgezwungen, die die unter ihr leidenden Menschen ihrer Handlungsoptionen beraube und sie gewissermaßen in einem subalternen Status halte.

Das Normalarbeitsverhältnis als Maßstab für prekäre Arbeit

Im deutschsprachigen akademischen Diskurs wurde der Terminus der prekären Arbeit durch die Industriesoziologin Nicole Mayer-Ahuja (2003) bekannt. Sie lenkte den Blick auf das Reinigungsgewerbe, um die Dynamik von prekärer Arbeit zu verdeutlichen. Der Maßstab für prekäre Arbeit war dabei die Abweichung vom Normalarbeitsverhältnis, dessen Erosion die Arbeitsforschung seit Mitte der 1980er Jahre beschäftigte (Kap. IV.5). Während Mayer-Ahuja prekäre Arbeit als Ausschluss von industriegesellschaftlichen Schutz- und Teilhaberechten fasste (Mayer-Ahuja 2003: 13), erweiterten daran anknüpfend Ulrich Brinkmann und Kolleg:innen den Blick auf subjektive Verarbeitungsformen unsicherer Beschäftigung (Brinkmann et al. 2006: 17). Zudem betonten sie, dass Prekarität nicht mit endgültiger Ausgrenzung aus dem Erwerbssystem, absoluter Armut oder sozialer Isolation gleichzusetzen sei. Sie kann somit als Institutionalisierung von Prekarität definiert werden, die zu unsicheren Arbeits- und Lebensbedingungen führt (Appay 2010: 36). Dies gilt verstärkt für das deutsche Wohlfahrtssystem mit seiner langjährigen Tradition des Normalarbeitsverhältnisses. Letzteres dient hierzulande als Eintrittskarte in die sozialen Sicherungssysteme wie Alters- und Arbeitslosenversicherung (Nullmeier/Kaufmann 2010).

Damit ist auch eine theoretische Trennlinie zur Kategorie der atypischen Beschäftigungsverhältnisse gezogen. Denn während als atypisch jede Beschäftigung gilt, die in zumindest einem Merkmal vom Normalarbeitsverhältnis abweicht (Kronauer 2017), umschreibt Prekarisierung von Arbeit die Ausdehnung von sozialer Verwundbarkeit und betont so einen Prozess des Wandels, der auch die subjektive Erfahrung unsicherer Arbeit umfasst (Motakef 2015: 51). Im Zusammendenken von objektiven und subjektiven Aspekten von prekärer Arbeit zeigen sich Parallelen zu der zeitlich etwas später einsetzenden US-amerikanischen Debatte (Alberti et al. 2018; Kalleberg 2009).

Insgesamt nährt sich der gesellschaftskritische Impetus dieser Diskussionsfraktion aus der Erkenntnis, dass die Prekarisierung von Arbeit sozial verderbliche Ungleichheitsverhältnisse verschärft. Sie wird in diesen Zugriffen als ein sozial zerstörerischer Prozess bestimmt, der die ökonomische, sozialrechtliche, soziale und sozialpsychologische Sicherheit des industriegesellschaftlich geprägten Normalarbeitsverhältnisses unterminiere.

Feministische Perspektiven auf Prekarisierung

Aus geschlechtertheoretischer Perspektive wurde die Bestimmung des Prekaritätsbegriffs als Abweichung vom Normalarbeitsverhältnis alsbald angefochten. Denn aus Genderperspektive impliziere die Prekarisierung von Arbeit zuvorderst das »Aufbrechen fordistischer Geschlechterregime« (Manske/Pühl 2010: 12). Sich allein auf das Brüchigwerden männlicher Normalarbeit zu konzentrieren greife zu kurz. Vielmehr unterminiere Prekarisierung die »fordistische Trias aus Erwerbsarbeit, Wohlfahrtsstaat und Familie« (Aulenbacher 2009: 70–75). Anders gesagt, mit dem Brüchigwerden von Normalarbeit wird auch das bürgerliche Familienideal mit seiner geschlechtsspezifischen Arbeitsteilung infrage gestellt. Damit brechen historisch gewachsene Machtbeziehungen auf, die sich mit der bürgerlichen Gesellschaft und ihrem spezifischen Wirtschaftssystem herausgebildet hatten (siehe Kap. III.4). Dieser Zusammenhang sei jedoch in der frühen Prekarisierungsforschung ausgeblendet worden, so die Kritik etwa von Brigitte Aulenbacher (2009) oder Alexandra Manske und Katharina Pühl (2010). Sie weise »blinde Flecken« (Manske/Pühl 2010: 11) auf und berge die

> »Gefahr, die traditionell prekäre Situation von Frauen einmal mehr als randständiges Phänomen zu behandeln. Zum anderen ist darin das Risiko angelegt, Entwicklungen unterzubelichten, welche sich im Segment der Frauenbeschäftigung zeigen, aber nicht ohne weiteres unter dem Begriff Prekarisierung zu fassen sind.« (Aulenbacher 2009: 67)

Aus geschlechtertheoretischer Perspektive stellt sich die Prekarisierung von Arbeit nicht nur als Gefährdung der Lohnarbeitsexistenz, sondern auch als mögliches Ende, jedenfalls als struktureller Wandel traditioneller Geschlechterverhältnisse dar. Die daraus resultierenden Fragen lassen sich wie folgt pointieren:

> »Liegt im Aufbrechen fordistischer Genderregime eine Chance, dass sich bisherige, strukturell benachteiligende Geschlechterasymmetrien verschieben, und wenn ja, wie sehen ihre Dynamiken und Dimensionen aus? Oder verschärfen Prekarisierungsprozesse [...] Geschlechterungleichheiten, etwa indem sie [...] vorhandene Ungleichheiten am Arbeitsmarkt oder im Wohlfahrtssystem auf einem [...] niedrigeren Sicherungsniveau einpegeln?« (Manske/Pühl 2010: 12)

Die Ausdehnung von unsicherer Arbeit wird also nicht nur als Verfestigung oder Neuetablierung eines Herrschaftsverhältnisses betrachtet. Vielmehr berge dieser Prozess auch eine Chance für den Rückbau historisch gewachsener Arbeitsteilungen und Hierarchisierungen, etwa zwischen privater und öffentlicher Sphäre. Im Rekurs auf die in den 1970er und 1980er Jahren formulierten Grundannahmen der feministischen Arbeits- und Frauenforschung wird der normative Bezug auf das männlich geprägte (Normal-)Lohnarbeitsverhältnis als theoretisch verkürzt gekennzeichnet. In Prekarisierungsprozessen würden die

Gesellschaftsmitglieder vielmehr auf neue Weise in soziale Kontexte eingebunden. Dies werde zwar durch prekäre Arbeit forciert, müsse aber nicht unbedingt sozial zerstörerisch wirken. Vielmehr rückten historisch neue Widerspruchskonstellationen der Geschlechterverhältnisse in den Blick (Aulenbacher 2009; Hark/Völker 2010). Aus Sicht der Geschlechterforschung stellt sich zudem die weiterführende Frage, inwieweit mit der Prekarisierung von männlichen Erwerbsbiografien auch *Geschlechternormen der Zweigeschlechtlichkeit* brüchig werden (Motakef 2015: 104).

So ist und war ein wesentliches Erkenntnisinteresse der feministischen respektive gender- und queertheoretischen Prekarisierungsdebatte, inwieweit durch die Prekarisierung von Arbeit die industriegesellschaftlich geprägten Geschlechterverhältnisse strukturell labil werden. Darin wurde eine Chance gesehen, die geschlechtsspezifische Arbeitsteilung neu auszuhandeln (siehe z. B. die Beiträge in Manske/Pühl 2010). Vertreter:*innen dieser Perspektive sind vornehmlich in der deutschsprachigen feministischen Arbeits- und Ungleichheitsforschung verortet und/oder poststrukturalistischen Positionen zuzuordnen (Aulenbacher 2009; Freudenschuß 2010; Hark/Völker 2010; Lorey 2010; McRobbie 2018; Nickel 2009; Wimbauer/Motakef 2020). Ein zentraler Kritikpunkt an den frühen Konzepten der Prekarisierungsforschung lautet daher, dass sie mit unsicherer Arbeit ein traditionelles Thema der Frauen- und Geschlechterforschung aufgreifen, ohne sich auf die entsprechenden Befunde zu beziehen. Die ungleichheitsstiftenden Effekte des Normalarbeitsverhältnisses, das als Kontrastfolie der Prekarisierungsdiagnose diene, würden vernachlässigt. Denn in seiner Funktion als normatives Leitbild der Lohnarbeitsgesellschaft sei es untrennbar an ein Familienmodell gekoppelt, das Frauen die Care- und Familienarbeit zuweist und ihre Arbeitsmarktteilhabe auf das Muster einer begrenzten Integration fixiert (Gottschall 2018). Frauen als Bezugsgruppe für prekäre Arbeit würden so kategorisch vernachlässigt. Die normative Bezugnahme auf die Lohnarbeitsgesellschaft des 20. Jahrhunderts sei vielmehr eine »männliche Nabelschau« (Motakef 2015: 68). Sie reproduziere einen kategorisch verkürzten Arbeitsbegriff, wie er in der Frauen- und Geschlechterforschung seit den 1970er Jahren kritisiert wird (siehe Kap. IV.4). Aus Sicht der Arbeits- und Geschlechterforschung gibt es daher gute Gründe, Prekarisierung »nicht nur in ihren repressiven Formen« (Lorey 2010: 70), sondern auch als Chance für gleichstellungsorientierte Geschlechterbeziehungen zu sehen (Klenner/Klammer 2009; Völker 2011). Darüber hinaus wird beanstandet, dass der ausschließliche Blick auf den Bedrohungscharakter von Prekarität die Hauptbetroffenen zu Opfern stilisiere und ihnen jedwedes kreative Handlungspotenzial abspreche (Hark/Völker 2010: 33).

Wimbauer und Motakef (2020), Kalleberg und Vallas (2017) oder Alberti et al. (2018) plädieren dafür, Prekarisierung in Wechselwirkung mit anderen Lebensbereichen, etwa mit Familien- und Sorgearbeit, und folglich im Kontext des ganzen Lebenszusammenhangs sowie auf privater Haushaltsebene zu betrachten. Eine konstruktive Erweiterung der Perspektive wäre es zudem, tendenziell dethematisierte Sozialkategorien in der Prekarisierungsforschung sichtbarer zu machen, etwa Staatsbürgerschaft, Migrationshintergrund, sexuelle Orientierung, Disability u. a. (Jungwirth/Scherschel 2010; Karim 2022; Woltersdorff 2010). Ähnliches gilt für selbstständige Arbeit (siehe Kap. V.5), die sich durch eine Prekarisierung auf hohem Niveau auszeichnet (Manske 2007), beispielsweise in der Kulturarbeit oder in anderen Bereichen, die durch einen stark ausgeprägten Anteil von freiberuflicher Projektarbeit geprägt sind (Basten 2016; Gottschall 1999; Haak/Schmid 2001).

Der Begriff ›Prekarisierung‹ verlieh dem Streit um den Wandel von Arbeit und Gesellschaft einen sozialkritischen Tonus und verhalf kapitalismuskritischen Perspektiven zu einer neuen Blüte (Aulenbacher et al. 2015; Bude/Staab 2016; Lessenich et al. 2009). Mit der zentralen These, dass Erwerbsarbeit die »Hauptstütze für die Verortung in der Sozialstruktur« (Castel 2000: 13) sei, ist zudem eine paradigmatische Abwendung von dem modernisierungstheoretisch argumentierenden Differenzierungsparadigma der 1990er Jahre verbunden, das tendenziell eher Lebensstile denn Herrschaftskonstellationen als relevant für den Wandel von Arbeit und Gesellschaft betrachtet hatte (Beck 1983).

Insgesamt besteht das Verdienst der Prekarisierungsforschung darin, die in den 2000er Jahren ins Sichtfeld tretenden Entsicherungsprozesse von Arbeit theoretisch neu zu fassen: als soziale Verwundbarkeiten, die sich in die soziale Mitte fortpflanzen und auch dort zu Verunsicherungen führen (Burzan/Berger 2010; Vogel 2009). Zudem ermöglicht sie es, neue Zumutungen für die Lebensführung in den Blick zu nehmen. Im Hinblick auf die Theorien der Arbeit zeigt sich eine Parallele zu den 1970er und 1980er Jahren. Auch im Falle der Debatten um prekäre Arbeit ruft eine weitgehend geschlechtsblinde Diskussion Interventionen der Geschlechterforschung auf, die das Theorem der Prekarisierung von Arbeit weiterentwickeln. Diese Interventionen machen deutlich, dass Prekarisierungsprozesse gleichsam ein herrschaftsirritierendes Moment implizieren. Erst in der Zusammenschau von im Kern geschlechtsblinden und geschlechtertheoretischen Zugriffen eröffnet das Theorem der Prekarisierung eine analytische Perspektive, die das Ganze in den Blick nimmt: ökonomische Verwerfungen, sozialpolitische Restrukturierungen ebenso wie kulturelle Fragen, neue Arrangements von Arbeit und Leben sowie subjektive Verarbeitungen von prekärer Arbeit.

V.4 Arbeit im Lebenslauf und in der Lebensführung

In diesem Kapitel geht es um den Zusammenhang von Arbeit und Lebensführung, genau genommen um eine *lebensweltliche* Perspektive auf Arbeit. Einen wesentlichen Beitrag zu dieser Perspektive liefert das in den 1990er Jahren formulierte Theorem der »Alltäglichen Lebensführung« (ALF) (Kudera/Voß 2000; Voß 1991; Projektgruppe »Alltägliche Lebensführung« 1995; Voß/Weihrich 2001). Entworfen wurde es in einem Forschungszusammenhang, der ein Teilprojekt eines Sonderforschungsbereichs zum Thema »Entwicklungsperspektiven von Arbeit« war. Seine heute aktive Kerngruppe bilden Karin Jurczyk, G. Günter Voß, Margit Weihrich und Wolfgang Dunkel.

Ziel dieses empiriebasierten Erklärungsansatzes ist es zu beleuchten, wie Menschen unter Bedingungen der Flexibilisierung der Arbeitswelt Arbeit und Leben organisieren und zu einem kohärenten Ganzen fügen. Anders als bei Max Weber geht es im Theorem der alltäglichen Lebensführung nicht in erster Linie um eine Ethik der Lebensführung (vgl. Müller 2005; Manske 2020). Vielmehr wird Gesellschaft aus ihrem Alltag heraus begriffen (Jurczyk et al. 2016: 53 f.). Dabei wird Lebensführung als »eine Instanz (verstanden, AM), mittels derer sich die Person zu gesellschaftlichen Bereichen und damit zu Gesellschaft insgesamt verhält« (Jurczyk et al. 2016: 71).

Im Zentrum der Theorie steht die Lebensführung als alltägliches Konstrukt bzw. als ein eigenständiges »System« des täglichen praktischen Handelns (Voß 1991). Von besonderem Interesse ist dabei die Frage, welche gesellschaftlichen Tätigkeiten neben der Erwerbsarbeit bzw. über sie hinaus einen allgemeinen Arbeitscharakter haben. Die Wurzel des Konzepts liegt in der subjektorientierten Arbeits- und Berufssoziologie der 1970er Jahre sowie in den daraus hervorgegangenen modernisierungstheoretischen Ansätzen, die vor allem mit dem Namen Ulrich Beck verbunden sind (Beck 1986). Allerdings hatte einen großen Einfluss auf das ALF-Konzept auch die feministische Arbeitsforschung der 1970er und 1980er Jahre (Bolte/Treutner 1983; Voß 2020: 130ff.). In diesem Kontext wird nicht davon ausgegangen, dass durch Arbeit strukturell bzw. objektiv den Subjekten eine Position zugewiesen wird. Damit unterscheidet sich dieser Ansatz von Grundannahmen der Klassiker wie etwa Marx, Durkheim und Weber. Im Zentrum der subjektorientierten Berufssoziologie steht vielmehr die Frage, wie Arbeit und Beruf zwischen den beiden gesellschaftlichen Ebenen Subjekt(e) und Struktur(en) *vermitteln* und wie weit die individuellen Handlungsspielräume gehen (Bolte 1983). Die Grundannahme lautet, dass die »Subjekte als Produkte und Produzenten sozialer Verhältnisse« (Bolte 1983: 29) zu betrachten seien. Sie werden durch die Verhältnisse geprägt und prägen diese zugleich selbst. Demnach sind sie in der Gestaltung ihrer Lebensführung keine »Marionetten der Verhältnisse« (Voß/Pongratz 1997: 15). Vielmehr handeln sie immer relativ autonom, »so gering die Spielräume auch sein mögen« (ebd.). Betont wird dementsprechend, dass Lebensführung kein passiver Reflex auf äußere Anforderungen sei, sondern eine aktive Konstruktionsleistung der Subjekte (Jurzcyk et al. 2016).

Die argumentative Nähe zur Modernisierungstheorie der 1980er und 1990er Jahre schlägt sich im ALF-Ansatz deutlich nieder. Ähnlich der Beck'schen Individualisierungsthese (Beck 1986) wird im Theorem der alltäglichen Lebensführung angenommen, dass die Menschen aus traditionellen Klassenbindungen und Versorgungsbezügen gelöst werden (»Freisetzungsdimension«) und sich mittels selbstgewählter Sozialbezüge (z. B. Beziehungen) bzw. institutionell vermittelter Strukturen (Arbeitsmarkt, Wohlfahrtsstaat) zunehmend eigenverantwortlich in die Gesellschaft integrieren müssen (»Re-Integrationsdimension«).

Die Verknüpfung von erwerbsförmiger Arbeit mit anderen Lebenssphären im Rahmen ihrer Lebensführung ist in diesem Theorieverständnis eine aktive Leistung der Person, die in der ›Arbeit des Alltags‹ mit ihren widersprüchlichen Anforderungen kontinuierlich erbracht werden muss. Mit diesem Fokus lösen sich die Autor:innen von der produktionsbezogenen Definition der hergebrachten Arbeitsforschung. Sie operieren stattdessen mit einem erweiterten Arbeitsbegriff. Analysiert wird auf dieser methodologischen Basis das Zusammenwirken von Freiheiten und Zwängen, Offenheit und Unsicherheit, insbesondere die Folgen der steigenden Flexibilisierung von Arbeit für die Lebensführung.

Zwei Konsequenzen ergeben sich aus dieser analytischen Schwerpunktsetzung. Erstens: Der Alltag in seiner umfassenden Verknüpfung von Erwerbs- und Reproduktionssphäre wird zum expliziten Untersuchungsgegenstand. »Alltag« wird als strukturelle Verknüpfung von Erwerbs- und Privatsphäre gedacht, die von den Individuen aktiv hergestellt und alltäglich praktiziert wird, und zwar nicht als passive Reaktion auf abstrakte gesellschaftliche Anforderungen, sondern als Handeln im Kontext spezifischer Erfordernisse der alltäglichen Lebensführung. Zweitens: Arbeit wird nicht nur in der Erwerbssphäre verortet, sondern auch in der Haus- und Familienarbeit und in anderen Sphären des Lebens. Damit bezieht sich das Konzept ALF auf die Erkenntnisse der feministischen Arbeitsforschung der 1970er und 1980er Jahre, kleidet deren erweiterten Arbeitsbegriff allerdings in eine modernisierungstheoretische Lesart ein. Die so vorgenommene Erweiterung des Arbeitsbegriffs argumentiert im Kern eher individualisierungstheoretisch als herrschaftssoziologisch. Die individuelle Lebensführung wird immer als verschränkt mit den sozialen Nahbezügen, insbesondere mit der Familie und mithin nicht als Angelegenheit von gesellschaftlichen Monaden, sondern immer auch als ein kollektives Produkt betrachtet, das zu nicht-deterministischen Arrangements zusammengefügt wird. Untersuchungsgegenstand ist folglich auch die ›familiale Lebensführung‹ (Jurczyk 2018).

In ihren empirischen Untersuchungen hat die ALF-Forschungsgruppe unterschiedliche Typen von Lebensführung identifiziert. In theoretischer Hinsicht hat sie die Typen als abgestufte, je in sich spezifisch widersprüchliche Modernisierungen von Arbeit und Leben gekennzeichnet. Idealtypisch werden sie unterschieden nach traditionaler, situativer und strategischer Lebensführung.[44] *Traditionale Lebensführung* agiere auf der Basis fraglos geltender Traditionen, suche nach wertkonservativer Stabilität und stelle Gewohnheiten in den Vordergrund. Als Problem erweise sich für diesen Typus der Umgang mit Veränderungen. Die *strategische Lebensführung* zeichne sich durch eine reflexive Planung und Kontrolle nach Gesichtspunkten der Effektivität aus, wobei einzelne Lebensbereiche hierarchisch voneinander abgetrennt werden. Probleme stellen sich für diesen Typus ein, wenn nicht kontrollierbare oder schwer planbare Ereignisse auftreten. In der *situativen Lebensführung* verlaufe das Alltagshandeln als Anpassung an wechselnde Erfordernisse, als »muddling through«. Hier habe die Lebensführung teils improvisierenden Charakter und sei durch Offenheit und Flexibilität, bisweilen durch instabile bis chaotische Arrangements geprägt (vgl. Jurzcyk et al. 2016). Diese Arrangements der Lebensführung bilden selbst wiederum Strukturen, die als Resultat aus menschlichen Interessen, Denk- und Verhaltensweisen betrachtet werden (Jurczyk et al. 2016: 55/56). Die analytische Schlussfolgerung: Lebensführung wird zu einer ›Arbeit‹ eigener Art (Voß 1991; Projektgruppe 1995). Der Arbeitsbegriff wird insofern radikal aus dem Erwerbsarbeitsbezug herausgelöst und auf die gesamte Lebensführung ausgedehnt (vgl. Jurczyk 2020; Voß 2018).

Im Gesamttableau der Theorien der Arbeit füllt das ALF-Konzept mit seinem handlungstheoretischen Fokus und seinem Subjektbezug eine Leerstelle der Arbeitssoziologie, insbesondere ihrer traditionellen Spielart. Sein Beitrag zu den Theorien der Arbeit besteht im Kern darin, diese lebensweltlich zu fundieren, indem die subjektive Verknüpfung von Arbeit und Leben in den Vordergrund gerückt und der Arbeitscharakter von nicht-erwerbsförmigen Tätigkeiten untersucht wird. Darüber hinaus erweitert das Theorem auch methodische Perspektiven der empirischen Arbeitsforschung, was als eine eigene theoretische Leistung zu betrachten ist (vgl. Menz/Nies 2018). Denn mittels des erweiterten Arbeitsbegriffs eröffnet das Konzept der alltäglichen Lebensführung eine handlungstheoretische Perspektive auf den Alltag der Subjekte in ihrer vielfältigen Einbindung in die verschiedenen Praxisbereiche. Auf diese Weise wird die gewissermaßen ›unsichtbare‹ Arbeit des Alltags empirisch rekonstruiert und einer theoretischen Analyse zugänglich gemacht. So wird die Aufmerksamkeit auf gesellschaftliche Wertordnungen von Arbeit gelenkt.

Wenngleich Herrschaftsbeziehungen und -aspekte tendenziell unterbelichtet bleiben (Jürgens 2006: 149), bietet das Konzept ALF einen fruchtbaren theoretischen Ansatzpunkt, um zu verstehen, wie die Berufsgruppen und ihre einzelnen Vertreter:innen soziale Benachteiligungen und Privilegierungen im Kontext ihrer Lebensführungsarrangements selbst mit hervorbringen – und wie sie diese Ungleichheitskonstellationen alltäglich gestalten. Dies hebt auch Karin Gottschall (2000: 290) in ihrer Würdigung der ungleichheitstheoretischen Leistungen des Konzepts hervor. Neben der Erweiterung der theoretischen Perspektive auf Arbeit leistet ALF überdies einen Annäherungsschritt für einen Dialog zwischen geschlechtertheoretisch fundierter und klassisch erwerbsarbeitsbezogener Arbeitsforschung. Es bleibt freilich weitgehend offen, welche theoretischen und zeitdiagnostischen Folgen es mit sich bringt, wenn fast jede Tätigkeit als Arbeit deklariert werden kann (siehe Kap. I).

Arbeit im Lebenslauf

Aus der gleichen Zeit wie das ALF-Konzept stammt der Institutionenansatz, der nach der *institutionellen* Rahmung von Arbeit und Leben fragt. Dabei handelt es sich vorwiegend um Theoriebeiträge, die ebenfalls im Zuge der Individualisierungsdebatte entstanden sind und den Wohlfahrtsstaat als institutionellen Rahmengeber von Arbeit und Leben ins Spiel bringen. Aufgerufen ist damit die in den 1980er Jahren einsetzende Diskussion um die Institutionalisierung bzw. De-Institutionalisierung des Lebenslaufs (Kohli 1985). Der Lebenslauf gibt »Auskunft über die gesellschaftliche Rahmung von Biografien« (Krüger 2010: 219). Im Fokus steht hierbei der Zusammenhang von Arbeit und Leben, insbesondere gilt das für die Ansätze von Martin Kohli (z.B. Kohli 1985, 1990) und Helga Krüger (z.B. Krüger 1995, 2001; Born/Krüger 2001; Krüger/Levy 2001). Die Besonderheit beider theoretischen Ansätze besteht darin, dass sie die wohlfahrtsstaatliche Strukturierung des Lebenslaufs untersuchen und dabei explizit die Rolle der Arbeit in den Blick nehmen.

Allgemein ist der Lebenslauf eine Vermittlungsinstanz zwischen Makro- und Mikrobene. Er transformiert historische Ereignisse, Lebensverhältnisse und Handlungsoptionen mittels Institutionen wie Bildungssystem, Arbeitsmarkt oder Familie zu Leitlinien individuellen Handelns im Horizont der Lebenszeit (Heinz/Sackmann 2020: 248; vgl. Kohli 1985; Krüger 1995). Der Lebenslauf verzeitlicht das Leben und ordnet den Ablauf der Lebenszeit, indem er das Leben systematisch in zeitliche Abschnitte unterteilt. Die ordnunggebenden Institutionen wie etwa der Arbeitsmarkt bieten nach Krüger den Hintergrund für Sinnbezüge und Handeln auf der Individualebene, d.h. in der einzelnen Biografie. Aber »sie reproduzieren auch durch die Form ihrer organisatorischen Verfaßtheit die Sozialstruktur einer Gesellschaft« (Krüger 1995: 197). Der institutionell standardisierte Lebenslauf ist ein spezifisches Produkt moderner Gesellschaften, dessen Strukturen sich seit der Nachkriegszeit, d.h. seit dem Ende des Zweiten Weltkriegs und der nachfolgenden Gründung von zwei deutschen Staaten, stark verändert haben. Vor diesem Hintergrund ist festzuhalten, dass beide hier vorgestellten theoretischen Ansätze der Lebenslaufforschung diese Phase der Arbeitsgesellschaft in westdeutscher Prägung vor Augen haben.

Martin Kohli hat Mitte der 1980er Jahre herausgestellt, dass der moderne Lebenslauf nicht nur standardisierter und stärker verregelt ist als seine historischen Vorläufer. Lebensläufe in der Bundesrepublik der Nachkriegszeit seien vielmehr dreigeteilt in Vorerwerbsphase, Erwerbsphase und Ruhestand, so die zentrale These von Kohli (1985). *Die Institutionalisierung des Lebenslaufes* war der Titel seines Beitrags, und diese Formel hat sich in den soziologischen Sprachgebrauch eingebrannt. Demnach ranken sich Lebensläufe in der modernen, industriegesellschaftlich geprägten Arbeitsgesellschaft um die Erwerbsbeteiligung, zumindest gilt das bis heute für den idealtypischen Lebenslauf von Männern. Zugleich wird die seit den 1980er Jahren einsetzende und in den 1990er Jahren unübersehbar werdende Flexibilisierung von Arbeit und Leben theoretisch in Anschlag gebracht.

In einem zeithistorisch angelegten selbstkritischen Rückblick konstatiert Kohli (2003), dass die These der Institutionalisierung des Lebenslaufs auf der sozialstrukturellen Ebene von einem stabilen Wirtschaftswachstum, Vollbeschäftigung und der Expansion oder wenigstens kontinuierlichen Verteilungsmodi des Wohlfahrtsstaats ausgeht, während sie auf der Ebene des Lebenslaufs eine »Normalarbeitsbiographie« mit dauerhafter voller Beschäftigung und hoher Arbeitsplatz- und Firmentreue voraussetzt, um das Leben berechenbarer, aber auch kontrollierbarer zu machen (Kohli 2003: 528). Unter diesen Bedingungen wird Erwerbsarbeit als das zentrale Strukturierungsmoment jedes Lebenslaufs gefasst.

Helga Krüger (1995, 2001) und andere haben demgegenüber gezeigt, dass sich der Zusammenhang von Arbeit und Geschlecht in der Trias Normalarbeitsverhältnis – Wohlfahrtsstaat – Zuverdienermodell entfaltet (Ostner/Willms 1983; Willms-Herget 1985; Rabe-Kleberg 1993). Erwerbsverläufe von Frauen folgen nicht der klassischen Dreiteilung in Ausbildungs-, Erwerbs- und Rentenphase, sondern sind stärker von Erwerbsunterbrechungen und Wiedereinstiegen geprägt. Krüger argumentiert, dass sich Familie für den männlichen Lebenslauf als »Support-Institution« (Krüger 1995: 201) darstellt, während der weibliche Lebenslauf zwischen zwei Strukturgebern balanciert: Familie und Arbeitsmarkt (ebd.). Der typische weibliche Lebenslauf sei »markt- und familiengebrochen« (Krüger 1995: 206). Die Normalbiografie von Frauen verlaufe folglich nicht linear und ausschließlich erwerbslogisch, sondern unterbrochen von Familienzeiten. Darin addierten sich Benachteiligungen bei Ressourcen zur individuellen Existenzabsicherung auf. Der typische Lebenslauf von Frauen sei zudem durch (ökonomische) Unsicherheiten und Abhängigkeiten vom Familienernährer gekennzeichnet. Daran hat sich bis heute noch nicht viel geändert (vgl. Böhnke et al. 2016).

Bei der Betrachtung von Arbeit im Lebenslauf wird Erwerbsarbeit als eine stationäre Instanz im Verlauf des individuellen Lebens betrachtet. Die Verbindung von Arbeit und Leben wird also anders als im ALF-Konzept nicht in synchroner Hinsicht hergestellt, sondern in diachroner Perspektive beobachtet. Dabei steht weniger die (kreative) Eigenleistung der Individuen im Vordergrund als die Frage, welche Auswirkungen institutionelle Sinnbezüge, aber vor allem ›harte‹, also zu Organisationen geronnene Institutionen auf den Lebenslauf von Männern und Frauen haben. Das wichtigste Verdienst des Institutionenansatzes ist es zu beleuchten, wie der Lebenslauf durch das Erwerbs- und Wohlfahrtssystem systematisch in zeitliche Abschnitte geordnet ist. Zu unterscheiden ist zwischen einer geschlechtsblinden Konzeption, die den Lebenslauf allein um das Erwerbssystem gruppiert, und einer gendersensiblen Perspektive, die davon ausgeht, dass Arbeitsmarkt *und* Familie den Lebenslauf strukturieren und zu einer geschlechtsspezifischen Institutionalisierung des Lebenslaufs führen.

V.5 Selbstständige Arbeit

Selbstständige arbeiten nicht in einem abhängigen Beschäftigungsverhältnis. Sie sind vielmehr auf eigene Rechnung tätig, verfügen über eigene Betriebsmittel und stellen Produkte oder Dienstleistungen her, die sie auf einem Markt verkaufen (Geißler 2014). Selbstständige Arbeit birgt das Versprechen höherer Selbstbestimmung und Flexibilität und ist zugleich eine sozial und ökonomisch riskante Erwerbsarbeit. Ihre empirischen Dynamiken sind Ausdruck eines langfristigen gesellschaftlichen Wertewandels und sektoraler Verschiebungen. Zugleich korrespondieren sie mit konjunkturellen Dynamiken des Arbeitsmarkts.

Laut amtlicher Statistik sind Selbstständige »Personen, die einen Betrieb oder eine Arbeitsstätte gewerblicher oder landwirtschaftlicher Art wirtschaftlich und organisatorisch als Eigentümerinnen und Eigentümer oder Pächterinnen und Pächter leiten (einschließlich selbstständiger Handwerkerinnen und Handwerker), sowie alle freiberuflich Tätigen, Hausgewerbetreibenden und Zwischenmeisterinnen und Zwischenmeister. Zu den Selbstständigen zählen auch von den Arbeitsagenturen geförderte Selbstständige, z. B. Empfängerinnen und Empfänger von Einstiegsgeld und Gründungszuschuss« (Statistisches Bundesamt 2019: 383).

Die neuere Forschung zu selbstständiger Arbeit zeigt, dass Selbstständige eine differenzierte Erwerbsgruppe darstellen (Bögenhold/Fachinger 2016; Bührmann et al. 2018; Hanemann/Schürmann 2019; Manske 2016; Schulze Buschoff 2016). Dazu gehören etwa Biobauern ebenso wie Großgrundbesitzende, Clickworker:innen und Profisportler:innen, aber auch Startup-Unternehmer:innen mit hundert Beschäftigten sowie Handwerksbetriebe mit mithelfenden Familienangehörigen, die Zahnärztin mit Assistenzen oder die alleinarbeitende Wirtschaftsprüferin.

In der Aufstiegsgesellschaft der 1950er und 1960er Jahre galten Selbstständige (in enger Korrespondenz mit ihrer Klassenlage im deutschen Wohlfahrtsstaat) als sozialstrukturell und ökonomisch privilegiert. Die jüngere Selbstständigenforschung ab Ende der 1990er Jahre setzt andere Akzente. Zunächst wurde der uneindeutige Sozialstatus von Selbstständigen betont. So sprach etwa Dietrich (1998) von einer »Grauzone« zwischen abhängiger und selbstständiger Erwerbsarbeit. Ab den späten 2000er Jahren wurde selbstständige Arbeit in einem Spannungsfeld zwischen prekärem Sozialstatus und unternehmerischer

Tätigkeit verortet (Bögenhold/Fachinger 2010; Bührmann/Pongratz 2010; Manske 2007; Pongratz/Simon 2010).

Selbstständige Arbeit wird folglich aus verschiedenen theoretischen Perspektiven beleuchtet. Zudem umfasst sie verschiedene Erwerbstypen und -formen. Im Folgenden werden die verschiedenen selbstständigen Erwerbstypen in groben Strichen umrissen. Sie weisen teils Überlappungen auf, sind gleichwohl im Kern nach Arbeitgeber- und Solo-Selbstständigen aufzuteilen.

Die Vielfalt von selbstständiger Arbeit

Arbeitgeber-Selbstständige beschäftigen Mitarbeitende. In der Literatur werden zwei Typen von Arbeitgeber-Selbstständigen unterschieden: einerseits (Groß-)Unternehmer, andererseits mittelständische Selbstständige mit bis zu 500 Beschäftigten und 50 Millionen Euro Jahresumsatz (Geißler 2014: 154). Der Unterschied des Unternehmers zum mittelständischen Selbstständigen besteht im Kern in seiner Deutung als kapitalistische Leitfigur und seiner sozialstrukturellen Verortung (Schumpeter 2020 [1942]; Weber 1972).

Der traditionelle Unternehmer ist ein Synonym für den Typus des Fabrikanten, Kapitalisten oder Erfinders, z.B. Werner von Siemens oder Robert Bosch. Das bis heute prägende Begriffsverständnis des Unternehmers stammt von Joseph A. Schumpeter, einem Ökonomen. Für ihn war die entscheidende Frage, »wie der Kapitalismus [...] bestehende[n] Strukturen [...] schafft und zerstört« (Schumpeter 2020: 139). Die Antwort sah er in der Sozialfigur des Unternehmers. Dessen ökonomische Funktion sei im Kern, »die Produktionsstruktur zu reformieren oder zu revolutionieren« (ebd.: 214). Seine innovative Kraft sei Grundlage einer »schöpferischen Zerstörung« (ebd.: 138) und wirtschaftlichen Erneuerung.

Schumpeter skizzierte den Unternehmer als sozialen Aufsteiger und Individualisten. Weber hingegen lenkte den Blick stärker auf dessen sozialstrukturelle Verortung. Demnach sei der Unternehmer ein Protagonist einer »positiv privilegierten Erwerbsklasse« (Weber 1972: 178). Er geht folglich von einem Unternehmer aus, der aus einer sozialen Position der gesellschaftlichen Stärke agiert. Seine Position sichere dieser, indem er die »Wirtschaftspolitik der politischen und andern Verbände« (Weber 1972: 178) zu seinen Gunsten beeinflusse oder die »Leitung der Güterbeschaffung« in seinem Interesse monopolisiere (ebd.).

Erfolgreiches unternehmerisches Handeln erklärt sich demnach aus soziologischer Perspektive nicht allein aus der ökonomischen Lage (wie z. B. dem Besitz von Produktionsmitteln) oder guten Ideen. Vielmehr werden auch die sozialen Voraussetzungen für Unternehmertum betrachtet. Dazu wird meist eine gutsituierte soziale Lage gezählt (Deutschmann 2010: 47; Geißler 2014: 154).

Eine weitere Differenzierung von selbstständiger Arbeit lässt sich entlang der teils wirtschafts- bzw. steuerpolitischen Definition in Gewerbetreibende und freie Berufe bzw. Professionen ausmachen. Da es sich um weit verzweigte, elaborierte Diskurse handelt, die etwa mit der Professionssoziologie eine eigene »Bindestrichsoziologie« ausgebildet haben (Dick et al. 2016; Schnell/Pfadenhauer 2019), können diese selbstständigen Erwerbstypen nur andeutungsweise vorgestellt werden. Wer einen selbstständigen Gewerbebetrieb führt, betreibt kommerziell-gewinnorientierte Arbeit, eben ein Gewerbe. »Die Betätigung darf weder als Ausübung von Land- und Forstwirtschaft noch als Ausübung eines freien Berufs noch als eine andere selbstständige Arbeit anzusehen sein.« (Statistisches Bundesamt 2019: 293)

Demgegenüber sind Professionen spezielle akademische Berufe, die hoch spezialisiertes Wissen und hohes Prestige mit effektiven Strategien sozialer Schließung verbinden. Zu den historisch etablierten Professionen zählen etwa Medizin, Architektur und die Anwaltsberufe. Amtlich definiert sind Professionsangehörige als »Personen mit Einkünften aus freiberuflicher Tätigkeit. Damit sind wissenschaftliche, künstlerische, erzieherische oder schriftstellerische Tätigkeiten gemeint, die nicht der Gewerbeordnung unterliegen. Zu den Freien Berufen zählen beispielsweise Ärztinnen und Ärzte, Rechtsanwältinnen und Rechtsanwälte, Steuerberaterinnen und Steuerberater, Architektinnen und Architekten, Ingenieurinnen und Ingenieure sowie Dolmetscherinnen und Dolmetscher.« (Statistisches Bundesamt 2019: 293)

Das besondere Charakteristikum etablierter Professionen ist, dass sie in sogenannten Kammern organisiert sind. Sie bieten eigene soziale Sicherungssysteme und legen professionelle Qualitätsstandards, Preise und Honorare fest. Eine Profession schließt sich damit gegen Konkurrenz ab. Professionen stellen daher in Deutschland eine überaus machtvolle Gruppe am Arbeitsmarkt in einer privilegierten gesellschaftlichen Position dar, die sie mithilfe des staatlichen Bildungs- und Zulassungssystems erlangen (Demszky/Voß 2018; Schnell 2007).

Strukturwandel der selbstständigen Arbeit

Selbstständige Arbeit war lange eine Ausnahme in der Industriegesellschaft Deutschlands und, wie angedeutet, schon immer eine sehr heterogene Erwerbsform. Zeichnete sich selbstständige Arbeit in der Ära des Fordismus dadurch aus, dass sie hauptsächlich in Handwerk, Handel, Landwirtschaft stattfand und der/die Selbstständige gleichzeitig Arbeitgeber war, hat sich die Struktur seit Ende der 1990er Jahre in Richtung Solo-Selbstständige verschoben (Dietrich 1998).

Als solo-selbstständig gelten Erwerbstätige, die alleine und auf eigene Rechnung arbeiten, indem sie gegen Bezahlung

Leistungen für einen Markt und/oder verschiedene Auftraggeber:innen erbringen (Leicht 2000; Pongratz 2020b; Schulze Buschoff 2016). Seit dem Jahr 2002 stellen Soloselbstständige die Mehrheit der selbstständigen Erwerbsgruppe. Im Jahr 2020 waren in Deutschland knapp 10 Prozent der Erwerbstätigen selbstständig, von diesen waren wiederum 55 Prozent solo-selbstständig (Bonin et al. 2022: 17). Der überwiegende Anteil der Solo-Selbstständigen ist nicht in den klassischen Feldern beruflicher Selbstständigkeit tätig, wie Handwerk, Handel oder Landwirtschaft, sondern verstärkt in den freien Berufen. Es handelt sich dabei häufig um Dienstleistungsberufe, z. B. aus der Kultur- und Medienbranche (Journalist:innen, Kulturschaffende, IT-Dienstleister u. a.), ebenso aus der Bildungs- oder der Gesundheitsbranche (Bonin et al. 2022; Gather et al. 2014; Manske/Scheffelmeier 2015). Es ist also von einer Vielfalt der Selbstständigkeit auszugehen (Gather et al. 2014).

Zurückzuführen ist der Strukturwandel von selbstständiger Arbeit auf Wandlungsprozesse von Arbeit, auf ihre Deregulierung und Flexibilisierung sowie auf einen kulturellen Wertewandel und Tertiarisierungsprozesse, d. h. auf die Verschiebung zwischen Wirtschaftssektoren infolge der steigenden Bedeutung des Dienstleistungssektors (Bögenhold/Fachinger 2016; Jacobsen 2018). Dabei gilt die Faustregel: In wirtschaftlich schwachen Zeiten und bei schwieriger Arbeitsmarktlage steigen die Selbstständigenzahlen, während in Phasen konjunkturellen Aufschwungs und stabiler Arbeitsmarktlage ihre Anzahl sinkt (Brenke/Beznoska 2016).

So waren im Jahr 2020 etwa 10 Prozent aller Erwerbstätigen selbstständig (Bonin et al. 2022). Vor dem Hintergrund der Prosperitätsphase der 2010er-Dekade und der frühen 2020er Jahre befindet sich der Anteil der Selbstständigen allerdings seit einiger Zeit wieder im Sinkflug (vgl. Bögenhold/Fachinger 2016; Bonin et al. 2022).

> »Die Zahl der Selbstständigen in Deutschland beläuft sich im Jahr 2020 auf insgesamt 3,5 Millionen. Dieser Wert weist zwar bereits seit dem Jahr 2012 eine leicht rückläufige Tendenz auf, der Rückgang um mehr als 11 Prozent zwischen 2019 und 2020 ist aber auch im europäischen Vergleich als bemerkenswert hoch einzuschätzen. Im Ergebnis hat die Gesamtzahl der Selbstständigen in Deutschland im Jahr 2020 ein so geringes Niveau erreicht, das zuletzt im Jahr 1997 gemessen wurde.« (Bonin et al. 2022: 9)

›Neue‹ Selbstständige

Solo-selbstständige Arbeit ist heute keine Ausnahme mehr im deutschen Erwerbs- und Sozialsystem. Vielmehr hat sich mit Solo-Selbstständigen eine vulnerable soziale Gruppe im Erwerbssystem etabliert, die mit spezifischen Risiken und Herausforderungen konfrontiert ist – das hat zuletzt die Corona-Pandemie gezeigt (Kritikos et al. 2020).

Die Forschung über Solo-Selbstständige begann in Deutschland auf breiter Basis kurz vor der Jahrtausendwende, wobei die Kultur- und Medienberufe als Vorreiter dieser Erwerbsform identifiziert wurden (Dietrich 1998; Gottschall 1999; Haak/Schmid 2001). Generell gelten Solo-Selbstständige als Träger von Chancen und Risiken einer Arbeitswelt im Wandel. Bögenhold und Leicht halten in ihrem für die deutschsprachige Selbstständigkeitsforschung impulsgebenden Aufsatz zudem fest: »Die neuen Selbständigen sind nicht nur die Akteure und Gestalter des strukturellen Wandels, sondern zu einem großen Teil auch dessen Resultat« (Bögenhold/Leicht 2000: 786).

Prinzipiell gibt es zwei polare Deutungsangebote zur steigenden Anzahl von Solo-Selbstständigen. In der pessimistischen Variante spricht die Ausweitung solo-selbstständiger Erwerbsformen für die Ausbreitung von unsicheren und prekären Arbeitsverhältnissen. In der optimistischen Variante handelt es sich um neue Unternehmertypen, die als potenziell erfolgreiche Gründer auf ihren Durchbruch warten (Bögenhold/Fachinger 2010). Die soziologische Entrepreneurship-Forschung konzentrierte sich zunächst auf erfolgreiches Unternehmertum und seine wirtschaftlichen und/oder politischen Bedingungen, wandte sich schließlich aber vermehrt den Risiken der solo-selbstständigen Arbeits- und Lebensführung am Rande des Existenzminimums und jenseits des ›Normalunternehmertums‹ zu (Bührmann 2010; Pongratz/Simon 2010).

Empirisch ist die Soziallage von Solo-Selbstständigen durch Heterogenität und Unsicherheit sowie häufig durch unterdurchschnittliches Einkommen geprägt. Ihr herausragendes Merkmal in sozialpolitischer Hinsicht ist, dass (Solo-)Selbstständige bis dato prinzipiell nicht sozialversicherungspflichtig sind, allein für die Krankenversicherung gilt seit dem Jahr 2007 eine allgemeine Versicherungspflicht (Fachinger 2017). Gegen die Wechselfälle des Lebens können sich Solo-Selbstständige nur durch freiwillige Sozialversicherung oder private Versicherungsverträge absichern. Als dramatisch wird insbesondere das Risiko der Altersarmut für Solo-Selbstständige eingeschätzt (Bäcker 2018; Bonin et al. 2022; Fachinger 2019; Klammer 2020).

Die in der 2010er-Dekade tonangebende, soziologische Forschung zu Unternehmer:innen jenseits des Normalunternehmertums prägte den Begriff des prekären Unternehmertums und wies damit auf eine Ausdifferenzierung im Unternehmerbegriff hin (Bührmann 2012; Bührmann/Pongratz 2010). Unternehmertum wird als prekär verstanden, »wenn das Einkommens-, Schutz- und Inklusionsniveau auf längere Sicht unter den gesellschaftlichen Standard zu sinken droht bzw. sinkt und/oder die unternehmerisch Tätigen darauf hoffen müssen, unternehmerisch erfolgreich zu sein, und doch permanent befürchten, (noch) weiter sozial abzusteigen« (Bührmann 2010: 271). Die Diskussion um neue Selbstständige wurde damit konzeptionell erweitert und mit dem von der Soziologie lange vernachlässigten Unternehmerbegriff verknüpft. Damit wurden auch interdisziplinäre Brücken in die Entrepreneurship-Forschung der Managementlehre geschlagen (Audretsch 2012; Folta et al. 2010). Konstatiert wurde, dass die neuen Unternehmer bei Unternehmensgründungen anders vorgehen, nicht mehr ohne Weiteres auf wirtschaftlichem Expansionskurs sind und auch nicht unbedingt einen Arbeitgeberstatus anstreben. Typisch sei dagegen eine sozioökonomische Konstellation, die sich durch »ein ›Überleben‹ am Markt ohne nachhaltigen Markterfolg« auszeichne (Pongratz/Simon 2010: 39).

In der Sozialfigur der prekären Unternehmer:in wird deutlich, dass der Strukturwandel der selbstständigen Arbeit nicht nur einen Formwandel des Erwerbssystems bedeutet, sondern auch objektive sowie subjektive Risikolagen produziert. Als heuristische Folie in Bezug auf die subjektiven Motivlagen hat sich das Spannungsfeld zwischen einer Ökonomie der Selbstverwirklichung und einer Ökonomie der Not bewährt (Bögenhold/Staber 1990). In der sozialen Praxis zeigt sich hingegen eine »Vermischung von individuell forcierten und strukturell erzwungenen Motiven« (Hanemann 2016: 182). Dies gilt etwa auch für selbstständige Migrant:innen. Die Zahl selbstständiger Migrant:innen in Deutschland hat sich seit 1991 fast verdreifacht (Leicht et al. 2015). Das gängige Vorurteil ist, dass sich migrantische Gruppen aus der Not heraus selbstständig machen, vorzugsweise in traditionellen Segmenten selbstständiger Arbeit (Handel, Handwerk etc.). Tatsächlich ist die ökonomische Not bzw. mangelnder Zugang zu Bildungs- und Erwerbsinstitutionen häufig ein wichtiger Antrieb (Yavuzcan 2003; Zhou 2006).

Allerdings weisen neuere Studien darauf hin, dass diese Erklärung unterkomplex ist (Bührmann 2012). Vielmehr müssen neben der ökonomischen Not weitere Motive für den Schritt in die (Solo-)Selbstständigkeit berücksichtigt werden, zumal in der dritten und vierten Einwander:innengeneration migrantisches Unternehmer:innentum in Bezug auf Bildung, wirtschaftssektorale Verortung und Einkommen heterogene Strukturen aufweist. Von daher greift eine verallgemeinernde Unterstellung prekären Unternehmertums zu kurz, vielmehr wird von einer starken Diversität sowie davon gesprochen, »dass sich die soziale Position eines großen Teils migrantischer Selbständigkeit derjenigen der Deutschen nähert« (Leicht et al. 2015: 233).

Die Pole des Spannungsfelds zwischen Not und Selbstverwirklichung in der selbstständigen Arbeit sind selten rein verwirklicht, da die Motive und Erwerbslagen von (Solo-)Selbstständigen komplexer sind, als diese Formel vermuten lässt (z.B. Manske 2016; Pongratz 2020b). Als eröffnender, heuristischer Zugang ist dieses Spannungsverhältnis dennoch hilfreich, um sich den Motivlagen und ihrer sozialökonomischen Rahmung anzunähern.

Selbstständige Arbeit und Geschlecht

Während die Analyse von solo-selbstständiger Arbeit vorangeschritten ist, ist die theoretische Debatte um selbstständige Arbeit und Geschlecht im deutschen Kontext nicht sehr weit entwickelt. Ein Blick etwa in Einführungs- und Überblickswerke zu Arbeit und Geschlecht zeigt, dass das Thema kaum auftaucht. Vielmehr weist die Geschlechterforschung eine gewisse Rezeptionssperre gegenüber selbstständiger Arbeit auf (Aulenbacher/Riegraf 2012; Becker et al. 2010). Das Wissen über Geschlechterdifferenzen in der selbstständigen Arbeit ist von daher vergleichsweise gering. Es gibt »kaum [...] soziologische

Ansätze, um diese zu erklären« (Gather et al. 2010: 85). Allerdings weist eine Reihe an empirischen Befunden und Erklärungsansätzen darauf hin, dass sich das Wissenschaftsfeld diesem Thema zunehmend öffnet (z.B. Betzelt/Gottschall 2004; Gather et al. 2014; Koppetsch/Speck 2015; Manske 2010, 2021a; Schürmann/Gather 2018).

Betrachtet man selbstständige Arbeit aus geschlechtertheoretischer Perspektive, sticht unter anderem ins Auge, dass Selbstständigkeit ursprünglich eine Männerdomäne war, deren Gender-Relationen sich seit geraumer Zeit verändern. So hat sich der Frauenanteil in (Solo-)Selbstständigkeit seit Ende der 1990er Jahre etwa verdoppelt. Im Jahr 2017 lag er bei den Solo-Selbstständigen bei 41 Prozent (Hokema/Haasler 2021: 336).

Die meisten solo-selbstständigen Frauen arbeiten in kulturellen und sozialen Dienstleistungen, d.h. in einkommensschwächeren Branchen. Insbesondere in den freien Berufen, vor allem in Heil- und Künstlerberufen sind die Frauenanteile relativ hoch (Mai/Marder-Puch 2013: 492). Angewachsen ist der Frauenanteil jedoch auch in den traditionell männlich dominierten klassischen Professionen, etwa im Arztberuf. Ein vermehrter Zuwachs ist insbesondere bei den Honorarärzt:innen zu verzeichnen, also jenen, die auf freiberuflicher Basis tätig sind (Ruiner et al. 2018).

Allerdings nutzt fast ein Drittel der selbstständigen Frauen selbstständige Arbeit nicht als eigenständige Existenzsicherung, sondern als Zuverdienst zum Haushaltseinkommen, während das nur auf 8 Prozent der Männer zutrifft (Bliemeister 2017: 26). Männer sind öfter hauptberuflich selbstständig als Frauen und haben auch häufiger Beschäftigte. Die Geschlechterverteilung auf Branchen folgt ebenfalls einem geschlechtsspezifischen Muster. Männliche Selbstständige sind eher in den sogenannten MINT-Berufen und daher in gut entlohnten Wirtschaftszweigen tätig, Frauen eher in Dienstleistungsbranchen, dem Bildungssektor und Gesundheitsberufen (Bliemeister 2017; Mai/Marder-Puch 2013). Claudia Gather, Lena Schürmann und Jeannette Trenkmann stellen daher in ihrer Expertise zum zweiten Gleichstellungsbericht fest, dass (Solo-)Selbstständigkeit gleichstellungspolitische Herausforderungen birgt, da die Risiken von selbstständiger Arbeit zugespitzt für weibliche Solo-Selbstständige gelten (Gather et al. 2017).

Das Erbe industriegesellschaftlicher Geschlechterordnungen

Einiges deutet darauf hin, dass die Ungleichheitsverhältnisse der Industriegesellschaft auch bei der selbstständigen Arbeit greifen, was sich besonders deutlich an den Berufsfeldern und Einkommensdifferenzen zeigt. Die geschlechtsspezifische Einkommensdifferenz, der sogenannte Gender-Income-Gap, fällt bei Selbstständigen ungleich höher aus als bei abhängig erwerbstätigen Männern und Frauen; in der 2010er-Dekade lag er bei 44 Prozent (Gather et al. 2017: 4).

Neben einer solchen Vererbung industriegesellschaftlicher Ungleichheiten existieren jedoch auch Dynamiken im Zusammenhang von selbstständiger Arbeit und Geschlecht, die in eine andere Richtung weisen. So ist die tradierte geschlechtsspezifische Arbeitsteilung insbesondere in von (solo-)selbstständiger Arbeit geprägten Lebenszusammenhängen oftmals keine unhinterfragte Konstante (Koppetsch/Speck 2015).

Obgleich Solo-Selbstständigkeit von Frauen teilweise eine Reaktion auf die schwierige Vereinbarkeit von Erwerbsarbeit und Familienarbeit zu sein scheint, eröffnet sie Möglichkeiten für neue Aushandlungsprozesse der Geschlechterbeziehungen – vor allem dann, wenn Frauen zu ›Familienernährerinnen‹ werden oder wenn umgekehrt das Private zur Arena für neue Männlichkeitskonstruktionen wird, die das Konzept der hegemonialen

Männlichkeit hinterfragen. Darin zeigen sich wachsende Friktionen zwischen den Vorstellungen von Männlichkeit und Weiblichkeit und den praktizierten Arrangements (Klenner/Klammer 2009; Manske/Brunsen 2015; Motakef 2015; Völker 2011).

Festzuhalten ist, dass die geschlechtsspezifischen Muster von (solo-)selbstständiger Arbeit künftig noch genauer zu untersuchen sind. Es ist eine offene Frage, wie sich in diesem Bereich das Verhältnis von Persistenz und Wandel entwickeln wird. Für beide Tendenzen, die Fortsetzung tradierter Arrangements in der Selbstständigkeit und die Infragestellung dieser Arrangements, gibt es empirische Hinweise.

VI. Aktuelle Debatten um Arbeit

Die im vorangegangenen Kapitel V umrissenen Debatten zu arbeitsweltlichen Umbrüchen sind weiterhin aktuell. Über Subjektivierung, Prekarisierung und Entgrenzung wird bis heute intensiv gestritten, mit der Digitalisierung in der Arbeit gewinnen diese Debatten gar neuen Aufwind. Gleiches gilt für die Diskussion von Arbeit und Arbeitshandeln jenseits des klassischen Fokus auf Unternehmen. Hinzu kommen in den letzten Jahren weitere Themenfelder, die zwar nicht gänzlich neu, aber jetzt vermehrt ins Zentrum der Aufmerksamkeit gerückt sind.

Vier neuere Diskussionen sollen in diesem abschließenden Kapitel skizziert werden. Unbezahlte, häufig von Frauen erbrachte Erziehungs- und Hausarbeit wurde bereits seit den 1970er Jahren in der Frauen- und Geschlechterforschung untersucht (siehe Kap. IV.4). Die Diskussion um Care-Arbeit schließt daran an und erweitert zugleich die Perspektive auf den widersprüchlichen Gesamtzusammenhang von ganz unterschiedlichen Arbeitsformen – bezahlt wie unbezahlt, formell wie informell, individuell und gemeinschaftsförmig. Ihre Gemeinsamkeit ist, dass sie mit der Sorge um in verschiedener Hinsicht bedürftige Menschen befasst sind (Kap. VI.1). Offensichtlich ist, dass solche Arbeit als rein rationale, zweckorientierte Tätigkeit nur unzureichend beschrieben ist. Dies gilt aber über Sorgetätigkeiten hinaus. Auf die emotionale Seite von Arbeit wie auch auf die systematische Erzeugung und Kontrolle von Emotionen als Arbeitsleistung fokussiert die Debatte um Arbeit und Affekte (Kap. VI.2).

Ein wiederum anders gelagertes Themenfeld ist die Hybridisierung von Arbeit. Auch dies ist kein gänzlich neues Phänomen. Dass verschiedene Arbeitsformen von denselben Individuen parallel, ergänzend, aber auch in Spannungsverhältnissen zueinander ausgeübt werden (müssen), hat viele historische Vorbilder. Aber erst mit ihrer aktuellen Ausweitung ist die Erwerbshybridisierung Gegenstand der Arbeitsforschung geworden (Kap. VI.3). Eine gewisse Verspätung muss man auch der Diskussion um die Digitalisierung von Arbeit attestieren, die erst mit dem jüngsten Digitalisierungsschub (den Vernetzungstechnologien wie Web 2.0 oder Cyber-physical Systems) richtig an Fahrt aufgenommen hat (Kap. VI.4).

VI.1 Care-Arbeit

Die Diskussion um Care-Arbeit lässt sich in vielfacher Hinsicht als Nachfolgerin der Debatten um Haus- und Reproduktionsarbeit betrachten (vgl. Kap. IV.4). Beide entstammen dem Umfeld der kritischen Frauen- und Geschlechterforschung und rücken damit die Vergeschlechtlichung von Arbeit in den Mittelpunkt, beide plädieren für einen erweiterten Arbeitsbegriff, der den überkommenen Fokus der Arbeitsforschung auf Erwerbsarbeit überschreitet, beide kritisieren die Abwertung und geringe Sichtbarkeit dieser gesellschaftlich als weiblich konnotierten Arbeit. Die Debatte um ›Care‹ ist dabei nicht allein eine Diskussion um Arbeit; sie umfasst ebenso ethische und politische Fragen. In einem ersten Schritt befassen wir uns daher mit allgemeinen Definitionen von Care. Dann betrachten wir die Konzeptualisierung von Care als eine spezifische Arbeitsform.

Abschließend fassen wir die Debatte um die aktuelle Reorganisation von Care(-Arbeit) als Bestandteil umfassenderer und zugleich krisenhafter Care-Regime zusammen.

Definitionen

Eine Art pragmatische Definition von Sorgearbeit, orientiert am allgemeinen gesellschaftlichen wie auch wissenschaftlichen Verständnis, formuliert Gabriele Winker:

> »Heute werden also unter dem Begriff *Care-Arbeit*, oder im deutschsprachigen Raum synonym *Sorgearbeit*[45], die Gesamtheit der familiären und ehrenamtlichen Sorgearbeit für andere, die Sorgearbeit für sich selbst sowie die entlohnten Erziehungs-, Bildungs-, Gesundheits-, Pflege- und Haushaltstätigkeiten in Institutionen wie Krankenhäusern, Seniorenheimen oder Kitas sowie in Privathaushalten gefasst. Ziele der Sorgearbeit sind grundsätzlich die Entwicklung und Erhaltung von körperlichen, emotionalen und intellektuellen Fähigkeiten.« (Winker 2021: 20)

Allgemeiner gefasst und nicht allein auf Arbeit bezogen ist die Definition von Berenice Fisher und Joan Tronto, die mittlerweile als klassisch gelten kann:

> »We suggest that caring be viewed as a species activity that includes everything that we do to maintain, continue, and repair our ›world‹ so that we can live in it as well as possible. That world includes our bodies, our selves, and our environment, all of which we seek to interweave in a complex, life-sustaining web.« (Fischer/Tronto 1990: 40)

Sorgearbeit als Gattungstätigkeit (»species activity«) bezieht sich nicht nur unmittelbar auf andere Menschen (etwa in Form interaktiver Arbeit), sondern auch auf die weiteren materiellen und ökologischen Bedingungen sowie auf die Institutionen, die »unsere Welt« aufrechterhalten und reparieren. Die Definition sowohl von Sorgetätigen als auch von Sorgeempfangenden wird hier anthropologisch gefasst. Was »gute Sorge« ist, ist abhängig von kulturellen und sozialen Definitionen und Aushandlungsprozessen; *dass* der Mensch, der im Zentrum des Sorgebegriffs steht, sorgebedürftig und sorgetätig ist, ist im Wesen seiner Gattung begründet. Demgegenüber erweitern manche Ansätze den Care-Begriff explizit auch auf die belebte, teils auch die unbelebte Umwelt. Diese wird dann nicht mehr nur als *Bedingung* von Sorge für Menschen aufgefasst, sondern selbst als *Gegenstand* bzw. *Ziel* von ihr. Zugleich können auch diejenigen, die Care-Aktivitäten ausführen, nicht-menschliche Akteure sein. Einen solchen »More-than-human-Ansatz« vertritt Puig de la Bellacasa, die die Definition von Fisher und Tronto entsprechend erweitert:

»We need to disrupt the subjective-collective behind the ›we‹: care is everything that *is* done (rather than everything that ›we‹ do) to maintain, continue, and repair ›the world‹ so that *all* (rather than ›we‹) can live in it as well as possible. [...] What the ›all‹ includes in situation remains contingent to specific ecologies and human–nonhuman entanglements. [...] An a-subjective notion of care in more than human worlds that takes this into account requires the speculative ethical imagination to consider the many ways in which nonhuman agencies are taking care of many human and nonhuman needs.« (Puig de la Bellacasa: 161)

Erkauft wird die erweiterte Konzeptualisierung durch eine gewisse Unschärfe: Gibt es überhaupt noch irgendwelche »Aktanten« (Latour), die keine Fürsorge erbringen bzw. denen keine Fürsorge zustehen sollte? Einen engeren Begriff vertritt die Philosophin Cornelia Klinger, auf deren Definition in der deutschen Debatte häufig Bezug genommen wird:

»Sorge betrifft alle theoretischen Reflexionen von und alle praktischen Relationen zwischen Menschen, die sich aus den Bedingungen der Kontingenz, das heißt aus dem Werden und Vergehen des Lebens ergeben. Den großen Grenzen von Anfang und Ende sowie den dazwischen liegenden Fährnissen, Unfall, Krankheit, Behinderung, an denen sich die ständige Präsenz der Lebensgrenzen auch innerhalb der Zeit manifestiert, gilt Sorge. Aus Natalität, Morbidität und Mortalität, aus der Zufälligkeit und Hinfälligkeit, der Prekarität und Volatilität des Lebens resultieren die primären Notwendigkeiten des Sorgens.« (Klinger 2013: 82f.)

Hier geht es insbesondere um mögliche Gefährdungen des (ausdrücklich als menschlich verstandenen) »Lebens«, die grundsätzlich im biografischen Verlauf eintreten und bearbeitet werden müssen. Kürzer gefasst: Care-Arbeit beinhaltet den »Umgang mit der Verwundbarkeit und Kontingenz des Lebens« (Aulenbacher et al. 2015: 68).

»Care« ist breiter gefasst als »Reproduktion« im marxistisch-feministisch inspirierten Konzept der Reproduktionsarbeit. Der Reproduktionsbegriff macht deutlich, dass der Kapitalismus darauf angewiesen ist, dass die Arbeitsfähigkeit der Beschäftigten wie auch der Bestand der Arbeiter:innenklasse insgesamt immer wieder aufs Neue hergestellt werden muss und dass dies überwiegend durch unbezahlte, zumeist von Frauen geleistete und in den privaten Haushalt verbannte Arbeit geschieht.[46] Dem Care-Begriff fehlt dieser funktionale Bezug auf die Arbeitskraft. Emma Dowling stellt heraus, dass Care Selbstzweck, nicht eine abgeleitete Aktivität ist: »Essentially, care is about the maintenance of life *for* itself. Care is therefore *more* than necessary labour of reproducing a healthy workforce« (Dowling 2021: 45). Der Begriff der Care-Arbeit verweist darauf, dass der gesellschaftliche Bedarf an Sorge durch eine Vielzahl von Institutionen und Akteuren bearbeitet wird: Familie, lokale »Caring Communities«, gemeinwohlorientierte Organisationen des Dritten Sektors, Staat und Kommunen, profitorientierte Privatunternehmen usw. Sorgearbeit, also diejenigen Aktivitäten, die am Ziel der Sorge orientiert sind und zugleich unter den (erweiterten) Begriff von Arbeit fallen, umfasst sowohl bezahlte wie auch unbezahlte, häusliche wie außerhäusliche, formelle wie informelle (auch illegalisierte) Formen von Arbeit.[47]

Care als spezifische Arbeitsform

Fisher und Tronto (1990, vgl. Tronto 1993: 105 ff.) unterscheiden zwischen vier miteinander verbundenen Phasen von Sorge: »Caring about« beinhaltet die Wahrnehmung von und die Aufmerksamkeit für potenzielle Sorgenotwendigkeiten. »Taking care of« umfasst die Übernahme von Verantwortlichkeit dafür, Sorgeaktivitäten anzustoßen und aufrechtzuerhalten, wobei hier, über die erste Phase hinausgehend, Ressourcen (z. B. Zeit) aufgewendet werden. Eigenes ausführendes Sorgehandeln ist damit noch nicht automatisch verbunden. Dies geschieht erst beim »Caregiving«, verstanden als »concrete (sometimes called hands-on) work of maintaining and repairing our world« (Fisher/Tronto 1990: 43). »Care receiving« ist die Antwort bzw. Aktivität derjenigen, auf die die Sorgeaktivitäten gerichtet sind, also die der Sorgeempfänger:innen.[48]

Sorge*arbeit* als ein Teil des umfassenderen Sorge*prozesses* ist am ehesten der Phase drei zuzuordnen. Als ihre Charakteristika gelten – je nach Autor:in in unterschiedlicher Gewichtung und Ausprägung – insbesondere folgende Dimensionen (Folbre 2001; Tronto 1993): Care-Arbeit ist personenbezogen, sie zielt auf die Bedürftigkeit eines konkreten sozialen Gegenübers. Dies bedeutet nicht unbedingt dessen unmittelbare Bedürfnisbefriedigung, sondern folgt auch Vorstellungen eines wohlverstandenen längerfristigen Nutzens und breiter verstandenen Sinns, der mit spontaner Wunscherfüllung in Konflikt geraten kann, etwa im Bereich Erziehung (vgl. Kratzer et al. 2019: 67). Fürsorgebeziehungen sind durch Abhängigkeiten und Asymmetrien geprägt

(Jochimsen 2003). Die Vulnerabilität der Sorgerezipient:innen begründet zugleich den immanenten Machtcharakter des Verhältnisses, bis hin zur Missbrauchsgefahr. Fürsorgearbeit funktioniert – anders als andere Dienstleistungstätigkeiten – nicht als Tauschbeziehung, sie ist auch nicht im weiteren Sinne grundsätzlich reziprok, also auf längerfristige Gegenseitigkeit, angelegt. Das bedeutet gerade nicht, dass die Beziehungen einseitig sind. Der arbeitssoziologische Ansatz der »interaktiven Arbeit« (Dunkel/Weihrich 2006) weist auf die Ko-Konstitution und den Aushandlungscharakter von personenbezogener Dienstleistungsarbeit, zu der Sorgearbeiten gezählt werden, hin. Die Care-Receiver agieren und reagieren und bestimmen die soziale Beziehung im Interaktionsverhältnis mit. Anders als bei manchen anderen Dienstleistungsarten (z.B. Verkaufsarbeit) ist die Beziehung zwischen Care-Giver und Care-Receiver in der Regel keine punktuelle Interaktion, sondern auf Längerfristigkeit angelegt. Als weiteres Charakteristikum von Care-Arbeit gilt, dass sie nur begrenzt rationalisierbar und ihre Produktivität damit weniger steigerungsfähig ist als die Produktion materieller Güter, etwa weil sie an die eigensinnige Zeitlogik der Care-Receiver angebunden bleibt. Dies macht (bezahlte) Care-Arbeit besonders anfällig für andere Formen der Kosteneinsparung (z.B. Druck auf die Entgelte, Teilung der Arbeit in höher und geringer qualifizierte Tätigkeiten und damit einhergehende monetäre Abwertung der letzteren, Verlagerung ins Private, vgl. Winker 2011).

Care-Arbeit findet aber keinesfalls nur im direkten Gegenüber mit den Sorgeempfangenden statt. Im Hintergrund dieser »interactive care« steht die »support care«, zu der die Zubereitung von Essen, Reinigungstätigkeiten und weitere Infrastruktur- sowie Administrationsarbeiten in Care-Organisationen zählen. Als eine dritte Form ist die »supervisory care« zu nennen: Die Sorgearbeitenden bleiben auch dann, wenn sie sich anderen

Aufgaben widmen, »on call« für den Fall, dass Eingriffe nötig werden (Folbre/Wright 2012).

Besonderes Augenmerk gilt in der Diskussion der Frage von ethischen bzw. altruistischen »Sorge«-Orientierungen der Beschäftigten und ihrer Vergeschlechtlichung (England et al. 2012; Folbre 2001; Cancian/Oliker 2000). Kontrovers diskutiert wird in diesem Zusammenhang die »Zwei-Moralen-These« Carol Gilligans (1984), die besagt, dass bei Mädchen und Frauen eine spezifische »Fürsorgemoral« zu finden sei – im Unterschied zu einer abstrakten Gerechtigkeitsorientierung von Jungen und Männern (die in der Diskussion um die Moralentwicklung fälschlicherweise als höhere Stufe gewertet worden sei). Kritisiert wird an Gilligan eine implizite, ungewollte Reproduktion von Geschlechterdifferenzen und eine Homogenisierung innerhalb der Genus-Gruppen (vgl. Nunner-Winkler 1991). Um eine falsche Gegenüberstellung zwischen (männlich konnotierter) Rationalität und (weiblich konnotierter) Emotionalität zu vermeiden, hat Kari Waerness den Begriff der »Fürsorgerationalität« eingeführt, mit dem unterstrichen wird, »dass Frauen sehr wohl rationale Akteurinnen sind und nicht allein aus Gefühl oder aus Nonkonformität heraus handeln« (Waerness 2000: 59). Gegenüber einer rein sozialisationstheoretischen Erklärung verweisen »Doing-Gender«-Ansätze darauf, dass das »Ethos fürsorglicher Praxis« (Senghaas-Knobloch 2008) nicht einfach etwas ist, das die Beschäftigten in die Arbeitsorganisationen gewissermaßen »mitbringen«. Vielmehr werden solche Orientierungen dort auch im gemeinsamen Arbeitshandeln – in vergeschlechtlichter Weise – selbst produziert (Gottschall 1998). Dies geschieht in der konkreten interaktiven Arbeitspraxis, in der Sorgeorientierungen aktiviert und fortentwickelt werden, wie auch durch die Übernahme von dortigen Gruppennormen (England et al. 2012; Folbre 2001: 38 ff.).

Die spezifischen Sorgeorientierungen werden einerseits durch die Organisationen der bezahlten Sorgearbeit (wie Kliniken und Altenheime) instrumentalisiert: Sie werden als Motivationsfaktor strategisch genutzt, zugleich kann die materielle Vergütung gegenüber ideellen Gratifikationen reduziert und die Arbeit damit abgewertet werden (Nowak 2023). Andererseits wird das Sorgeethos – angesichts wachsender arbeitspolitischer Auseinandersetzungen etwa im Kita- und Krankenhausbereich – auch als Mobilisierungsfaktor thematisiert. Rationalisierungsbestrebungen und Ökonomisierungstendenzen in Sorgeorganisationen geraten in Konflikt mit dem Sorgeanspruch der Beschäftigten, was zu Protest und interessenpolitischer Aktivierung führt (Décieux et al. 2020; Menz 2017) – ganz entgegen der bis dahin angenommenen Tendenz, die eigenen Interessen zugunsten des Klient:innenwohls zurückzustellen (»Prisoner of Love«-Dilemma, Folbre 2001).

Care-Regime

Eine primär tätigkeitsbezogene Analyse, wie wir sie bislang dargestellt haben, gerät in Gefahr, die ganz unterschiedlichen gesellschaftlichen Organisationsformen von Sorgearbeit und ihren widersprüchlichen Zusammenhang zu vernachlässigen. Entsprechend widmet sich ein entscheidender Teil der Diskussion um Care-Arbeit Fragen der gesellschaftlichen Arbeitsteilung zwischen den beteiligten Institutionen, zwischen bezahlter und unbezahlter (sowie ›teilbezahlter‹), formeller und informeller, in der Familie und in professionellen Organisationen erbrachter Sorgearbeit. Zwischen verschiedenen »Care-Regimen« lässt sich dann – in historischer wie auch in vergleichender Perspektive der internationalen Wohlfahrtsstaatsforschung – anhand der Formen der Arbeitsteilung, der Verantwortungsattribution an Akteure und Institutionen sowie der Finanzierung und Verteilung von Sorgeleistungen unterscheiden. Das »fordistische« Care-Regime war gekennzeichnet durch eine Verbindung von familialer (was hieß: ganz überwiegend weiblicher) Sorgeverantwortung insbesondere für die Kindererziehung bei gleichzeitigem Ausbau des Wohlfahrtsstaats und wachsender Professionalisierung bezahlter Sorgearbeit. Das Regime basierte auf dem Modell des (männlichen) Familienernährers, der einen Familienlohn erhielt, während die private (weibliche) Sorgearbeit nicht direkt vergütet wurde. Die bezahlte Care-Arbeit in den Care-Organisationen von Staat und Drittem Sektor war (und ist bis heute) nicht weniger vergeschlechtlicht: Die entsprechenden Berufe sind überwiegend weiblich geprägt und – trotz der Professionalisierungstendenzen – weiterhin deutlich schlechter bezahlt als Tätigkeiten mit entsprechender Qualifikation in produzierenden Unternehmen.

Die aktuelle Situation, je nach zeitdiagnostischer Begrifflichkeit als Neoliberalismus, Postfordismus oder Finanzmarktkapitalismus benannt, ist durch widersprüchliche Entwicklungen geprägt. Cornelia Klinger stellt die Kommodifizierung von Sorgearbeit ins Zentrum. Die »neoliberale Ökonomie« sei bestrebt, »die Lebenssorge-Aufgaben in Konsumgüter zu verwandeln bzw. als Konsumgüter zu verkaufen« und die »private Hinterwelt, in der kostenlos die Aufgaben der Lebenssorge erfüllt werden können«, aufzulösen (Klinger 2014: 34). Neben der Kommodifizierung werden üblicherweise aber auch Individualisierung und Dezentralisierung zu den Prinzipien des Neoliberalismus gezählt. Dies betrifft auch die Care-Arbeit (Carstensen/Winker 2007; Dowling 2021: 8 ff.), etwa in Form einer Re-Familialisierung, die Gabriele Winker als prägender ansieht als die Kommodifizierung (Winker 2011: 337). Silke van Dyk und Tine Haubner (2021) sehen bereits wieder eine Abkehr vom Prinzip des radikalen Individualismus und eine Hinwendung zu

Appellen an Gemeinschaftlichkeit und Solidarität. Der »Community-Kapitalismus« setzt auf die Zivilgesellschaft als sozialpolitische Ressource und fördert die (überwiegend kostenlose) Sorgearbeit von Freiwilligen in Pflegekollektiven, Mehrgenerationenhäusern usw.

Brigitte Aulenbacher führt die verschiedenen Entwicklungstendenzen zusammen. Sie sieht das aktuelle finanzmarktkapitalistische Care-Regime

> »als neue Stufe [der] Vergesellschaftung und Vergemeinschaftung [von Care-Arbeit], was die Relationen zwischen den Sektoren angeht: von Familie und Staat als primäre Sorgeinstanzen im Fordismus hin zu Markt und Gemeinschaft als forcierte Formen, Sorgearbeit unter finanzmarktkapitalistischen Vorzeigen zu organisieren und zu gewährleisten, ohne die erstgenannten Institutionen bedeutungslos werden zu lassen. Sorgemärkte können wohlfahrtsstaatlich eingebettet sein und mit Familialismus Hand in Hand gehen, sogar durch ihn befördert werden, wenn beispielsweise finanzielle Anreize für Privathaushalte und Familien gesetzt werden.« (Aulenbacher 2020: 132)

»Sorgearbeitsteilungen« finden wir nicht nur zwischen Sektoren, Institutionen und Akteuren im nationalstaatlichen Rahmen, sondern auch in globaler Perspektive. Transnationale »Care Chains«, wie Arlie Hochschild (2000) und Rhacel Parreñas (2015) sie beschreiben, verlaufen über verschiedene Länder und gar Kontinente hinweg. Am Endpunkt solcher Ketten stehen (Mittelschichts-)Familien im Globalen Norden, die migrantische Hausangestellte zur Kindererziehung beschäftigen. Diese werden in ihren Herkunftsfamilien wiederum durch bezahlte Hausangestellte oder durch die unbezahlte Arbeit von Familienangehörigen ersetzt. Innerhalb dieser Sorgeketten kommt es nicht nur zu ökonomischen Umverteilungen, sondern insbesondere zur transnationalen Verschiebung und Ausbeutung von Emotionen (siehe Kap. VI.2). Damit ist die »Hinterbühne der

Care-Arbeit« (Lutz 2018), die (zumeist schlecht) bezahlte Arbeit im Privathaushalt, etwa in der Live-in-Pflege in den Mittelpunkt gerückt. Die Arbeit auf dieser Hinterbühne ist seit einiger Zeit ein zentraler Gegenstand der Care-Arbeitsforschung geworden (Parreñas 2015; Lutz 2008, 2018; Aulenbacher et al. 2021).

Dass sich diese diversen und widersprüchlichen Entwicklungstendenzen zu einem halbwegs funktionsfähigen Ganzen zusammenfügen, dass also der bestehende gesellschaftliche Sorgebedarf insgesamt befriedigt wird und dies auch noch unter einigermaßen gerechten oder zumindest erträglichen Sorgearbeitsbedingungen geschieht, wird in der Care-Debatte ganz überwiegend bezweifelt. Vielmehr herrschen Diagnosen einer verallgemeinerten »Krise der sozialen Reproduktion« oder einer »Care-Krise« vor (Jürgens 2010; Dowling 2021; Winker 2015, Fraser 2022; kritisch zur Krisendiagnose: Maier/Schmidt 2019). Aspekte dieser Krise sind nicht nur Versorgungslücken, etwa in der Altenpflege, im Bildungssektor, in der sozialen Arbeit oder – wie nicht zuletzt in der Corona-Pandemie deutlich geworden – in den Krankenhäusern. Krisenhaft ist auch die Situation vieler Sorgeleistender. Massive Überlastungsphänomene insbesondere in Pflegeberufen machen deutlich, dass auch die »Reproduktion der Sorgearbeitskraft« in Gefahr gerät. Dies führt – gemeinsam mit der geringen Vergütung – zu einem wachsenden Arbeitskräftemangel, der Versorgungslücken und Überlastungen wiederum verschärft. Überlastet sind zudem häufig auch diejenigen (hier wiederum stärker Frauen als Männer), die angesichts zunehmender räumlicher und zeitlicher Entgrenzungstendenzen (siehe Kap. V.1) jeweils individuelle Strategien und Arrangements der Vereinbarkeit zwischen den Lebensbereichen entwickeln müssen.

Bei alledem kündigt sich kein grundsätzlicher Umbruch in den Geschlechterverhältnissen an. Trotz der genannten tiefgreifenden Wandlungs- und Krisenprozesse ist die Aufteilung der Sorgearbeit zwischen den Genusgruppen weiterhin durch massive Ungleichheiten geprägt, die sich nur graduell verändern. Der Ausweitung weiblicher Erwerbsarbeit korrespondiert kein entsprechendes Engagement der Männer in der familiären Sorgearbeit. Auch die Tätigkeiten der bezahlten Sorgearbeit, etwa die Kranken- und Altenpflege und viel stärker noch der Erzieher:innenberuf oder die privat finanzierte häusliche Arbeit, bleiben ganz überwiegend »Frauenberufe«. Hinter der allgemeinen symbolischen Wertschätzung ihrer Tätigkeiten, sinnbildlich im öffentlichen Klatschen für die Krankenhausbeschäftigten während der Corona-Krise ausgedrückt, bleibt ihre monetäre Anerkennung erheblich zurück. So weit besteht Konsens in der Care-Arbeitsforschung.

VI.2 Arbeit und Emotionen

Allmählich öffnet sich die Arbeitsforschung für das Thema ›Emotionen‹ (Voß 2018: 54). Doch als Stichwort in den wichtigsten, deutschsprachigen Nachschlagewerken zu Arbeit fehlt es (Böhle et al. 2018; Bohn et al. 2023). Das ist erstaunlich, denkt man an den *affective turn*, der den Sozial- und Kulturwissenschaften seit geraumer Zeit attestiert wird (Gregg/Seigworth 2010; Neckel/Pritz 2019; Senge/Schützeichel 2013).

Emotionssoziologie und Affekttheorie

Als ein Vorläufer der soziologisch geprägten Emotionsforschung gilt der französische Soziologe Pierre Bourdieu (Neckel/Pritz 2019). Er prägte Formulierungen wie jene von der »Leib gewordene(n) Geschichte« (Bourdieu 1985: 69). Vereinfacht gesagt, lässt sich darunter die Einlagerung von Herrschaft im individuellen, menschlichen Körper verstehen. Emotionen sind demnach gewissermaßen ›eingekörpert‹ (»embodied«). Sie setzen die Menschen leiblich zueinander in Beziehung (Slaby/von Scheve 2019: 43). Neben Bourdieu knüpft die Emotionsforschung auch an Foucault und die ethnomethodologische Interaktionsanalyse an, insbesondere an Erving Goffmans Idee der sozialen »Gefühlsregeln« (Goffman 1986 [1967]). Demzufolge lassen sich *Emotionen* als sozialkulturelle Deutungen von bestimmten körperlichen Vorgängen, den *Gefühlen*, verstehen. Diese Deutungen verdichten sich zu »feeling rules«, die die Regeln und den Rahmen für legitime Emotionen vorgeben. Während Gefühle also als rein körperliche Vorgänge zu verstehen sind, gelten Emotionen als kulturell geprägte interpretative Akte gegenüber der erlebten Wirklichkeit (Neckel/Pritz 2019: 309). Zugespitzt gesagt: Gefühle sind körperliche Vorgänge, Emotionen ihre kulturelle Deutung. Sie geben wiederum kulturspezifisch vor, welche Gefühle als legitim, als angemessen gelten.[49]

Um den Zusammenhang von Arbeit und Emotionen zu untersuchen, bieten sich im Kern zwei theoretische Strömungen an – Emotionssoziologie auf der einen Seite, Affekttheorie auf der anderen. Sie haben unterschiedliche disziplinäre Ursprünge: Die *Emotionssoziologie* entstammt der sozialkonstruktivistischen Geschlechterforschung. Sie setzte zeitlich früher ein als die philosophisch geprägte *Affektforschung*, die einen zweiten, theoretischen Zugang zu Gefühlen bietet (Baier et al. 2014; Penz/Sauer 2016). Wenngleich beide Ansätze sich teilweise überschneiden (Penz/Sauer 2016), spielt in der philosophischen Ausprägung der Affektforschung das Thema Arbeit bzw. die Arbeit mit Gefühlen eine eher untergeordnete Rolle (Gregg 2009). Diese Forschungsrichtung bildet vor allem eine queertheoretische Erweiterung poststrukturalistischer Diskussionen über Kultur, Subjektivität, Identität und Körper (Gregg/Seigworth 2010;

Clough/Halley 2007). Affekte stellen nach dieser Auffassung körperliche Reaktionen zwischen Körpern dar, sie werden als »bodily capacities« verstanden (Ahmed 2004; Massumi 1995).

Eine Weichenstellung für den Aufschwung der soziologischen Befassung mit Emotionen vollzog sich in den frühen 1980er Jahren mit der Zeitdiagnose eines postmateriellen Wandels der spätmodernen Gesellschaften (Inglehart 1981). Im Zentrum dieser Analyse steht die Beobachtung, dass sich das Wertegefüge der spätmodernen Gesellschaft in der Nachkriegszeit veränderte. Das sich seit den 1960er Jahren milieuübergreifend verbreitende »postmaterialistische«, affektiv aufgeladene Arbeitsethos und damit die kulturelle Aufwertung von Expressivität, Authentizität, Originalität etc. werden überwiegend, insbesondere aus individualisierungstheoretischer Perspektive, als das Ergebnis eines gesamtgesellschaftlichen Wertewandels gesehen (Beck 1986). Beschrieben wird dieser »Wertewandel« oft als eine Verschiebung von Pflicht- und Akzeptanzwerten hin zu Selbstentfaltungswerten (Klages 1984; Hauff 2008; Kleemann 2012; Kleemann et al. 2002). Trotz wachsender sozioökonomischer Unsicherheiten maß eine steigende Anzahl der Gesellschaftsmitglieder kulturellen (postmateriellen) Werten, wie sie sich beispielsweise in der Ästhetisierung des Alltags manifestierten, eine wachsende Bedeutung bei (Schulze 2005). Immer weitere Bereiche des Lebens wurden kulturalisiert bzw. mit neuen symbolischen Werten aufgeladen, so auch die Arbeit, wie besonders prägnant und folgenreich Ulrich Beck (1986) in seiner Individualisierungsthese formulierte. Eine Voraussetzung dafür bildeten die Wohlstands- und Sicherheitszuwächse zu Zeiten des »Wirtschaftswunders« der 1950er und 1960er Jahre. Im Bild des »Fahrstuhleffekts« beschrieb Beck neue soziokulturelle Entfaltungsmöglichkeiten als »Freisetzungsschub [...] unter Voraussetzung der Teilhabe an Erwerbsarbeit« (ebd.: 124). Erwerbsarbeit wurde auf eine veränderte Weise subjektiviert und kulturell wahrgenommen. Sie wurde als Ressource für die Befriedigung auch soziokultureller Bedürfnisse bedeutsamer, wofür das Konzept der normativen Subjektivierung von Arbeit exemplarisch steht.

Studien und Konzepte zu Emotionen und Arbeit

Den Anstoß für die soziologische Analyse des Zusammenhangs von *Arbeit und Emotionen* lieferte Arlie R. Hochschilds Studie *The Managed Heart*, deutsch *Das gekaufte Herz* (Hochschild 1990, 2006). Hochschilds Studie gilt als moderner Klassiker der Sozialforschung (Neckel 2013: 168; Schützeichel 2006; Senge/Schützeichel 2013). *The Managed Heart* beleuchtet die Emotionsarbeit von Flugbegleiterinnen als Zusammenhang von Dienstleistungsarbeit und Gefühlskontrolle. Anknüpfend an ethnomethodologische Ideen der Interaktionsanalyse und in Übereinstimmung mit differenztheoretischen Ansätzen der Frauenforschung (der 1970er bis 1980er Jahre) fasst Hochschild die Arbeit von Flugbegleiter:innen als eine spezifische »Frauenarbeit«. Dabei geht sie davon aus, dass die qua Sozialisation erworbenen zwischenmenschlichen Ressourcen von Frauen, gewissermaßen ihr weibliches Arbeitsvermögen, kapitalistisch verwertet werden (siehe Kap. IV.4). Ihrem Ansatz liegt die konstruktivistische Annahme zugrunde, dass Menschen fähig sind, die Darstellung ihrer Emotionen zu steuern und damit andere zu beeindrucken. Emotionsarbeit versteht sie als »Management(s) der Gefühle, das darauf bedacht ist, einen öffentlich sichtbaren Körper- und Emotionsausdruck herzustellen« (Hochschild 1990: 30). Hochschild unterscheidet zwischen Emotionsarbeit im Privaten (»emotion work«) und am Arbeitsplatz (»emotional labor«). Um ihre jeweilige Rationalität zu beurteilen, greift sie auf das Marx'sche Spannungsfeld von Tauschwert versus Gebrauchswert zurück (siehe Kap. III.1).

In der Privatsphäre habe Gefühlsarbeit Gebrauchswertcharakter, in der betrieblichen Sphäre würden Gefühle zum Tauschwert, zur Ware. Ihre ›Verkäufer:innen‹ müssen ihr Selbst bzw. ihr »Heart« so managen, dass die Gefühle echt (›authentisch‹) erscheinen und eine Dienstleistungsfunktion erfüllen.

Hochschilds Studie war »bahnbrechend« (Dunkel/Weihrich 2018: 210), sie formulierte erstmals eine Kritik an der Kommodifizierung von Gefühlen und stellt den Ausgangspunkt dar, um die Ökonomisierung von Gefühlen in der zeitgenössischen (postfordistischen) Arbeitswelt zu analysieren (Neckel 2013; Penz/Sauer 2016). Doch es gab auch Kritik. Aus geschlechtertheoretischer Sicht werden in ihrer Deutung von Gefühlsarbeit Anflüge einer Essenzialisierung als Ausbeutungsmodus »des weiblichen Sozialcharakters« (Knapp 2012) gesehen. Gemeint ist damit, dass Frauen unter der Hand ein »Geschlechtscharakter« (Hausen 1976) zugeschrieben wird, der in der Emotionsarbeit von Dritten (dem Arbeitgeber bzw. dem Arbeitsregime) ausgebeutet werde. In Verfolgung ihrer Absicht, die Ware Gefühl in modernen Dienstleistungsarbeitsverhältnissen zu kritisieren, charakterisiere sie Frauen zugleich als idealtypische emotionale Wesen (Penz/Sauer 2016; Sauerborn 2019). Als unbeabsichtigte Nebenfolge trage Hochschild somit zu einer strukturkonservierenden Perspektive auf Geschlecht als binäres Konzept bei (Kap. III.4). Davon unberührt bleibt freilich die Erkenntnis, dass »Emotionsarbeit [...] die Arbeit an und mit Gefühlen zugunsten betrieblicher Zwecke« darstellt (Sauerborn 2019: 14).

Als (ideal)typisch für die emotionale Rahmung der *postindustriellen* Arbeitswelt im 21. Jahrhundert gilt die Kreativökonomie. Seit den 2000er Jahren stellt sie eine Art Blaupause für die Diagnose einer emotionalen Aufladung von Erwerbsarbeit dar (Boltanski/Chiapello 1999; Cunningham/Craig 2019; Duffy 2017; Reckwitz 2017). Das besondere Kennzeichen der Arbeit im Kultur- und Kreativsektor ist ihre Widersprüchlichkeit: Sie ist einerseits stark subjektiviert und affektiv aufgeladen, andererseits oft prekär (Gill/Pratt 2008; Manske 2007, 2016; Manske/Schnell 2018).

Die britische Kulturwissenschaftlerin Angela McRobbie spricht von »passionate work«, um die Ambivalenzen einer emotional aufgeladenen Erwerbsarbeit zwischen Leidenschaft und Prekarität (auch) als Arbeitsweise mit einer geschlechtsspezifischen Logik zu markieren (McRobbie 2016). Sie argumentiert in Anlehnung an Michel Foucault sowie Pierre Bourdieu, dass Passion in der Arbeit eine Form der Selbststeuerung (self-governance) im Rahmen eines projektgetriebenen und neoliberalen Arbeitsregimes sei, das im Endeffekt der Verschleierung von prekärer Arbeit diene (siehe Kap. V.3). Insbesondere in den urbanen, weiblich dominierten, prekär verfassten Kreativindustrien wie z. B. in der Modebranche greife »passionate work«, und zwar nicht zuletzt in Anknüpfung an geschlechtsspezifische Arbeitsmarkt- und Sozialisationsmuster des »weiblichen Arbeitsvermögens«. Von daher sei affektiv aufgeladene, auf Selbstverwirklichung zielende Arbeit Bestandteil einer zeithistorisch formierten Verfestigung von Geschlechterungleichheiten.

Das Konzept der »passionate work« stellt nicht zuletzt eine feministische Gegenposition zu einem weiteren Konzept der »Gefühlsarbeit« dar, das sich in den 2000er Jahren in neomarxistischen Kreisen innerhalb wie außerhalb der Wissenschaft großer Beliebtheit erfreute: dem Konzept affektiver Arbeit (Hardt/Negri 2000, 2004). Hardt und Negri, die den italienischen Post-Operaisten nahestehen, einer sich selbst am Kreuzungspunkt zwischen Arbeiterbewegung und Wissenschaftsdisziplin verortenden Gruppierung, legten mit den Büchern *Empire* (2003) und *Multitude* (2005) ein Interpretationsangebot von affektiver Arbeit vor. Ihr Ziel war es, eine zeitgemäße, nicht-orthodoxe, (post-)marxistische Denkschule zu etablieren, indem sie von Marx aufgeworfene Probleme, insbesondere die kapitalistische Mehrwertproduktion, unter Rekurs auf Foucaults gouvernementalitätstheoretischen Ansatz zu beantworten versuchten (Birkner/Foltin 2010; Pieper et al. 2011). Ihr zeitdiagnostisches Thema war der sogenannte »kognitive Kapitalismus«, ein Begriff, der aus heutiger Sicht frühen Theorieansätzen der Digitalisierung der Arbeitswelt zuzuordnen ist (siehe Kap. VI.4). In einer digital geprägten Arbeitswelt spiele affektive Arbeit neben informatisierter Fabrikarbeit und symbolisch-analytischer Dienstleistungsarbeit eine zentrale Rolle (Hardt 1999: 90). »Affective Labor« habe demnach im Gegenwartskapitalismus einen sozialen Wandel durchlaufen (Hardt 1999). Doch was versteht Hardt unter affektiver Arbeit? Er lehnt sich an ein feministisches Grundverständnis an, das er »labor in the bodily mode« (ebd.: 96) nennt. *Arbeit im Modus des Körpers* sei jede Form von Care- und Sorgearbeit, Pflege und »maternal activities« (ebd.: 97). Dieses Verständnis von Emotionsarbeit unterscheidet sich markant von jenem von Hochschild (1990), da es Hardt weniger um eine instrumentelle Nutzung emotionaler Ressourcen des Selbst geht, sondern vielmehr um eine Verallgemeinerung weiblich gelesener Charaktereigenschaften und Tätigkeitsprofile, die sich zu einer kapitalistischen Verwertungsressource wandeln. Die Arbeit als solche sei daher nicht neu, neu sei vielmehr ihre kapitalistische Verwertung. Denn der Kapitalismus habe affektive Arbeit internalisiert und zu einer wertsteigernden Arbeitsform gemacht (Hardt 1999: 90).

Obwohl dieses Konzept Anleihen bei feministischen Grundannahmen macht, ist es in der geschlechtertheoretischen Arbeitsforschung kaum rezipiert worden. Das mag auf den ersten Blick erstaunen, lässt sich indes darauf zurückführen, dass Hardt auf Basis eines reduzierten Begriffs- und Theorieverständnisses von Geschlechtern und ihrer Arbeit argumentiert. Er operiert mit einem undifferenzierten Bild von Frauenarbeit sowie mit dualistischen Genderkonzeptionen, die in differenztheoretischen Zugängen der späten 1970er Jahre wurzeln (Smith 1987). Obgleich deren binäre Codes in den 1990er Jahren in der Geschlechterforschung nicht mehr fraglos galten, können sie einige der Verkürzungen im Konzept der affektiven Arbeit von Hardt erklären.

So erscheinen zwischenmenschliche Kontakte bei Hardt als nicht-hierarchisch, weshalb Reproduktionsarbeit gewissermaßen als antikapitalistisches Refugium fungiert (Schultz 2011: 135). Darüber hinaus unterliegt dem Konzept ein *male bias*: Ihm liegt der implizite Fokus des männlichen (Industrie-)Arbeiters zugrunde, sodass Klasse gegenüber Geschlecht priorisiert wird (McRobbie 2016: 100), während zugleich auf Basis einer »Sociology for Women« (Smith 1987) argumentiert wird. Zum Tragen kommt darin eine traditionelle marxistische Perspektive, die aus feministischer Perspektive bereits in den 1970er und 1980er Jahren als verkürzt kritisiert wurde (Kap. III.4, IV.2). Affektive Arbeit erscheint hier also auf merkwürdige Weise geschlechtsblind.

Auch Eva Illouz vertritt einen viel beachteten Ansatz für die Rolle von Gefühlen im Kapitalismus (Illouz 2007, 2018a). Wie Hardt (1999) fragt Illouz nach der Warenförmigkeit von Gefühlen. Dabei knüpft sie jedoch nicht an die italienischen Post-Operaisten an. Vielmehr führt sie die emotionssoziologischen Thesen Hochschilds weiter. Dabei fokussiert sie unterschiedliche gesellschaftliche Kontexte. So inspiziert sie beispielsweise die geschlechtsspezifischen Seiten von Liebesgefühlen in *Warum Liebe weh tut* und *Warum Liebe endet* (Illouz 2011, 2018b). Während Illouz in den ›Liebesbüchern‹ die Emotionsbeziehungen von Männern und Frauen als Machtbeziehungen im Rahmen von heteronormativen Arrangements der kapitalistischen Gesellschaftsform analysiert (Butler 1991; Rich 2020 [1980]), nimmt sie an anderer Stelle Gefühlsregeln auf betrieblich-organisatorischer Ebene im postfordistischen Regime in den Blick (Illouz 2007). Insbesondere letztere Studien sind für unser Thema relevant. Denn mit der Betrachtung von Emotionen auf (arbeits-) organisatorischer Ebene hat Illouz einen Forschungszweig zur Emotionalisierung von Organisationen befruchtet (Sauerborn 2019; Senge/Zink 2019).

Illouz hat, ähnlich wie Boltanski und Chiapello (1999) oder Bröckling (2007), psychologische Ratgeberliteratur analysiert und übt auf dieser Basis Ideologiekritik an emotionalisierenden Führungskonzepten. Ihr zufolge erscheinen darin traditionell konfliktive Koordinationsformen der Konkurrenz und Hierarchie nicht mehr als soziale Konflikte, sondern als Prozesse des wechselseitigen Fühlens. Eine »kommunikative Ethik« bilde den Kern einer Managementstrategie, die als emotional geprägter Führungsstil erscheint. Dadurch werde bei den Beschäftigten der Irrglaube erzeugt, dass die »machtverzerrten Beziehungen zwischen Managern und Arbeitern demokratisiert« seien (Illouz 2007: 32). In der Arbeitswelt habe sich ein neuartiger ökonomischer und arbeitsorganisatorischer Zugriff auf Gefühle durchgesetzt. Er trage durch eine gefühlsbetonte Ethik der Arbeitsbeziehungen zu einer Verklärung ökonomischer Machtverhältnisse bei (Koppetsch 2006; Manske 2021b).

Vor diesem Hintergrund lässt sich auch das industriesoziologische Konzept der betrieblichen Sozialordnung von Hermann Kotthoff und Josef Reindl lesen (Kotthoff/Reindl 1990). Obwohl sich die beiden Autoren nicht als Emotionssoziologen verstehen, untersuchten sie die Rolle von Emotionen, wenn auch eher auf indirekte Weise bzw. im theoretischen Kontext des klassisch soziologischen Dualismus von Gemeinschaft und Gesellschaft. Emotionen prägen Arbeitsbeziehungen. Die Autoren machen unterschiedlich emotionalisierte Arbeitsbeziehungen entlang von Gemeinschaft versus Gesellschaft und entlang von Betriebsgrößen und ihren je spezifischen Regimen aus. Kotthoff und Reindl zufolge werden handwerklich geprägte Betriebe von den Beschäftigten eher als emotionale Produktionsgemeinschaften erfahren, während große Unternehmen im Zweifel als »seelenlose Arbeitshäuser« wahrgenommen werden. Unterschieden wird hierbei also ein Emotionshaushalt von Klein- und Großbetrieben, wobei eine emotional positiv vergemeinschaftende Funktion in kleinen Betrieben mit (potenziell) negativen emotionalen Erfahrungen in Großbetrieben kontrastiert wird.

Fazit: Geschlechtertheoretischer Ansatz als Impulsgeber

Zusammenfassend ist festzuhalten, dass Emotionen zunehmend ein Thema der Arbeitsforschung werden. Besonders interessant ist die theoretische Genese, da sie quasi eine Spiegelverkehrung zur konventionellen Arbeitsforschung darstellt. Hier war es nicht so, dass ein etabliertes Thema der Arbeitsforschung durch Interventionen der Geschlechterforschung irritiert und letztlich bereichert wurde. Vielmehr ist die Theorie der Emotionen in der Arbeit erst durch Hochschilds geschlechtertheoretisch angelegte Analyse als eigenes Thema in der Arbeitsforschung begründet worden. Sie stellt theoretisches Besteck in Form von Begriffen, Blickrichtungen und Argumentationen zur Verfügung und eröffnet somit neue Einsichten in den Untersuchungsgegenstand ›Arbeit‹. Zugleich zeigt der punktuelle Durchgang durch die Literatur, dass der Zusammenhang von Erwerbsarbeit und Emotionen nicht erst mit der Etablierung der Emotionssoziologie einsetzte. Vielmehr gab es bereits vorher vereinzelte Untersuchungen, die etwa die arbeitsorganisatorische Bedeutung von Emotionen beleuchtet haben, wie die Studie von Kotthoff und Reindl zeigt.

Dagegen wird seit der 2010er-Dekade konstatiert, dass die Transformation der Arbeitswelt mit einem Wandel ihrer emotionalen Verhältnisse einhergeht. Gefühle haben demnach in der Arbeitswelt der Gegenwartsgesellschaft nicht nur Produkt- und Warencharakter, sondern werden zunehmend arbeitsorganisatorisch vereinnahmt und verwertet. Folgt man diesen Zeitdiagnosen, präsentiert sich die postindustrielle Arbeits- und Wirtschaftswelt jedenfalls als spezifisch emotionalisiert und affektiv anders aufgeladen als der auf sachliche Rationalität setzende Industrialismus des 20. Jahrhunderts.

VI.3 Hybride Arbeit

Die Ausdehnung von hybrider Arbeit kennzeichnet die arbeitsgesellschaftliche Epoche ab etwa Mitte der 1990er Jahre. Es geht hierbei um das Phänomen, dass eine steigende Anzahl von Menschen mehr als einer Erwerbsarbeit nachgeht. Im Fokus steht dabei ebenso, welche ökonomischen und sozialen Folgen hybride Arbeit hat – und wie die arbeitsgesellschaftlichen Wandlungsprozesse seit den 1980er Jahren zu dieser neuerlichen Flexibilisierung von Arbeit beigetragen haben. Der Mikrozensus definiert hybride Erwerbstätigkeit als Arbeit, in der die betreffende Erwerbsperson mindestens zwei Erwerbstätigkeiten nachgeht, wovon mindestens eine selbstständig ausgeübt wird (Datenreport 2021; vgl. Gruber 2019: 516).[50] Zentrales Merkmal von hybrider Arbeit ist, dass sie nicht eindeutig, sondern von zweifacher Herkunft ist und diese Bestandteile sich zu etwas Neuem vermischen. Im Allgemeinen werden als »hybrid« soziale Dinge, Sachverhalte oder Formen bezeichnet, die aus einer Vermischung verschiedener Entitäten oder Fragmenten bestehen und deshalb nicht eindeutig zu klassifizieren sind. Im *Duden* heißt es dazu: »aus Verschiedenartigem zusammengesetzt, von zweierlei Herkunft; gemischt; zwitterhaft«.

Auf die Arbeitswelt übertragen bedeutet das, dass sich in hybrider Arbeit unterschiedliche Arbeits- und Erwerbsformen vermischen, nämlich selbstständige und abhängige Arbeit. Hybride Arbeitsverhältnisse entfalten sich im Spannungsfeld von abhängiger und selbstständiger Erwerbsarbeit. Der Prozess der *Erwerbshybridisierung* ist ein Bestandteil der Flexibilisierung von Arbeit, die allgemein seit den 1980er und verstärkt seit den 1990er Jahren thematisiert wird, etwa unter dem Stichwort des »flexiblen Menschen« (Sennett 1998). Allerdings war das Phänomen als solches bereits Mitte der 1970er Jahre bekannt. Denn für die Kulturberufe stellten etwa Karla Fohrbeck und Andreas Wiesand schon 1975 fest, dass Künstler:innen ihr Portfolio oft zwischen Haupt- und Nebenberuf aufteilen mussten, um ihre wirtschaftliche Existenz zu sichern und gleichzeitig ihrer künstlerischen Tätigkeit nachzugehen (Manske/Schnell 2018). Allerdings schien das Phänomen damals auf den als Arbeitsmarktnische betrachteten Kulturarbeitsmarkt begrenzt, während es von heute aus als ein Vorbote allgemeinerer Entwicklungen gesehen werden kann.

Hybride Arbeit – Begriffliche Lesarten

Bezieht man das bisher Gesagte auf die Theorien der Arbeit, dann stellt hybride Arbeit im Kern eine Entgrenzung von abhängiger und selbstständiger Arbeit dar (Kap. V.1). Denn sie fügt diese beiden Erwerbsformen und deren Strukturen neu zusammen. Diese Re-Konfiguration von Arbeit lässt sich grob als Flexibilisierung unterschiedlicher Ebenen verstehen. Sie bringt einen unsteten Erwerbsstatus hervor – sei es, dass der (solo-)selbstständige Erwerbsstatus labil wird oder der abhängige Beschäftigungsstatus. Aus einem stärker subjektorientierten Blickwinkel geht es um eine Entgrenzung und ›Vermischung‹ von Arbeitserfahrungen, die früher entweder für die Selbstständigkeit oder für die abhängige Beschäftigung typisch waren. Hybride Arbeitsverhältnisse stellen daher bisherige Denkmuster der (industriegesellschaftlich geprägten) Arbeit und die Grundpfeiler ihrer sozialen Ordnung infrage: Angefochten wird das Nachdenken über Arbeit in binären Kategorien – hier Arbeitnehmende, dort Selbstständige, hier Unternehmer, dort Angestellte –, indem sich immer mehr Grau- und Zwischenzonen herausbilden. Insbesondere steht damit die Vorherrschaft des Lohnarbeitsmodells als Idealtypus einmal mehr in Zweifel (Murgia/Pulignano 2021: 1352). Zugleich unterstreicht der Diskurs auch, dass selbstständige Arbeit ebenfalls eine weitere Flexibilisierung, eine poröse Entgrenzung erfährt.

Bereits seit Ende der 1990er Jahre wird von »hybrider Selbstständigkeit« gesprochen – ohne dass der Terminus systematisch bestimmt worden wäre. Zunächst tauchte er in Untersuchungen über den Kultur- und Mediensektor auf (Gottschall 1999). Damals bestand das Neue darin, dass der Arbeitnehmendenstatus aufgeweicht und in eine tarifpolitisch regulierte neue Erwerbsform verwandelt wurde, nämlich in den arbeitnehmerähnlichen Status, etwa von Beschäftigten der Fernseh- und Medienbranche, die als »feste Freie« auf Basis eines arbeitnehmerähnlichen Status im Sinne von §12a Tarifvertragsgesetz (TVG) beschäftigt sind (Gottschall 1999). An diesem Beispiel wird deutlich, dass der Begriff der hybriden Arbeit schon früh genutzt wurde, um arbeitspolitische Regulationsmuster zu beschreiben.

Sodann wurde mit »hybrid« eine »Selbstständigkeit auf Zeit« umschrieben und darunter eine befristete Erwerbspassage verstanden (Egbringhoff 2007: 345). In diesem Kontext wird primär eine Vermischung von Erwerbsformen begrifflich erkennbar gemacht (Fachinger 2018; Graf et al. 2019). Dabei fügt sich diese Lesart zu der Frage, ob Solo-Selbstständige ihren Erwerbsstatus eher als Übergang in eine andere Beschäftigungsform oder als dauerhafte Erwerbsform erleben (vgl. Koch et al. 2011). In dieser Lesart wird hybride Arbeit weniger als eine neue Ausprägung von Arbeit betrachtet, sondern kurzerhand zu einem erwerbsbiografischen Übergang erklärt, der bei der nächstbesten Gelegenheit zugunsten einer abhängigen Beschäftigung wieder aufgegeben werde. Diese Fassung steht somit deutlich in der Tradition des Normalarbeitsverhältnisses als normatives Leitbild (Mückenberger 1985).

Eine andere Lesart trennt sich sukzessive von diesem Leitbild. Sie annonciert mehrgleisige Erwerbskarrieren nicht als Übergangsphänomen von einem Zustand in den anderen, sondern als eine auf Dauer gestellte Mehrgleisigkeit. So machte Sigrid Betzelt (2006) auf mehrgleisige Karrieren von Designer:innen aufmerksam. Carroll Haak (2008) konstatierte in ihrer Untersuchung über Risikostrukturen auf Künstlerarbeitsmärkten, dass sich insbesondere freie und solo-selbstständig tätige Künstler:innen in einer Grauzone von abhängiger und selbstständiger Arbeit bewegen. Dieter Bögenhold und Uwe Fachinger (2012) wiesen auf den Einkommensmix hin, der für Journalist:innen aus ihren hybriden Arbeitsarrangements resultiert. Ebenfalls mit Blick auf die Designbranche definierte Alexandra Manske (2015) hybride Arbeit als Erwerbssituation, in der Kulturschaffende zunehmend episodisch arbeiten, wobei in diesen Episoden selbstständige und abhängige Arbeit gleichzeitig oder nacheinander vorkommen.

Andere theoretische Beiträge sind von der postkolonialen Perspektive der Kulturwissenschaften inspiriert. Hier geht es vor allem um kulturelle Fragen der Arbeitsorientierung und folglich stärker um arbeitsethische Fragen, die als ein Phänomen des sozialen Wandels von Macht und Herrschaft in der Arbeitswelt beleuchtet werden. Einen zentralen Anknüpfungspunkt hierfür bieten die Postcolonial Studies, vor allem der US-Literaturwissenschaftler und Kulturtheoretiker Homi K. Bhabha (Bhabha 2000). Im Zentrum seines Konzepts der Hybridität steht die Annahme, dass sich die kulturelle Identität von Kolonialmächten und Kolonialisierten gegenseitig befruchteten, sodass von einer hybriden kulturellen Identität gesprochen werden müsse. Ziel einer solchen Analyse kolonialer Diskurse ist es, »Zwischenraum-Phänomene in den Blick zu nehmen« (Struve 2013: 18) und ihr Potenzial auszuloten. So konstatieren Lena Schürmann und Claudia Gather (2018) sowie Alexandra Manske (2016b), dass der Terminus »Erwerbshybridisierung« den in den Cultural und Postcolonial Studies geläufigen Begriff des Hybriden aufgreife, der die Vorstellung einer einheitlichen, reinen Kultur kritisiert (Bhabha 2000). Die Neuartigkeit von hybrider Arbeit lasse sich demnach als ein Phänomen sich verändernder Macht- und Herrschaftskonfigurationen verstehen, in deren Verlauf sich unbestimmte soziale Zwischenräume bilden, die neue Anforderungen an die Arbeitenden stellen, sowohl ihren alltäglichen Arbeitsalltag als auch ihre Erwerbsbiografie zu gestalten.

Schließlich wird hybride Arbeit auch in Bezug auf den Erwerbsverlauf betrachtet. Umschrieben wird damit sowohl das »Phänomen, dass die individuelle Erwerbsbiografie verschiedene, aufeinander folgende Phasen von abhängiger Erwerbstätigkeit und Selbstständigkeit aufweist (die ›serielle Erwerbshybridisierung‹), als auch Mehrfachbeschäftigungen und Kombinationen von abhängiger und selbstständiger Erwerbstätigkeit im selben Zeitraum (›synchrone Erwerbshybridisierung‹)«. Von hybrider Selbstständigkeit ist auszugehen, wenn die individuelle Erwerbsbiografie aufeinanderfolgende Phasen von abhängiger und selbstständiger Erwerbsarbeit durchläuft (Bührmann et al. 2018: 3).

Schrittmacher der Erwerbshybridisierung ist der Dienstleistungsbereich. In Deutschland arbeiteten im Jahr 2016 8,4 Prozent aller Erwerbstätigen hybrid – und zwar vorwiegend in den freiberuflichen Dienstleistungen, Bildung und Ausbildung, Gesundheits- und Sozialwesen sowie Kunst und Unterhaltung (Kay et al. 2018: 28, 46). So geben die in Bögenhold, Fachinger (2016), Gather et al. (2014) sowie in Bührmann et al. (2018) kompilierten Untersuchungsergebnisse aus z. B. dem Gesundheitssektor und dem Kultur- und Mediensektor differenzierte Einblicke in Strukturen und Prozesse von selbstständiger Arbeit und in den Arbeitsalltag von hybrid Arbeitenden. Aus empirischer Sicht stellt sich die Frage, wie die Verknüpfung von abhängiger und selbstständiger Arbeit auf individueller Ebene sowie im Familien- und Haushaltskontext möglich ist und welche Handlungsspielräume etwa die Strukturen des jeweiligen Berufsfeldes lassen (Schürmann/Gather 2018). Denn obwohl es sich um einen männlich dominierten Bereich handelt, steigt die Anzahl der weiblichen hybriden Selbstständigen konstant an (z. B. zwischen 2011 und 2015 um mehr als 21 Prozent) (Butkowski et al. 2022).

Hybridarbeit wird auch von hochqualifizierten Beschäftigten ausgeübt, die nebenbei unternehmerisch tätig sind, etwa gut situierte Professor:innen, die nebenbei unternehmerische Beratungstätigkeiten ausführen. Das interessanteste Muster ist jedoch, dass vor allem Solo-Selbstständige für hybride Arbeit prädisponiert sind (Pongratz/Bührmann 2018; Murgia et al. 2020). Inzwischen übersteigt die Anzahl hybrider Selbstständiger, also jener, die selbstständige und abhängige Arbeit verknüpfen, die Quote der reinen Selbstständigen (Butkowski et al. 2022: 12).

Eine neue Qualität von Arbeit

Das zeithistorisch Typische von hybrider Arbeit ist, dass sie eine Vermischung von traditionell gegensätzlichen Erwerbsformen bzw. eine Verkettung verschiedener Beschäftigungsverhältnisse darstellt. Sie impliziert eine zunehmende Planungsunsicherheit des Lebensverlaufs, aber auch der Alltagsorganisation. Ein auffälliges Merkmal ist die Fragmentierung von Erwerbsbiografien, die notwendigerweise mit hybrider Arbeit und ihrem instabilen Erwerbsstatus einhergeht. Auf den Begriff gebracht werden mit dieser Beschreibung die Effekte einer neuen Phase der Flexibilisierung von Arbeit auf Lebensläufe (vgl. Kap. V.4), die zunehmend episodisch strukturiert sind. Damit stellt die Hybridisierung der Arbeit die althergebrachten (»hegemonialen«) Narrative und kulturellen Deutungsvorräte über Arbeit, Beschäftigung und Selbstständigkeit infrage.

Einfache Schwarz-Weiß-Dichotomien von abhängiger oder selbstständiger Erwerbstätigkeit verlieren daher zunehmend an Relevanz, denn eine steigende Anzahl von erwerbstätigen Menschen ist nicht entweder abhängig beschäftigt oder selbstständig tätig, sondern beides zugleich oder nacheinander. Hierin kristallisiert sich eine neue Qualität von Erwerbsarbeit heraus, die Unsicherheiten und Komplexitätssteigerungen sowohl auf der Ebene der alltäglichen Lebensführung als auch auf der Ebene des gesamten Lebensverlaufs bereithält. Zudem fordern mehrgleisige Erwerbskarrieren die Systeme der sozialen Sicherung heraus, da sie eindrucksvoll belegen, dass der für die Sozialversicherung relevante »Normallebensverlauf« für eine steigende Anzahl an Erwerbstätigen nicht mehr Realität ist. Diese postindustriellen Entwicklungsdynamiken unterstreichen, dass die wohlfahrtsstaatliche Annahme des »Normalarbeitnehmers« sowie die idealtypische arbeitsrechtliche Konstruktion von »Arbeitnehmer versus Unternehmer« schon länger an Erklärungskraft verloren haben (Bührmann et al. 2018). Dass sich darin ein nächster Meilenstein im Strukturwandel von Arbeit manifestiert, wird auch in der internationalen Diskussion um hybride Arbeit deutlich (z. B. Piro et al. 2023).

VI.4 Digitalisierung von Arbeit

Die große sowohl in der Öffentlichkeit wie auch in der Wissenschaft geführte Debatte, die um das Schlagwort ›Digitalisierung‹ kreist, begann eigenartigerweise erst Jahrzehnte nach den soziotechnischen Entwicklungen, die man im Alltagsverständnis hinter diesem Begriff vermuten würde. Dem Wortsinn nach heißt Digitalisierung die Umstellung von bislang analog verarbeiteten Informationen (also solchen, die kontinuierliche Werte annehmen können oder die sich überhaupt einer präzisen Quantifizierung entziehen) auf das binäre Format von 0 und 1. Sieht man von frühen Beispielen einer Art Lochkartentechnik ab, wie sie etwa die Jacquard Musterwebmaschine von 1805 nutzte, dann beginnt das digitale Zeitalter mit dem wachsenden Einsatz von Computern, zunächst in der (auch Industrie-)Verwaltung in Form von Großrechnern, später auch in der Industrieproduktion in Gestalt von CNC-Maschinen (Computerized Numerical Control) und von elektronischen Produktionsplanungs- und -steuerungssystemen seit den 1970er Jahren. Das nachfolgende Jahrzehnt brachte die Ausbreitung von Personal Computern an Einzelarbeitsplätzen sowie das Computer-Aided Design (CAD), das manuelle Entwurfs- und Zeichnungsarbeiten zunehmend ersetzte. In den 1980er Jahren entstanden auch erste Experimente mit der Vollautomatisierung in der Produktion (Computer Integrated Manufacturing, CIM), die allerdings überwiegend scheiterten und sogenannte CIM-Ruinen hinterließen. Die 1990er Jahre waren geprägt von der Ausbreitung von Vernetzungstechnologien, die Kommunikation und Steuerung über weite räumliche Distanzen ermöglichten und damit die Transnationalisierung von Produktionsketten und globale Kooperationen vorantrieben. In diesem Jahrzehnt begann auch die Nutzung des Internets für private Haushalte Verbreitung zu finden.

Wenn aktuell von »Digitalisierung« gesprochen wird, sind damit zumeist erst die Entwicklungen seit der Jahrtausendwende gemeint: die Transformation des Internets von einer stark asymmetrischen Angebots- und Rezipientenstruktur zum interaktiven ›Web 2.0‹, das Verschmelzen von materiellen Artefakten und immaterieller Kommunikationstechnik (»Cyber-physical Systems«) sowie die eigenständige digitale Vernetzung und Kommunikation von Maschinen und Rechnern ohne Zutun der Menschen (»Internet der Dinge«), zudem neue Formen des Einsatzes von Künstlicher Intelligenz (z.B. in Form von »deep learning«).

Technikzentrierte Deutungen

In der im engeren Sinne akademisch-sozialwissenschaftlichen Diskussion um Arbeit und Technisierung wird (schon fast inflationär) häufig betont, dass wir es mit »soziotechnischen« Entwicklungsprozessen zu tun haben, keineswegs mit bloßen »sozialen Folgen« einer als autonom verstandenen, eigendynamischen technischen Entwicklung.[51] Diese Erkenntnis scheint in den Wirtschafts- und Technikwissenschaften, zumindest in ihren für die breitere Öffentlichkeit popularisierten Studien, allerdings noch nicht ganz angekommen zu sein. Zwei einflussreiche Beispiele für den in diesen Bereichen dominierenden technikzentristischen Digitalisierungsdiskurs seien hier herausgegriffen. Für die Wirtschaftswissenschaftler *Erik Brynjolfsson* und *Andrew*

McAfee (2014) bricht mit der Digitalisierung das »Second Machine Age« an. Sie markiert einen technischen Einschnitt, der nur mit der Industrialisierung im 18. und 19. Jahrhundert verglichen werden kann. Um diese These zu untermauern, führen sie eine Vielzahl von Innovationen an, die beispielhaft den disruptiven Charakter des Wandels belegen sollen. Diese durchaus eindrucksvollen Schilderungen sind ein gutes Beispiel für das, was man »technikmythologische Erzählungen« nennen könnte, wie sie beständig durch den technikzentristischen Diskurs geistern. Dazu zählt etwa die Schilderung der »Grand Challenge« der Defense Advanced Research Projects Agency des US-Verteidigungsministeriums, bei dem im Jahr 2004 199 Teams in einem Rennen für autonome Fahrzeuge angetreten waren, von denen das beste aber nur 14 der 241 Kilometer langen Strecke geschafft hatte – nur wenige Jahre später steht das autonome Fahren vor der Marktreife. Eine andere häufig vorgebrachte Schilderung ist der erste Sieg eines Rechners, der durch eine selbstlernende künstliche Intelligenz angetrieben wird, im Spiel Go in einem Turnier gegen professionelle Spieler im Jahr 2016 oder der Sieg von IBM-Watson im Jeopardy!-Quiz. Insgesamt, so die Bilanz von Brynjolfsson und McAfee, sei Digitalisierung zwar ein längerfristiger technischer Entwicklungsprozess, habe aber in den letzten Jahren eine neue Qualität gewonnen: »Nach langer allmählicher Entwicklung macht der digitale Fortschritt plötzlich einen großen Sprung. So war es in vielen Sparten, von künstlicher Intelligenz über selbstfahrende Autos bis hin zu Robotik« (ebd.: 51). Einer solchen These widersprechen genauere historisch-sozialwissenschaftliche Analysen. Der Soziologe Ulrich Dolata zeichnet die längerfristigen »Such- und Selektionsvorgänge« in soziotechnischen Transformationsprozessen nach und konstatiert: »Das, was nach zehn, fünfzehn oder zwanzig Jahren als radikaler sektoraler Umbruch erscheint, ist das Ergebnis einer längeren Neustrukturierung, die durch eine Vielzahl mehr oder minder stark aufeinander bezogener Veränderungsschritte geprägt wird.« (Dolata 2011: 124)

Eine gegenüber Brynjolfsson und McAfee etwas differenziertere, gleichwohl ebenfalls nicht ganz unbescheidene Periodisierung wird im Konstrukt *Industrie 4.0* angeboten (Kagermann et al. 2011; acatech 2013). Die erste Industrielle Revolution sei geprägt durch wasser- und dampfkraftgetriebene mechanische Produktionsanlagen, die zweite durch Massenproduktion, die auf fortschreitender Arbeitsteilung und Elektrifizierung basiert, die dritte durch Informationstechnik und die Automatisierung der Produktion. Die vierte Industrielle Revolution, die sich gegenwärtig vollzieht, basiere auf »Cyber-physical Systems«. Ziel dieses Phasenmodells ist nicht in erster Linie eine wissenschaftlich-analytische Unterscheidung, sondern das Formulieren eines technikgeschichtlichen Hintergrunds, um die Vorzüge und Marktchancen der aktuellen Technologien stärker herausstellen zu können. Entsprechend sind die »Erfinder« des Begriffs Industrie 4.0 und die weiteren Protagonist:innen nicht neutrale wissenschaftliche Beobachter:innen, sondern Akteure aus Politik, Unternehmensverbänden und interessenpolitischen Verbänden der Technikwissenschaften. Ihr Ziel ist die Förderung der internationalen Wettbewerbsfähigkeit der deutschen Industrie, insbesondere der Anbieter von materieller und digitaler Fabrikausrüstung (Maschinen- und Anlagenbau etc.). »Industrie 4.0« ist also in erster Linie eine industriepolitische Marketingstrategie, keine wirklich brauchbare Analysekategorie (Pfeiffer 2015).

Prognosen zur Beschäftigungsentwicklung

Im technikzentristischen Digitalisierungsdiskurs wird Arbeit durchaus thematisiert, allerdings erscheint dabei »Digitalisierung als Selbstläufer und digitale Arbeit als automatische Folge« (Wolf 2021: 52). Als solche Arbeitsfolgen treten vor allem Arbeits*markt*folgen in den Fokus: Was bedeutet Digitalisierung für die Entwicklung von Arbeitsplätzen? Als Fanal fungierte diesbezüglich die Studie von *Carl Benedikt Frey* und *Michael Osborne* aus dem Jahr 2013. Ihr Ergebnis lautete: 47 Prozent der Beschäftigten in den USA arbeiten in Berufen, die in den nächsten zehn bis zwanzig Jahren mit einer hohen Wahrscheinlichkeit (mehr als 70 Prozent) automatisiert werden können. Dabei gehe es nicht nur den Blue-, sondern zunehmend auch den White-Collar-Beschäftigten an den Kragen, denn Digitalisierung erfasse auch nicht-routinisierte kognitive Tätigkeiten (Frey/Osborne 2013: 44). Dass die (geschätzte) technische Substituierbarkeit von Aufgaben nicht automatisch bedeutet, dass diese in der unternehmerischen Praxis auch wirklich ersetzt *werden*, ist den Autoren durchaus bewusst, bleibt für die Prognose aber folgenlos. Ein weiteres Problem der Studie besteht darin, dass den Kern der Prognosen nicht nackte Zahlen, sondern subjektive Bewertungen bilden. Die Frage der Ersetzbarkeit wird auf Basis einer umfangreichen Kategorisierung von Berufen und Tätigkeiten in Workshops von Robotik-Expert:innen eingeschätzt. Genau betrachtet, gibt die Studie in erste Linie Digitalisierungsvisionen von Protagonisten der Digitalisierungsdebatte wieder.

Bei einer Übertragung der Methodik auf den deutschen Fall kommt das Zentrum für Europäische Wirtschaftsforschung (ZEW) zunächst auf eine ähnliche Größenordnung (42 Prozent der Beschäftigten arbeiten in Berufen mit hoher Automatisierungswahrscheinlichkeit). Das Hauptziel der Studie besteht aber in Entwurf und Umsetzung einer anderen, wirklichkeitsnäheren Methodik. Die Forscher:innen wählen einen stärker tätigkeitsbezogenen Ansatz und stellen dabei in Rechnung, dass Berufe keineswegs als ganze entfallen, sollten einzelne ihrer Tätigkeiten sich als automatisierbar erweisen. Digitalisierung führt auch zu

Veränderungen *innerhalb* der Berufe, ohne diese insgesamt zu gefährden. Das nunmehr weniger furchterregende Ergebnis lautet: Der Anteil von Berufen mit relativ hoher Automatisierungswahrscheinlichkeit beträgt in den USA 9 Prozent, in Deutschland 12 Prozent (Bonin et al. 2015).

Eine grundsätzliche Kritik an den Studien zur digitalen Automatisierbarkeit wird aus der qualitativen Arbeitssoziologie formuliert. Der bereits weit vor der Digitalisierungsdebatte entstandene Ansatz des »subjektivierenden Arbeitshandelns« (Böhle/Milkau 1988; Böhle 2017; mit Bezug zur Digitalisierung: Huchler 2019) unterscheidet zwischen zwei grundsätzlichen Modi des Handelns, die in allen Arbeitstätigkeiten zu finden sind. Das »objektivierende Arbeitshandeln« verläuft planungsgeleitet, es basiert auf formalisierbarem (und damit grundsätzlich von der Person trennbarem) Wissen, die Beziehung zum Arbeitsgegenstand ist distanziert und sachlich. »Subjektivierendes Arbeitshandeln« nutzt dagegen vielfältige Formen sinnlicher Wahrnehmung, nähert sich dem Objekt (das selbst Subjekteigenschaften gewinnt) dialogisch-explorativ und entwickelt ihm gegenüber eine empathische Beziehung. Angesichts von Unwägbarkeiten und Unplanbarkeiten, die ein solches subjektivierendes Arbeitshandeln nötig machen und die sich in fast allen Arbeitsaufgaben finden lassen, sind die Automatisierungsmöglichkeiten systematisch begrenzt. Zudem produzieren die Automatisierungstechnologien selbst wiederum neue Unwägbarkeiten und neue Bereiche des Nicht-Formalisierbaren. Die Beschäftigten sind damit nicht nur als abstrakte Arbeitskraft relevant, sondern sie verfügen über ein darüber hinausgehendes »Arbeitsvermögen«, das die Leiblichkeit der Handelnden und die Stofflichkeit der Produktion mit einbezieht (Pfeiffer 2004).

Auf Basis dieser qualitativen Befunde und theoretischen Überlegungen entwickelten Sabine Pfeiffer und Anne Suphan einen »Arbeitsvermögensindex« (AV-Index), der angibt, welche Tätigkeiten einen hohen Anteil von Nicht-Routine-Arbeit aufweisen. Interessanterweise liegen die AV-Werte gerade für maschinennahe Tätigkeiten, die in der Perspektive von Frey und Osborne eigentlich eher der Automatisierbarkeit zugänglich wären, hoch (Pfeiffer/Suphan 2020). Insgesamt lassen die Ergebnisse auf eine deutlich geringere Gefährdung von Arbeitsplätzen schließen, als sie in den wirtschaftswissenschaftlichen Diagnosen beschrieben wird. Verkehrte Welt: Die Vertreter:innen der Wirtschafts- und Technikwissenschaften, die normalerweise jede Innovation euphorisch begrüßen, zeichnen ein Negativbild, während die chronisch misslaunigen Sozialwissenschaftler:innen die Arbeitsmarktfolgen als weniger gravierend einschätzen.

Aus einer gänzlich anders gelagerten Perspektive kritisiert Aaron Benanav (2021) den technikzentristischen Digitalisierungsdiskurs und dessen Arbeitsmarktprognosen. Zwar teilt er die Grundsatzdiagnose einer steigenden Unterbeschäftigung. Sie zeigt sich aus seiner Sicht nicht unbedingt in steigender Arbeitslosigkeit, sondern vielmehr in einem Qualitätsverlust von Arbeit. Er sieht dafür aber kaum technische Gründe, sondern vielmehr politökonomische, die ihre Wurzel bereits in der Krise des Fordismus seit den 1970er Jahren haben. Wenn die Möglichkeiten der Digitalisierung tatsächlich so groß wären, wie die Protagonisten des Diskurses behaupten, dann müsste sich dies auch in gestiegener Produktivität niederschlagen, argumentiert er. Die Produktivitätssteigerungen sind aber seit langem rückläufig – ein Phänomen, das allgemein als »Produktivitätsparadox« bekannt ist. Die rückläufigen Raten der Produktivitätssteigerung erklärt Benanav aus einer anhaltenden industriellen Überproduktionskrise, die zur Wanderung von Arbeitskräften in den Dienstleistungsbereich führt, der generell eine niedrigere Produktivität aufweist.

Wandel der Qualität von Arbeit

Die Debatte um Digitalisierung von Arbeit kreist aber nicht nur um deren quantitative, arbeitsmarktbezogene Dimension, sondern fokussiert auch die inhaltliche Qualität von Arbeit, etwa Fragen von Herrschaft und Kontrolle oder von Belastungen. Gewissermaßen komplementär zur Automatisierungsdiagnose hat vor allem zu Anfang der Debatte das Narrativ eines drohenden »digitalen Taylorismus« Aufmerksamkeitswellen geschlagen, aber – jenseits spezifischer Bereiche – nur wenig empirische Bestätigung erfahren. Herausgestellt wird in der arbeitssoziologischen Debatte vielmehr die Einbettung digitaler Technologien in bestehende Rationalisierungspfade. Sarah Nies (2021) etwa betont die Unterschiedlichkeit der *Nutzungsinteressen* digitaler Technologien in Unternehmen. Digitalisierungsfolgen können entsprechend nur vor dem Hintergrund von betrieblichen Strategien entschlüsselt werden. Häufig steht in den Unternehmen nicht die Substituierbarkeit und Kontrolle der Arbeitenden im Mittelpunkt, sondern vielmehr deren Einbindung in marktorientierte Formen der Prozesssteuerung. Auch dies relativiert die negativen Arbeitsmarktfolgen, wie sie zuvor prognostiziert worden waren.

Besondere Aufmerksamkeit finden in der Auseinandersetzung mit Arbeitsfolgen »der« Digitalisierung neue Formen der »Plattformarbeit« wie (ortsgebundene) »Gig Work« oder rein im digitalen Raum erbrachte »Crowdwork«. Bei Crowdwork schreiben die Plattformen Aufgaben (»tasks«) an eine undefinierte Crowd (bestehend aus Selbstständigen) aus und wickeln zumeist auch den Bewertungs- und Vergütungsvorgang ab. Dabei agieren sie im Sinne der Auftraggeber (»requester«), fungieren selbst aber nicht als Arbeitgeber. Die ›tasks‹ können sehr unterschiedliche Umfänge annehmen: von umfassenden Innovationsarbeiten (hier nimmt Crowdsourcing eher die Gestalt von Ideenwettbewerben an) bis hin zu Kleinstarbeiten (»micro tasks«), die nur wenige Cents einbringen.

Je nach theoretischer Perspektive lässt sich diese neue Arbeitsform ganz unterschiedlich interpretieren. Zu Beginn des Crowdsourcing stand die neue Form der Koordination und Nutzung von global verteilten Wissensbeständen im Zentrum, die »Crowd« erscheint hier als eine Vielheit kreativer Akteure, die dank digitaler Vernetzung in ein neues Verhältnis zueinander gestellt werden (z.B. Howe 2009). Die Beschreibung von Crowdwork als »free labour« (Terranova 2013) betont – in dem Doppelsinn des Wortes – ihren Charakter als zugleich freiwillige und unbezahlte Aktivität der Crowdworker:innen. Diese nutzen die neue Arbeitsform in vielen Fällen nicht oder nur in Teilen als Verdienstquelle, sondern als Möglichkeit, einer eher spielerischen Tätigkeit nachzugehen. Plattformen beuten dieses Potenzial aus, indem sie Bewertungs- und Bonussysteme installieren, die aus Beschäftigtensicht eher als »Scores« in einem digitalen Spiel erscheinen denn als Kontroll- und Vergütungsformen (»Gamification«).

Colin Crouch (2019) wiederum sieht Crowdsourcing in erster Linie als Bestandteil einer breiteren Entwicklungstendenz der Prekarisierung (siehe Kap. V.3). Diese Arbeitsform diene in erster Linie dazu, die Machtrelationen zwischen Unternehmen und Arbeitenden zuungunsten von Letzteren zu verschieben, indem die Risiken auf sie übertragen werden. Treiber der Entwicklung ist dabei gerade nicht die digitale Technik, sondern die Veränderung der Machtverhältnisse. Anders als die Vertreter:innen des technikzentristischen Diskurses sieht Crouch Crowdwork als wenig stabile Übergangsform an, bis »bessere« Formen der Prekarisierung und Risikoverlagerung etabliert werden können. Wird der Fokus auf die Frage der Steuerung von Arbeit gelegt, erscheint Crowdworking als Gegenstand anonymer »algorithmischer« und »kybernetischer Kontrolle« (Raffetseder et al. 2017). Personale Beziehungen werden durch digitale Formen der Auftragsvergabe und Arbeitsbewertung, der »Chef« wird durch einen Algorithmus ersetzt (Ivanova et al. 2018).

Die geläufigste Interpretation beschreibt Crowdworking als Musterbeispiel des Fortschreitens eines »digitalen Taylorismus«, in dem Arbeit nach dem »assembly line model« (Howcroft/Bergvall-Kåreborn 2019) organisiert ist, oder als Form der »Industrialisierung von Kopfarbeit« (Boes et al. 2015). Neben den offensichtlichen Gemeinsamkeiten – der Kurzschrittigkeit im Fall der »Microtasks«-Plattformen, den häufig geringen Qualifikationsanforderungen – übersieht eine solche Perspektive allerdings wichtige Unterschiede zu Konzept und Praxis des Begriffspaten aus der Industriearbeitswelt (siehe Teil III): Die Tätigkeiten sind gerade nicht in sequenzieller Abfolge wie am Fließband aufgereiht, vielmehr werden nur einzelne kleinere Segmente der Wertschöpfungskette in die Crowd verlagert; das Zeitregime ist in der Regel eng, die zeitliche Verkettung zwischen unterschiedlichen Tätigkeiten ist aber immer noch weitaus großzügiger als in der Fließfertigung; die Art und Weise der Ausführung der Arbeitsaufgabe ist nicht expertiell vorgegeben, sondern wird den Arbeitenden überlassen; es geht nicht um Standardisierung wie im Taylorismus, sondern um Flexibilisierung. Die Geringfügigkeit der Qualifikationen scheint sich zudem eher auf die formale Seite zu beziehen. Zwar werden keine Bildungstitel verlangt, häufig müssen die Crowdworker:innen aber plattformspezifische Tests durchlaufen. Vor allem fällt auf, dass sie deutlich besser qualifiziert sind als der Durchschnitt der Beschäftigten. Offenbar werden also anderswo produzierte Kompetenzen hier stillschweigend (und unvergütet) genutzt (Menz et al. 2019).

So interessant solche Befunde und Diagnosen sind – sie befinden sich gleichsam unterhalb der Ebene einer generalisierbaren Digitalisierungstheorie und beziehen sich zumeist nur auf bestimmte Ausschnitte der digitalen Arbeitswelt. Dass sich ein mehr oder weniger einheitliches »Produktionsmodell des digitalen Kapitalismus« (Nachtwey/Staab 2020) entwickelt, kann bezweifelt werden. Es ist eben nicht »die Digitalisierung«, die für die Arbeit folgenreich ist. Vielmehr schlagen sich in der digitalen Arbeit verschiedene Entwicklungstendenzen nieder, die auch vor und jenseits von Digitalisierungsprozessen prägend sind. Entsprechend stammen viele der Analysekategorien aus bereits bestehenden Erklärungsansätzen, wie etwa der Labour Process Theory (vgl. Kap. IV.3) oder der Prekarisierungsdiskussion (vgl. Kap. V.3). Alles in allem ist »Digitalisierung« in erster Linie als öffentlicher sowie als technik- und wirtschaftswissenschaftlicher Diskurs interessant, weniger als sozialwissenschaftliche Analysekategorie. Auf theoretischer Ebene sind eher Perspektiven von Bedeutung, die sich im Kern nicht allein um Digitalisierung drehen, sondern die entsprechenden soziotechnischen Innovationen in einen breiteren gesellschaftlichen Transformationsprozess einbetten.

Theoretische Ansätze

Zwei dieser Perspektiven seien hier stichpunktartig genannt: *Rudi Schmiede* theoretisiert »Digitalisierung« als Bestandteil von und neue Stufe in einem historischen Prozess der *Informatisierung*, der bereits mit den Frühformen des Kapitalismus begonnen hat und die kapitalistische Modernisierung seither begleitet (Schmiede 1996). Informatisierung meint dabei die systematische Erzeugung und Bearbeitung von Informationen für den Produktionsprozess. Ihr Ursprung geht auf die Entwicklung der doppelten Buchführung im 13. und 14. Jahrhundert zurück, mit der – jenseits von einfachen Einnahmen- und Ausgabenstatistiken – eine ganzheitliche Bewertung des Produktivkapitals praktiziert wurde. Die systematische Produktion von Informationen dient dabei der Beherrschung der betrieblichen Abläufe und der Kontrolle der menschlichen Arbeit:

»Die Verfügung über die relevanten Informationen zur Beschreibung der wichtigen Produktions- und Verteilungsvorgänge, der Organisation und der Geschäftsabläufe ist Grundlage und Mittel ihrer Kontrolle, die für eine Produktionsweise, die auf lohnabhängiger Arbeit basiert, von konstitutiver Bedeutung ist.« (Schmiede 1996: 112)

Mit der Informatisierung kommt es zu einer »Verdopplung von Realität«. Die informatorische Ebene ist aber nicht nur Abbild der materiellen Wirklichkeit. Zunächst müssen die »realen« Prozesse so organisiert werden, dass sie sich informatorisch abbilden lassen. Die informatorische Darstellung beinhaltet Komplexitätsreduktion und Formalisierung, die Schmiede als Zurichtung und Vereinseitigung interpretiert. Kern (und Ursache) der Informatisierung ist dabei nicht eine spezifische Technologie (etwa die digitale), sondern die notwendige »Abstraktifizierung« von den realen Prozessen zum Zweck ihrer systematischen Manipulation. Dies gilt für den Taylorismus, der auf der wissenschaftlichen Erfassung und Standardisierung von Tätigkeiten basiert, ebenso – wenn auch in anderer Ausdrucksform – wie für digitalisierte Arbeit. Die Digitalisierung bedeutet einen weiteren Schritt der Abstraktifizierung: Der Computer als universale Maschine ermöglicht eine vereinheitlichende Informatisierung ganz unterschiedlicher Produktionsprozesse, aktuelle Vernetzungstechnologien integrieren eine Vielzahl unterschiedlicher Prozesse in ein Gesamtsystem (Schmiede 2021).

Michael Hardt und *Antonio Negri* (2000: 291 ff.) begrenzen den Begriff der »Informatisierung« anders als Schmiede auf eine bestimmte Phase der kapitalistischen Entwicklung, den Übergang von der Industrie- zur Dienstleistungsgesellschaft bzw. zum »*ko-*

gnitiven Kapitalismus« (vgl. Moulier Boutang 2011). Informatisierung heißt hier: Information, Kommunikation, Bildung und Affekt werden zu zentralen Elementen der Wertschöpfung. Arbeit, deren Ort nicht mehr allein ein Betrieb oder eine Organisation ist, sondern die sich gleichsam in der gesamten Gesellschaft verteilt, wird damit überwiegend zu »immaterieller Arbeit«. Diese findet sich in drei Ausprägungen: digital gestützte industrielle Arbeit, Dienstleistungsarbeit als »Handhabung von Symbolen und Informationen« (Hardt/Negri 2000: 302), die von der Materialität weitgehend abstrahiert, sowie »affektive Arbeit« als »Produktion und Handhabung von Affekten« (ebd.: 305, siehe auch Kap. VI.2). Mit letzterer ist Sorgearbeit ebenso wie Arbeit in Werbung und Unterhaltungsindustrie gemeint, die ebenfalls auf Affekte abzielt (der Zusammenhang mit den beiden anderen Formen immaterieller Arbeit bleibt allerdings recht unklar). Während Schmiede die Informatisierung als Prozess einer weitergehenden Subsumtion von Arbeit (im Sinne einer Unterwerfung unter kapitalistische Imperative) ansieht, betonen Hardt und Negri das befreiende Element dieser Entwicklung: Der Kapitalismus wird immer stärker von der immateriellen Arbeit abhängig, kann diese zugleich immer weniger kontrollieren. Informationen, Wissen und Affekte sind nicht von den Subjekten abtrennbar, sondern existieren in Netzwerken, die gewissermaßen ein Eigenleben entwickeln.

> »Die Arbeitenden sind nicht mehr länger Instrumente, die das Kapital anwendet, um natürliche Ressourcen zu transformieren und materielle Güter zu produzieren, denn, insofern sie die Produktionswerkzeuge inkorporiert und einem anthropologischen Wandel vollzogen haben, agieren und produzieren sie maschinisch, getrennt und unabhängig von Kapital.« (Hardt/Negri 2018: 176)

Der Kapitalismus wird mehr und mehr abhängig vom »general intellect«, den er zugleich selbst produziert. Während Marx, von dem Hardt und Negri diesen Begriff übernehmen, davon ausging, dass dieses verallgemeinerte Wissen den Produzierenden enteignet und im fixen Kapital (Anlagen, Produktionswerkzeugen etc.) inkorporiert wird, betonen sie gerade seine unaufhebbare Verankerung in der »lebendigen Arbeit«. Sie sehen darin ein Macht- und Befreiungspotenzial der Produzierenden, das schließlich in die Überwindung des Kapitalismus münden könnte.

VII Ausblick

Im Laufe der letzten hundert Jahre hat sich der Arbeitsbegriff immer wieder erweitert. In der Einleitung hatten wir bereits skizziert, wie weit eine solche Entgrenzung des Arbeitsbegriffs reichen kann: Mittlerweile arbeiten nicht nur Menschen, sondern auch Pilze und Ameisen (Barron/Hess 2021) – allerdings bislang noch weitgehend außerhalb des engeren Zirkels der Arbeitssoziolog:innen. In den Gegenstandsbereich dieses Zirkels sind aber mittlerweile fast alle Formen menschlicher Arbeit aufgenommen, auch und gerade diejenigen jenseits klassischer abhängiger Erwerbsarbeit. Nicht alle davon sind Gegenstand dieses Buches geworden. Ehrenamtliche Arbeit und Eigenarbeit, informelle Arbeit, Arbeit außerhalb des Globalen Nordens und vieles mehr blieben ausgeklammert. Einige dieser Themen hätten wir gerne noch aufgenommen. Doch letztlich haben wir uns dafür entschieden, in dieser Einführung bestimmte Akzente zu setzen und dafür ein paar lose Enden übrig zu lassen. Wichtig, geradezu unverzichtbar erschien es uns aber, Arbeit als ein zentrales Vergesellschaftungs- und Vergeschlechtlichungsverhältnis darzustellen. Dabei ging es auch in dieser Hinsicht nicht um Vollständigkeit als vielmehr darum, einen Dialog zwischen lange als Parallelwelten existierenden Diskursen anzubieten und anzuregen.

Unbeachtet geblieben sind darüber hinaus so manche Diskussionen, die gerade erst begonnen haben, in Zukunft aber an Bedeutung gewinnen dürften. Ganz sicher wird der Zusammenhang von Arbeit und Ökologie eine solche verstärkte Aufmerksamkeit erhalten (siehe dazu bereits Brand/Hildebrandt 2002; vgl. Barth et al. 2016). Den Naturbezug von Arbeit hat bereits Karl Marx herausgestellt. Max Weber hat in einer berühmt gewordenen Formulierung die natürlichen Ressourcen als letzte Grenze der arbeits- und lebensweltlichen Rationalisierung benannt. Diese schreite fort, »bis der letzte Zentner fossilen Brennstoffs verglüht ist« (Weber 1988c [1904/1905]: 188). Aber nicht nur das Ende der fossilen Ressourcen, sondern bereits deren fortgeschrittene Nutzung und ihre ökologischen Folgen markieren ein baldmögliches Ende der Arbeits- und Wirtschaftsweise, wie wir sie kennen. Stoff für Theorien und Diskussionen über die Bedeutung von Arbeit im notwendigen sozial-ökologischen Umbau dürfte es genug geben.

Die Corona-Krise hat (nicht nur) die Arbeitswelt gründlich durcheinandergewirbelt – obgleich sie bislang nicht zu einer signifikant höheren Anerkennung von Arbeit in typischen Frauenbranchen wie dem Gesundheits- und Pflegebereich geführt und auch an der privaten Arbeitsteilung der Geschlechter kaum gekratzt hat (Bujard et al. 2020; Koebe et al. 2020; Kohlrausch/Zucco 2020). Trotzdem haben diese Themen einen neuen Aufschwung erfahren und sind ins gesellschaftliche Problembewusstsein geradezu katapultiert worden (man denke an die Debatten während des ersten Corona-Lockdowns über den symbolisch ehrenwerten, aber tariflich weitgehend folgenlosen Applaus für das Gesundheitspersonal). Vergleichsweise eindeutig sind die Corona-Folgen im Hinblick auf die Prozesse der Digitalisierung von Arbeit: Digital gestützte ortsflexible (und damit räumlich und zumeist auch zeitlich entgrenzte) Arbeit hat erheblich an Verbreitung gewonnen. Dies zeigt sich etwa in wachsenden Homeoffice-Quoten. Vieles spricht dafür, dass wir uns mal wieder in einer Phase eminenten arbeitsgesellschaftlichen Wandels befinden. Fragen der Entgrenzung, nach dem Verhältnis von Arbeit und Leben, nach der Entwicklung von Pflege-, Sorge- und Erziehungsarbeit, ebenso Fragen nach dem Geschlechterverhältnis werden unser Nachdenken über die Arbeit der Gesellschaft in Zukunft sicherlich weiterhin wesentlich prägen. Ob sich hieraus auch neue theoretische Perspektiven ergeben oder ob diese massiven Krisenprozesse mehr oder weniger in den bestehenden Kategorien untersucht werden können, ist gegenwärtig noch offen.

In wechselhaften Konjunkturen verlaufen ebenso die Zukunftsdebatten um Arbeit und Technik. So spricht etwa einiges dafür, dass der jüngste Digitalisierungstrend noch nicht an sein Ende gelangt ist. Während des Abschlusses der Arbeit an dieser Einführung wird gerade eine intensive öffentliche Debatte um den Chatbot *ChatGPT* geführt. Er soll mittlerweile in der Lage sein, erhebliche Anteile dessen, was bislang als genuin menschliche Wissensarbeit galt, digital-automatisiert zu erledigen (sogar inklusive der typisch menschlichen Fehler). Erledigen sich damit auch weitere Theorien der Arbeit, weil in Zukunft ausschließlich Algorithmen arbeiten werden? Wohl kaum. Eher schon werden die nächsten Theorien der Arbeit von *ChatGPT* geschrieben.

Anhang

Anmerkungen

1 Diese Einführung ist von Autorin und Autor gemeinsam konzipiert, aber arbeitsteilig verfasst worden, Kap. III.2, III.4, IV.4, V.2 , V.3, V.4, V.5, VI.2 und VI.3 von Alexandra Manske, I, II, III.1, III.3, IV.1, IV.2., IV.3, IV.5, V.1, VI.1 und VI.4 von Wolfgang Menz. Einleitung und Ausblick haben wir gemeinsam geschrieben. Wir danken herzlich allen, die Teile dieses Buches kritisch gelesen und kommentiert haben: Tanja Carstensen, Alina Klomfaß, Moritz Kuhles, Sarah Nies sowie ganz besonders Frank Seiß, der den gesamten Text umfassend kommentiert und sorgsam lektoriert hat.

2 Stichwort »Arbeit«, in: Der kleine Pauly (hrsg. von Konrat Ziegler und Walther Sontheimer), Bd. 1: 490-494.

3 Habermas ist, gerade von der Arbeitssoziologie, viel dafür gescholten worden, dass er die gesellschaftliche Arbeitspraxis primär als »instrumentelles Handeln« begreift und von verständigungsorientiertem »kommunikativem Handeln« kategorial unterscheidet (Habermas 1981).

4 Darauf, dass Selbstverwirklichung mittlerweile von einer kritisch gegen entfremdete Arbeit in Anschlag gebrachten Forderung zu einem Anforderungs- und Legitimationsprinzip mutiert ist, verweisen Boltanski/Chiapello 1999.

5 Solche geforderten Perspektivenerweiterungen betreffen nicht so sehr die konkrete Definition von Arbeit. Vielmehr ist die Praxis von empirischer Forschung und konzeptioneller Theoriebildung viel enger als manche Definition. So hat sich etwa die Arbeitssoziologie jahrzehntelang praktisch ausschließlich mit Erwerbsarbeit und darunter wiederum mit klassischer Industriearbeit befasst (das betrifft auch Bahrdt, dessen Arbeitsdefinition eine solche Verengung gar nicht impliziert) und damit einen erheblichen Genderbias produziert, vgl. Voß 2018 und Aulenbacher 2018.

6 Gemeint ist an dieser Stelle nicht der Lohnarbeiter (wir befinden uns hier noch bei der allgemeinen, von Gesellschaftsformationen unabhängigen Begriffsbestimmung), sondern vielmehr der arbeitende Mensch schlechthin (bei Marx häufig »Produzent« genannt).

7 Dass das Arbeitsergebnis ideell vorweggenommen wird, ist durchaus folgenreich: Erst dadurch können Hand- und Kopfarbeit (also disponierende und ausführende Arbeit) prinzipiell voneinander getrennt und auch auf unterschiedliche Personengruppen aufgeteilt werden (Braverman 1977), was sich insbesondere in der weiteren Entwicklung des Kapitalismus in höchst problematischer Weise niederschlägt.

8 Das heißt aber gerade nicht, dass sie unter dem Zwang unmittelbarer Bedürfnisbefriedigung steht. »Wahrhaft« menschliches Produzieren erfolgt anders als bei Tieren »frei vom physischen Bedürfnis«, wie Marx in den Frühschriften formuliert (MEGA I, 2: 241).

9 Einen solchen Arbeitsbegriff, der den Begriff der Energie ins Zentrum rückt und damit auch nicht-menschliche Organismen einschließt, formuliert auch Suzman 2020. In seiner Geschichte der Arbeit beschreibt er allerdings doch wieder ausschließlich menschliche Tätigkeit.

10 Übersetzung leicht korrigiert. Die Gegenüberstellung von *opera* und *ars* beinhaltet die Bedeutungen von Aufwand, Leistung und Arbeit einerseits und Kunstfertigkeit und Wissenschaft andererseits. Die Übersetzung von *ars* mit »handwerklicher Geschicklichkeit« (ebd.: 131) ist an dieser Stelle etwas irreführend.

11 Auffällig im Neuen Testament ist, dass seine Erzählungen bevölkert sind mit Vertretern von Berufen, die zuvor als minderwertig galten: etwa Fischer oder Handwerker (nur Zöllner oder Geldverleiher kommen weiterhin nicht gut weg, aber auch diese sind grundsätzlich fähig zur Bekehrung).

12 In dieser Hinsicht war Luther bereits ziemlich (früh-)modern: Armut als Folge fehlender eigener Leistung wird später zu einem leitenden Motiv der frühen Ökonomen der Aufklärung.

13 Der Tauschwert (Realpreis) besagt allerdings nicht unbedingt etwas über den Gebrauchswert einer Ware – eine Unterscheidung, die bei Marx zentral werden wird.

14 Die Zitation erfolgt hier – wie üblich – nach der Ausgabe Marx-Engels-Werke (MEW), im Fall der Frühschriften nach der Marx-Engels-Gesamtausgabe (MEGA).

15 In Marx' Begriffen: bei »unmittelbarer Form« vs. »erweiterter oder kapitalistischer Form der Warenzirkulation«.

16 Genauer noch: »Wertsubstanz« ist die abstrakte menschliche Arbeit. Die jeweilige »Wertgröße« bestimmt sich durch das »Quantum« der »gesellschaftlich notwendigen Arbeitszeit« (MEW 23: 54).

17 Genau genommen müsste man sagen: Sie verkaufen das Nutzungsrecht an ihrer Arbeitskraft für einen definierten Zeitraum (Kuczynski 2011).

18 Dass das Verhältnis von »notwendiger Arbeit« (die zur Wiederherstellung der Arbeitskraft nötig ist) und mehrwertproduzierender Arbeit in dieser Formulierung 1:1 ist, ist ein bloßes Rechenbeispiel. Der Mehrwert kann auch größer oder kleiner sein als der Wert der Arbeitskraft.

19 Dieses kann bei Marx entsprechend dem jeweils kulturellen Niveau einer Gesellschaft in der Höhe der Gebrauchswerte durchaus variieren (also auch steigen). Auf dieses Argument berufen sich gerne die Verteidiger:innen der Marx'schen Theorie, wenn ihnen vorgehalten wird, dass wir es seit der Industrialisierung mit starken Wohlstandssteigerungen (jedenfalls im Globalen Norden) zu tun haben, die auch die Arbeiterklasse betreffen.

20 Marx hält vor allem die »Werkzeugmaschinerie« für den entscheidenden Faktor bei der Veränderung von Arbeit, weniger die »Bewegungsmaschine« (also die Antriebsform wie etwa die Dampfmaschine, die häufig als Symbol der industriellen Revolution herhält).

21 In den 1990er Jahren knüpfte der US-amerikanische Soziologe Richard Sennett an Webers Erkenntnisinteresse an, als er in seiner Analyse des flexiblen Kapitalismus von einer *Corrosion of Character* spricht, was ins Deutsche übertragen wurde als *Der flexible Mensch* (Sennett 1998, 1999).

22 Tyrell findet bei Durkheim gleich neun solcher Erklärungen, die sich ihm zufolge allerdings untereinander teilweise widersprechen. Für plausibel hält er keine davon. Insgesamt sieht er den Durkheim'schen »apologetischen Versuch über ›Arbeitsteilung und Moral‹« als gescheitert an (Tyrell 1985: 223). Zum Überblick über die

Kritik an Durkheim siehe auch König 1976: 357 ff., Delitz 2013: 57 ff., 211 ff., Müller/Schmid 1988, vgl. Luhmann 1988. Eine weitere, für seine Konzeption naheliegende Variante für die Erklärung von gesellschaftlicher Integration verfolgt Durkheim eigenartigerweise nicht weiter. Liberalistische Theorien sehen als Ursache möglichen Zusammenhalts, dass liberale Gesellschaften jedem das Verfolgen individueller Konzepte des Guten erlauben und dafür die angemessenen Mittel und Rechte zur Verfügung stellen (z.B. Rawls 1979). Es besteht also ein gewissermaßen tieferliegender Grundkonsens über solche Freiheitsrechte, die jeweils individuell unterschiedlich genutzt werden können, und über deren Legitimität. Auch die Frage einer möglichen demokratischen Legitimation durch einen auf Gleichheit basierenden Beteiligungsprozess, ebenfalls ein Element vieler liberaler Integrationstheorien, taucht in Durkheims Arbeitsteilungsbuch nicht auf.

23 Warum es auf der Ebene der Gesellschaft überhaupt eine solche ›Gesamtarbeit‹ (diesen Begriff verwendet auch Marx) geben sollte, die auf verschiedene Gruppen von Arbeitenden zu verteilen wäre, bleibt offen. Unmittelbar plausibel wäre das nur im Fall von Betrieben oder Wertschöpfungsketten, die am Ende ein konkretes Gesamtprodukt produzieren, das sich aus den Teilarbeiten verschiedener Beteiligter zusammensetzt.

24 Gleichzeitig gab es die sog. »Hannoveranerinnen«, repräsentiert von Regina Becker-Schmidt und Gudrun-Axeli Knapp. Statt mit einem entwicklungspolitischen Fokus verfassten sie ihre feministische Theorie eher an einer Schnittstelle von Sozialpsychologie, Sozialtheorie und Arbeits- und Industriesoziologie, wobei sie grundsätzlich in der Kritischen Theorie verortet sind (Becker-Schmidt/Knapp 2007) (siehe Kap. VI.4). Zusammen bilden sie grundlegende Varianten der feministischen Theoriebildung der Bundesrepublik Deutschland der 1970er und 1980er Jahre.

25 Die Prinzipien seiner Methodik entwickelte Taylor seit den 1880er Jahren. Seine Hauptwerke sind *Shop Management* von 1903 sowie die für seine Rationalisierungsformen namensgebenden *Principles of Scientific Management* von 1913.

26 Dieses Prinzip begrenzt die Leistungsanforderungen auch nach oben: Es geht nicht darum, eine Maximalleistung zu fordern, sondern eben

das, was eine der menschlichen Leistungsfähigkeit angemessene Arbeitsintensität ist.

27 Für Gramsci stand dabei der Zusammenhang zwischen betrieblichen Rationalisierungsprinzipien und der Kontrolle und Rationalisierung der privaten Lebenswelt durch das Unternehmen im Zentrum (Gramsci 1999 [um 1930]).

28 Vermutlich ist die sachliche und räumliche Organisation nach dem Fließprinzip für den eindrucksvollen Produktivitätsanstieg in den Ford-Werken wichtiger gewesen als die materielle Technik ›Fließband‹ (Kieser 2019: 93).

29 Nicht vergessen werden sollte, dass Henry Ford nicht nur ein visionärer Industrieller war, sondern auch ein widerlicher Antisemit. Zwischen beidem dürfte es durchaus Zusammenhänge geben: Den Gegenpol seiner Produktionsfixierung bildet sein Hass auf das angeblich parasitäre Finanzkapital, das er mit Juden assoziiert.

30 Diese Epoche genau zu datieren ist nicht ganz einfach. Am ehesten liegt es nahe, sie zwischen dem »New Deal« der 1930er Jahre und den Strukturkrisen der 1970er Jahre anzusiedeln. Für Deutschland ist strittig, ob der Nationalsozialismus nicht auch in gewisser Hinsicht als eine Form des Fordismus anzusehen ist oder ob dieser erst in der Nachkriegszeit beginnt.

31 Das gilt nicht nur für Mallet, sondern auch bereits für die vorangegangene Studie von Touraine zu den Renault-Werken (vgl. dazu Bonazzi 2014: 109 ff.) oder für Blauners (1964) einflussreiche Studie zu Technik, Industriearbeit und Entfremdung.

32 Zeitgleich wurde dieser Begriff auch von den Kolleg:innen aus dem SOFI genutzt, allerdings für Angestelltenarbeit, nicht für industrielle Produktionszusammenhänge.

33 Marx unterscheidet zwischen »formeller« und »reeller Subsumtion« der Arbeit unter das Kapital, wobei die erste das juristische Verhältnis und die zweite die konkreten Formen der Veränderung der Arbeit in der Entwicklung des Kapitalismus bezeichnet. Eine arbeitssoziologische Richtung als »subsumtionstheoretisch« zu kennzeichnen ist nicht sonderlich trennscharf, denn wer aus der Disziplin untersucht nicht solche Prozesse?

34 Die männliche Form ist bewusst gewählt: Frauen wurden nicht in die Erhebung einbezogen.

35 Auch hier gilt, wie in fast allen der Bewusstseinsstudien: Von den Beschäftigten wurden nur Männer befragt. Frauen wurden auch interviewt – aber nur in ihrer Rolle als deren Ehefrauen.

36 Die Frage subjektiver Orientierungen der Beschäftigten klammert Braverman ganz explizit aus. Untersuchungen des Arbeiterbewusstseins könnten bestenfalls den Grad der Anpassung an die von Kapitalseite vorgegebenen Bedingungen messen; zur Erklärung der Entwicklung des kapitalistischen Arbeitsprozesses seien Bewusstseinsinhalte und Beschäftigtenorientierungen bedeutungslos (Braverman 1977: 31 ff.). Das heißt nicht, dass der Subjektivität in seinem Erklärungsansatz keinerlei Bedeutung beigemessen wird. Sie kommt allerdings primär als Angriffsziel von Managementkontrolle in den Blick.

37 Das Wort »Transformationsproblem« ist eine etwas unglückliche Erfindung der deutschen Debatte um den Arbeitsprozess, denn es gibt im Marxismus noch ein weiteres »Transformationsproblem«, das mit diesem nichts zu tun hat: die Frage der Umwandlung von ›Wert‹ in ›Preis‹. Bei Braverman und auch anderswo in der britischen und amerikanischen Debatte taucht der Begriff des Transformationsproblems nicht auf.

38 Der in der Privatsphäre angesiedelte Haushalt lässt sich mit Birgit Geissler (2018: 768) verstehen als »der räumlich, wirtschaftlich und sozial definierte Ort der Lebensführung, in dem grundlegende materiell-physische, kulturelle, soziale und emotionale Bedürfnisse des Individuums befriedigt werden und die Sozialisation der nachwachsenden Generation stattfindet«.

39 Dies berührt nach Offe auch die Konzeption von Gesellschaftstheorien. Lässt sich Gesellschaft überhaupt noch primär von der Arbeit her denken, wie es die soziologischen Klassiker getan haben?

40 Zur Definition siehe Mayer-Ahuja 2003, zur Begriffsbestimmung durch das International Labour Office ILO 2016.

41 Die Höhe der Quote ist stark abhängig von der Definition des NAV, vor allem in Bezug auf die Arbeitszeitlänge, und bewegte sich zum Ende der 2010er Jahre zwischen 25 Prozent und 40 Prozent (Seils/Baumann 2019; Seifert 2017) – die Entwicklungsrichtung unterscheidet sich aber kaum nach Definition.

42 Im Anschluss an Honneths Anerkennungstheorie haben aus geschlechtertheoretischer Perspektive Christine Wimbauer und Mona Motakef (mangelnde) Anerkennung in prekären Arbeitsverhältnissen untersucht (Wimbauer/Motakef 2020) (siehe Kap. V.3).

43 Die Ausstrahlungskraft des Terminus »Prekarität« geht über die Arbeitsforschung hinaus. Entsprechend unserem Erkenntnisinteresse, eine Einführung in Theorien der Arbeit zu bieten, beschränken wir uns auf den Topos prekäre Arbeit im engeren Sinne. Einen weitergehenden Einblick bietet der Band »Prekarisierung« von Mona Motakef (2015). Sie diskutiert den Begriff auch im Kontext von Rassifizierungs- sowie Migrationsfragen und -problematiken. Aus einer migrationssoziologischen Perspektive haben Jungwirth/Scherschel (2010) den Zusammenhang von Migration und prekärer Arbeit untersucht. In zeitdiagnostischer Hinsicht bietet der gemeinsam von Robert Castel und Klaus Dörre edierte Band *Prekarität. Die soziale Frage am Beginn des 21. Jahrhunderts* die vergleichsweise größte Fülle von Betrachtungen zu prekärer Arbeit (Castel/Dörre, 2009).

44 Die wichtigsten empirischen Untersuchungen der Projektgruppe fanden im Zeitraum von 1986 bis 1991 statt (vgl. Jurczyk et al. 2016).

45 Auch wir verwenden die Begriffe »Care« und »Sorge«(-Arbeit) im Weiteren – trotz der unterschiedlichen sprachlichen Nuancen im Deutschen und Englischen – synonym.

46 Ob aus dieser funktionalen Notwendigkeit resultiert, dass sich entsprechende Institutionen und Praktiken zur Funktionserfüllung auch herausbilden (so erscheint es in der »Hausarbeitsdebatte«), oder ob der Kapitalismus grundsätzlich auf außerkapitalistische Ressourcen angewiesen ist, die er gerade nicht selbst wieder herstellt oder sogar ernsthaft gefährdet (so zumeist die aktuelle Position), ist von dieser funktionalen Begriffsbestimmung erst einmal unabhängig. Aulenbacher und Dammayr sprechen pointiert von einer »strukturellen Sorglosigkeit« des Kapitalismus (Aulenbacher/Dammayr 2014).

47 Insgesamt herrscht heute eine Art friedliche Koexistenz zwischen den Begriffen Care und (soziale) Reproduktion. Eine Ausnahme bildet Frigga Haug, die gegen das »begriffslose ›Care‹-Gerede« (Haug 2011: 347) polemisiert. Care tauge nicht als präziser analytischer Begriff, sondern sei eher ein »Schmelztiegel ganz unterschiedlicher

Bedeutungen von Nothilfe und Fürsorge von oben zur allgemeinen Haltung mitmenschlicher Tugend und helfender Liebe bis zur notwendigen Versorgung von Kindern und Alten im Haushalt« (ebd.: 358).

48 Tronto ergänzt später noch – etwas außerhalb der Reihe der vorher unterschiedenen vier Phasen – »Caring with« als die kollektive demokratische Bestimmung von Care-Bedürfnissen und -Aktivitäten (Tronto 2013: 23, 35 ff.).

49 Dieses Verständnis verweist nicht zuletzt auf das Sprichwort »andere Länder, andere Sitten«.

50 Abzugrenzen ist hybride Arbeit von Mehrfachbeschäftigung. Mehrfachbeschäftigung umfasst analog § 7 SGB IV nur die Verkettung von abhängigen Beschäftigungsverhältnissen.

51 Dass dies gerade in der Arbeitssoziologie beständig herausgestellt wird, liegt daran, dass die Autor:innen das Verdikt des »Technikdeterminismus« unbedingt vermeiden möchten, das im Verlauf der Automatisierungsdebatte der 1960er und 70er Jahre über diejenigen verhängt wurde, die Qualifikationsentwicklungen oder Klassenbewusstsein allzu direkt aus den technischen Entwicklungen ableiteten (siehe Kap. IV.1).

Literatur

Acatech (2013) (Hrsg.): Umsetzungsempfehlungen für das Zukunftsprojekt Industrie 4.0. Abschlussbericht des Arbeitskreises Industrie 4.0, München: acatech.

Aglietta, Michel (1979): A Theory of Capitalist Regulation – The US Experience, London: NLB.

Ahmed, Sara (2004): »Affective economies«, in: Social Text 22(2), S. 117–139.

Alberti, Gabriella/Bessa, Ioulia/Hardy, Kate/Trappmann, Vera/Umney, Charles (2018): »In, Against and Beyond Precarity: Work in Insecure Times«, in: Work, Employment and Society 32(3), S. 447–457. https://doi.org/10.1177/0950017018762088

Altmann, Norbert/Deiß, Manfred/Döhl, Volker/Sauer, Dieter (1986): »Ein ›Neuer Rationalisierungstyp‹ – neue Anforderungen an die Industriesoziologie«, in: Soziale Welt 37(2/3), S. 191–206.

Appay, Beatrice (2010): »Precarization and flexibility in the labour process: A question of legitimacy and a major challenge for democracy«, in: Globalization and Precarious Forms of Production and Employment: Challenges for Workers and Unions, hrsg. von C. Thornley, S. Jefferys und B. Appay, Cheltenham: Edward Elgar, S. 23–39.

Arendt, Hannah (1960): Vita activa oder Vom tätigen Leben, Stuttgart: Kohlhammer.

Armano, Emiliana/Morini, Cristina/Murgia, Annalisa (2022): »Conceptualizing precariousness: a subject-oriented approach«, in: Faces of Precarity, hrsg. von Joseph Choonara, Annalisa Murgia und Renato Miguel Carmo, Bristol: Bristol University Press, S. 29–43.

Aßländer, Michael Stefan (2005): Von der vita activa zur industriellen Wertschöpfung: Eine Sozial- und Wirtschaftsgeschichte menschlicher Arbeit, Marburg: Metropolis.

Aßländer, Michael Stefan/Wagner, Bernd (Hrsg.) (2017): Philosophie der Arbeit. Texte von der Antike bis zur Gegenwart, Berlin: Suhrkamp.

Audretsch, David B. (2012): »Entrepreneurship research«, in: Management Decision 50(5), S. 755–764.

Aulenbacher, Brigitte (2005): Rationalisierung und Geschlecht in soziologischen Gegenwartsanalysen, Wiesbaden: VS.

Aulenbacher, Brigitte (2009): »Die soziale Frage neu gestellt – Gesellschaftsanalysen der Prekarisierungs- und Geschlechterforschung«, in: Prekarität, Abstieg, Ausgrenzung. Die soziale Frage am Beginn des 21. Jahrhunderts, hrsg. von Robert Castel und Klaus Dörre, Frankfurt/New York: Campus, S. 65–77.

Aulenbacher, Brigitte (2018): »Rationalisierung und der Wandel von Erwerbsarbeit aus der Genderperspektive«, in: Handbuch Arbeitssoziologie, hrsg. von Fritz Böhle, G. Günter Voß und Günther Wachtler, Bd. 1, Wiesbaden: Springer VS, S. 435–469.

Aulenbacher, Brigitte (2020): »Auf neuer Stufe vergesellschaftet: Care und soziale Reproduktion im Gegenwartskapitalismus«, in: Gespannte Arbeits- und Geschlechterverhältnisse im Marktkapitalismus, hrsg. von Karina Becker, Kristina Binner und Fabienne Décieux, Wiesbaden: Springer VS, S. 125–147.

Aulenbacher, Brigitte/Dammayr, Maria (2014): »Krisen des Sorgens. Zur herrschaftsförmigen und widerständigen Rationalisierung und Neuverteilung von Sorgearbeit«, in: Für sich und andere sorgen. Krise und Zukunft von Care in der modernen Gesellschaft, hrsg. von Brigitte Aulenbacher und Maria Dammayr, Weinheim/Basel: Beltz Juventa, S. 65–76.

Aulenbacher, Brigitte/Riegraf, Birgitt (Hrsg.) (2012): Erkenntnis und Methode: Geschlechterforschung in Zeiten des Umbruchs, 2. Auflage, Wiesbaden: Springer VS.

Aulenbacher, Brigitte/Dammayr, Maria/Décieux, Fabienne (2015): »Prekäre Sorge, Sorgearbeit und Sorgeproteste. Über die Sorglosigkeit des Kapitalismus und eine sorgsame Gesellschaft«, in: Prekarisierungen. Arbeit, Sorge, Politik, hrsg. von Susanne Völker und Michèle Amacker, Weinheim/Basel: Juventa, S. 59–74.

Aulenbacher, Brigitte/Lutz, Helma/Schwiter, Karin (Hrsg.) (2021): Gute Sorge ohne gute Arbeit? Live-in-Care in Deutschland, Österreich und der Schweiz, Weinheim: Beltz.

Bäcker, Gerhard (2018): »Alterssicherung in Deutschland«, in: Handbuch Soziologie des Alter(n)s, hrsg. von Klaus R. Schroeter, Claudia Vogel und Harald Künemund, Wiesbaden: Springer VS, S. 1–26. https://doi.org/10.1007/978-3-658-09630-4_16-1
Baethge, Martin (1991): »Arbeit, Vergesellschaftung, Identität – Zur zunehmenden normativen Subjektivierung der Arbeit«, in: Soziale Welt 42(1), S. 6–19.
Baethge, Martin (1994): »Arbeit und Identität«, in: Riskante Freiheiten, hrsg. von Ulrich Beck und Elisabeth Beck-Gernsheim, Frankfurt: Suhrkamp, S. 245–261.
Bahrdt, Hans-Paul (1983): »Arbeit als Inhalt des Lebens«, in: Krise der Arbeitsgesellschaft? Verhandlungen des 21. Deutschen Soziologentages 1982, hrsg. von Joachim Matthes, Frankfurt/New York: Campus, S. 130–137.
Baier, Angelika/Binswanger, Christa/Häberlein, Jana/Nay, Yv Eveline/Zimmermann, Andrea (Hrsg.) (2014): Affekt und Geschlecht: Eine einführende Anthologie, Wien: Zaglossus.
Baldamus, Wilhelm (1960): Der gerechte Lohn. Eine industriesoziologische Analyse, Berlin: Duncker & Humblot.
Barron, Elizabeth/Hess, Jaqueline (2021): »Non-human ›labour‹: the work of Earth Others«, in: The Handbook of Diverse Economies, hrsg. von J.K. Gibson-Graham und Kelly Dombroski, Cheltenham, Edward Elgar, S. 163–169.
Barth, Thomas/Jochum, Georg/Littig, Beate (Hrsg.) (2016): Nachhaltige Arbeit. Soziologische Beiträge zur Neubestimmung der gesellschaftlichen Naturverhältnisse, Frankfurt/New York: Campus.
Basten, Lisa (2016): Wir Kreative! Das Selbstverständnis einer Branche, Berlin: Frank & Timme.
Bebel, August (1879): Die Frau und der Sozialismus, Zürich: Verlagsbuchhandlung.
Beck, Ulrich (1983): »Jenseits von Stand und Klasse? Soziale Ungleichheiten, gesellschaftliche Individualisierungsprozesse und die Entstehung neuer sozialer Formationen und Identitäten«, in: Soziale Welt, Sonderband 2, S. 35–74.
Beck, Ulrich (1986): Risikogesellschaft – Auf dem Weg in eine andere Moderne, Frankfurt: Suhrkamp.

Becker, Ruth/Kortendiek, Beate (Hrsg.) (2010): Handbuch Frauen- und Geschlechterforschung: Theorie, Methoden, Empirie, 3., erweiterte und durchgesehene Auflage, Wiesbaden: Springer VS.

Becker-Schmidt, Regina (2010): »Doppelte Vergesellschaftung von Frauen: Divergenzen und Brückenschläge zwischen Privat- und Erwerbsleben«, in: Handbuch Frauen- und Geschlechterforschung, Theorie, Methoden, Empirie, hrsg. von Ruth Becker und Beate Kortendiek, Wiesbaden: Springer VS, S. 65-74.

Becker-Schmidt, Regina/Knapp, Gudrun-Axeli (Hrsg.) (1995): Das Geschlechterverhältnis als Gegenstand der Sozialwissenschaften. Frankfurt/New York: Campus.

Becker-Schmidt, Regina/Knapp, Gudrun-Axeli (2007): Feministische Theorien zur Einführung, 4., vollständig überarbeitete Auflage, Hamburg: Junius.

Becker-Schmidt, Regina/Knapp, Gudrun-Axeli Knapp/Schmidt, Beate (1984): Eines ist zuwenig – beides ist zuviel. Erfahrungen von Arbeiterfrauen zwischen Familie und Fabrik, Bonn: Neue Gesellschaft.

Beck-Gernsheim, Elisabeth/Ostner, Ilona (1978): »Frauen verändern – Berufe nicht? Ein theoretischer Ansatz zur Problematik von ›Frau und Beruf‹«, in: Soziale Welt 29 (3), S. 257–287.

Beer, Ursula (Hrsg.) (1989): Klasse Geschlecht: Feministische Gesellschaftsanalyse und Wissenschaftskritik, 2. durchgesehene Auflage, Bielefeld: AJZ.

Beer, Ursula (1990): Geschlecht, Struktur, Geschichte. Soziale Konstituierung des Geschlechterverhältnisses, Frankfurt/New York: Campus.

Beer, Ursula (2010): »Sekundärpatriarchalismus: Patriarchat in Industriegesellschaften«, in: Handbuch Frauen- und Geschlechterforschung. Theorie, Methoden, Empirie, hrsg. von Ruth Becker und Beate Kortendiek, Wiesbaden: VS, S. 59–64.

Beer, Ursula/Chalupski, Jutta (1993): »Vom Realsozialismus zum Privatkapitalismus. Formierungstendenzen im Geschlechterverhältnis«, in: Transformationen im Geschlechterverhältnis. Beiträge zur industriellen und gesellschaftlichen Entwicklung, hrsg. von Brigitte Aulenbacher und Monika Goldmann, Frankfurt/New York: Campus, S. 184–230.

Benanav, Aaron (2021): Automatisierung und die Zukunft der Arbeit, Berlin: Suhrkamp.

Bennholdt-Thomsen, Veronika/Mies, Maria/von Werlhof, Claudia (1983): Frauen, die letzte Kolonie. Zur Hausfrauisierung der Arbeit, Reinbek: Rowohlt.

Benz-Overhage, Karin/Brumlop, Eva/Freyberg, Thomas von/Papadimitriou, Zissis (1981): »Computereinsatz und Reorganisation von Produktionsprozessen«, in: Gesellschaftliche Arbeit und Rationalisierung. Neuere Studien aus dem Institut für Sozialforschung in Frankfurt am Main, Leviathan Sonderheft (4), S. 100–117.

Berger, Johannes (2020): »Kapitalismus«, in: Max Weber-Handbuch, hrsg. von Hans-Peter Müller und Steffen Sigmund, Stuttgart: J.B. Metzler, S. 99–102. https://doi.org/10.1007/978-3-476-05142-4_22

Berger, Peter A./ Vester, Michael (1998): Alte Ungleichheiten – neue Spaltungen, Wiesbaden: VS.

Berrebi-Hoffmann, Isabelle (2011): »Gleichheit und Differenz bei Emile Durkheim am Falle der Geschlechterbeziehungen«, in: Die gesellschaftliche Verortung des Geschlechts. Diskurse der Differenz in der deutschen und französischen Soziologie um 1900, hrsg. von Theresa Wobbe, Isabelle Berrebi-Hoffman und Michel Lallement, Frankfurt/New York: Campus, S. 21–46.

Betzelt, Sigrid (2006): Flexible Wissensarbeit: AlleindienstleisterInnen zwischen Privileg und Prekarität, ZeS-Arbeitspapier Nr. 3/2006, Bremen: Universität Bremen.

Betzelt, Sigrid/Gottschall, Karin (2004): »Publishing and the New Media Professions as Forerunners«, in: Advances in Life Course Research 8, S. 257–280. https://doi.org/10.1016/S1040-2608(03)08012-2

Bhabha, Homi K. (2000): Die Verortung der Kultur, Tübingen: Stauffenburg.

Birkner, Martin/Foltin, Robert (2010): (Post-)Operaismus: Von der Arbeiterautonomie zur Multitude. Geschichte & Gegenwart, Theorie & Praxis. Eine Einführung, 2., erweiterte Auflage, Stuttgart: Schmetterling Verlag.

Blauner, Robert (1964): Alienation and Freedom. The Factory Worker and His Industry, Chicago/London: University of Chicago Press.

Bliemeister, Patricia (2017): »Zum Stand beruflicher Selbständigkeit aus Gleichstellungsperspektive«, in: (Solo)-Selbständigkeit als gleichstellungspolitische Herausforderung, hrsg. von Claudia Gather, Lena

Schürmann und Jeannette Trenkmann, gleichstellungsbericht.de, S. 13–26.

Bock, Gisela/ Duden, Barbara (1977): »Arbeit aus Liebe – Liebe als Arbeit. Zur Entstehung der Hausarbeit im Kapitalismus«, in: Frauen und Wissenschaft. Beiträge zur Berliner Sommeruniversität für Frauen, Juli 1976, Berlin: Frauenoffensive, S. 118–199.

Boes, Andreas/Kämpf, Tobias/Langes, Barbara/Lühr, Thomas (2015): »Landnahme im Informationsraum. Neukonstituierung gesellschaftlicher Arbeit in der ›digitalen Gesellschaft‹«, in: WSI-Mitteilungen 68 (2), S. 77–85.

Bögenhold, Dieter/Fachinger, Uwe (2010): »Mikro-Selbstständigkeit und Restrukturierung des Arbeitsmarktes – Theoretische und empirische Aspekte zur Entwicklung des Unternehmertums«, in: Prekäres Unternehmertum: Unsicherheiten von selbstständiger Erwerbstätigkeit und Unternehmensgründung, hrsg. von Andrea D. Bührmann und Hans J. Pongratz, Wiesbaden: Springer, S. 63–84.

Bögenhold, Dieter/Fachinger, Uwe (2016): Berufliche Selbstständigkeit: Theoretische und empirische Vermessungen, Wiesbaden: Springer VS.

Bögenhold, Dieter/Leicht, René (2000): »Neue Selbständigkeit und Entrepreneurship: Moderne Vokabeln und damit verbundene Hoffnungen und Irrtümer«, in: WSI-Mitteilungen 53(12), S. 779–787.

Bögenhold, Dieter/Staber, Udo (1990): »Selbständigkeit als ein Reflex auf Arbeitslosigkeit? Makrosoziologische Befunde einer international-komparativen Studie«, in: Kölner Zeitschrift für Soziologie und Sozialpsychologie 42, S. 265–279.

Böhle, Fritz (2017): Arbeit als Subjektivierendes Handeln, Wiesbaden: Springer VS.

Böhle, Fritz/Milkau, Brigitte (1988): Vom Handrad zum Bildschirm: Eine Untersuchung zur sinnlichen Erfahrung im Arbeitsprozess, Frankfurt/New York: Campus.

Böhle, Fritz/Voß, G. Günter/Wachtler, Günther (Hrsg.) (2018): Handbuch Arbeitssoziologie, 2. Auflage, Wiesbaden: Springer VS.

Bohn, Rainer/Hirsch-Kreinsen, Hartmut/Pfeiffer, Sabine/Will-Zocholl, Mascha (Hrsg.): Lexikon der Arbeits- und Industriesoziologie, 3., aktualisierte und erweiterte Auflage, Baden-Baden: Nomos.

Böhnke, Petra/Zeh, Janina/Link, Sebastian (2015): »Atypische Beschäftigung im Erwerbsverlauf: Verlaufstypen als Ausdruck sozialer Spaltung?«, in: Zeitschrift für Soziologie 44(4), S. 234–252.
Boltanski, Luc/Chiapello, Ève (1999): Le nouvel esprit du capitalisme. Paris: Gallimard.
Boltanski, Luc/Chiapello, Ève (2003): Der neue Geist des Kapitalismus. Konstanz: UVK.
Bolte, Karl Martin (1983): »Subjektorientierte Soziologie – Plädoyer für eine Forschungsperspektive«, in: Subjektorientierte Arbeits- und Berufssoziologie, hrsg. von Karl Martin Bolte und Erhard Treutner, Frankfurt/New York: Campus, S. 12–36.
Bolte, Karl Martin/Treutner, Erhard (Hrsg.) (1983): Subjektorientierte Arbeits- und Berufssoziologie, Frankfurt/New York: Campus.
Bonazzi, Giuseppe (2014): Geschichte des organisatorischen Denkens, 2. Auflage, Wiesbaden: Springer VS.
Bonin, Holger/Krause-Pilatus, Annabelle/Rinne, Ulf (2022): Selbstständige Erwerbstätigkeit in Deutschland (Aktualisierung 2022), Bundesministerium für Arbeit und Soziales.
Bonin, Holger/Terry, Gregory/Zieran, Ulrich (2015): Übertragung der Studie von Frey/Osborne (2013) auf Deutschland. Kurzexpertise des ZEW (Zentrum für Europäische Wirtschaftsforschung GmbH) an das Bundesministerium für Arbeit und Soziales (BMAS).
Born, Claudia/Krüger, Helga (2001): »Das Lebenslaufregime der Verflechtung: Orte, Ebenen und Thematisierungen«, in: Individualisierung und Verflechtung: Geschlecht und Generation im Lebenslaufregime, hrsg. von Claudia Born und Helga Krüger, Weinheim/München: Juventa, S. 11–26.
Bourdieu, Pierre (1985): Sozialer Raum und »Klassen«. Leçon sur la leçon. Zwei Vorlesungen, Frankfurt: Suhrkamp.
Bourdieu, Pierre (1997/2005): Das Elend der Welt. Zeugnisse und Diagnosen alltäglichen Leidens an der Gesellschaft, Konstanz: UVK.
Bourdieu, Pierre (1998): »Prekarität ist überall«, in: Gegenfeuer. Wortmeldungen im Dienste des Widerstands gegen die neo-liberale Invasion, Konstanz: UVK, S. 96–102.
Bourdieu, Pierre (2000): Die zwei Gesichter der Arbeit: Interdependenzen von Zeit- und Wirtschaftsstrukturen am Beispiel einer Ethnologie der algerischen Übergangsgesellschaft, Konstanz: UVK.

Bourdieu, Pierre (2005): Die männliche Herrschaft. Frankfurt: Suhrkamp. Zuerst: La domination masculine (1998), Paris: Seuil.
Brandl, Sebastian/Hildebrandt, Eckart (2002): Zukunft der Arbeit und soziale Nachhaltigkeit, Wiesbaden: VS.
Brandt, Gerhard (1984): »Marx und die neuere deutsche Industriesoziologie«, in: Arbeit, Technik und gesellschaftliche Entwicklung, Frankfurt: Suhrkamp, S. 254–280.
Brandt, Gerhard/Kündig, Bernhard/Papadimitriou, Zissis/Thomae, Jutta (1978): Computer und Arbeitsprozess – eine arbeitssoziologische Untersuchung der Auswirkungen des Computereinsatzes in ausgewählten Betriebsabteilungen der Stahlindustrie und des Bankgewerbes, Frankfurt/New York: Campus.
Braverman, Harry (1977): Die Arbeit im modernen Produktionsprozess, Frankfurt/New York: Campus.
Brenke, Karl/Beznoska, Martin (2016): Solo-Selbständige in Deutschland – Strukturen und Erwerbsverläufe, Bundesministerium für Arbeit und Soziales.
Briken, Kendra/Chillas, Shiona/Krzywdzinski, Martin/Marks, Abigail (Hrsg.) (2017): The New Digital Workplace. How New Technologies Revolutionise Work, London: Macmillan Education Palgrave.
Brinkmann, Ulrich (2003): »Die Verschiebung von Marktgrenzen und die kalte Entmachtung der WissensarbeiterInnen«, in: Subjektivierte Arbeit. Mensch, Organisation und Technik in einer entgrenzten Arbeitswelt, hrsg. von Klaus Schönberger und Stefanie Springer, Frankfurt/New York: Campus, S. 63–94.
Brinkmann, Ulrich/Friedrich-Ebert-Stiftung/Gesprächskreis Migration und Integration (Hrsg.) (2006): Prekäre Arbeit: Ursachen, Ausmaß, soziale Folgen und subjektive Verarbeitungsformen unsicherer Beschäftigungsverhältnisse, Friedrich-Ebert-Stiftung.
Brock, Ditmar/Vetter, Hans-Rolf (1982): Alltägliche Arbeiterexistenz. Soziologische Rekonstruktionen des Zusammenhangs von Lohnarbeit und Biographie, Frankfurt/New York: Campus.
Bröckling, Ulrich (2007): Das unternehmerische Selbst. Soziologie einer Subjektivierungsform, Frankfurt: Suhrkamp.
Brynjolfsson, Erik/McAfee, Andrew (2014): The second machine age. Wie die nächste industrielle Revolution unser aller Leben verändern wird, Kulmbach: Plassen.

Bude, Heinz/Staab, Philipp (2016): Kapitalismus und Ungleichheit. Die neuen Verwerfungen, Frankfurt/New York: Campus.

Bührmann, Andrea D. (2010): »Motivation von Unternehmensgründungen durch Migrant/inn/en«, in: Prekäres Unternehmertum: Unsicherheiten von selbstständiger Erwerbstätigkeit und Unternehmensgründung, hrsg. von Andrea D. Bührmann und Hans J. Pongratz, Wiesbaden: VS, S. 271–293.

Bührmann, Andrea D. (2012): »Unternehmertum jenseits des Normalunternehmertums: Für eine praxistheoretisch inspirierte Erforschung unternehmerischer Aktivitäten«, in: Berliner Journal für Soziologie 22(1), S. 129–156. https://doi.org/10.1007/s11609-012-0175-2

Bührmann, Andrea D./Hans J. Pongratz (Hrsg.) (2010): Prekäres Unternehmertum: Unsicherheiten von selbstständiger Erwerbstätigkeit und Unternehmensgründung, Wiesbaden: VS.

Bührmann, Andrea D./Dietzinger, Angelika/Metz-Göckel, Sigrid (2014): Arbeit – Sozialisation – Sexualität: Zentrale Felder der Frauen- und Geschlechterforschung, 3. Auflage, Wiesbaden: Springer VS.

Bührmann, Andrea D./Fachinger, Uwe/Welskop-Deffaa, Eva M. (Hrsg.) (2018): Hybride Erwerbsformen. Digitalisierung, Diversität und sozialpolitische Gestaltungsoptionen. Wiesbaden: Springer VS. https://doi.org/10.1007/978-3-658-18982-2

Bujard, Martin/Laß, Inga/Diabaté, Sabine/Sulak, Harun/Schneider, Norbert F. (2020): Eltern während der Corona-Krise: Zur Improvisation gezwungen. Bundesinstitut für Bevölkerungsforschung. https://doi.org/10.12765/bro-2020-01

Burawoy, Michael (1979): Manufacturing Consent – Changes in the Labor Process under Monopoly Capitalism, Chicago/London: University of Chicago Press.

Burawoy, Michael (1985): The Politics of Production, London/New York: Verso.

Burzan, Nicole/Berger, Peter A. (Hrsg.) (2010): Dynamiken (in) der gesellschaftlichen Mitte, Wiesbaden: VS.

Butkowski, Olivier/Kay, Rosemarie/Suprinovic, Olga (2022): Entwicklung der hybriden Selbstständigkeit in Deutschland – Analysen anhand des Taxpayer-Panels 2001–2016, Bonn: Institut für Mittelstandsforschung.

Butler, Judith (1991): Das Unbehagen der Geschlechter. Frankfurt: Suhrkamp. Ursprünglich: Gender Trouble. Feminism and the Subversion of Identity (1990), New York: Routledge.

Cancian, Francesca M./Oliker, Stacey J. (2000): Caring and Gender, Lanham: Rowman & Littlefield.

Carstensen, Tanja/Winker, Gabriele (2007): »Eigenverantwortung in Beruf und Familie – vom Arbeitskraftunternehmer zur Arbeitskraftmanagerin«, in: Feministische Studien 25(2), S. 277–288.

Castel, Robert (2000): Die Metamorphosen der sozialen Frage. Eine Chronik der Lohnarbeit, Konstanz: UVK.

Castel, Robert (2009): Die Wiederkehr der sozialen Unsicherheit, in: Prekarität, Abstieg, Ausgrenzung. Die soziale Frage am Beginn des 21. Jahrhunderts, hrsg. von Robert Castel und Klaus Dörre, Frankfurt/New York: Campus, S. 21–34.

Castel, Robert (2012): »Die Fallstricke des Exklusionsbegriffs«, in: Die Krise der Arbeit: Neue Unsicherheiten und die Zukunft des Individuums, Hamburg: Hamburger Edition, S. 276–293.

Castel, Robert/Dörre, Klaus (Hrsg.) (2009): Prekarität, Abstieg, Ausgrenzung. Die soziale Frage am Beginn des 21. Jahrhunderts, Frankfurt/New York: Campus.

Choonara, Joseph/Murgia, Annalisa/Carmo, Renato M. (2022): »Introduction: Critical Perspectives on Precarity and Precariousness«, in: Faces of Precarity, Bristol: Bristol University Press, S. 1–12.

Cicero (1976): De officiis/Vom pflichtgemäßen Handeln. Stuttgart: Reclam.

Clough, Patricia Ticineto/Halley, Jean (Hrsg.) (2007): The Affective Turn. Theorizing the Social, Durham/London: Duke University Press.

Crouch, Colin (2019): Gig Economy. Prekäre Arbeit im Zeitalter von Uber, Minijobs & Co., Berlin: Suhrkamp.

Cunningham, Stuart/Craig, David (2019): Social media entertainment: The new intersection of Hollywood and Silicon Valley, New York: NYU Press.

Cyba, Eva (2008): »Patriarchat: Wandel und Aktualität«, in: Handbuch Frauen- und Geschlechterforschung: Theorie, Methoden, Empirie, hrsg. von Ruth Becker und Beate Kortendiek, Wiesbaden: VS, S. 17–22. https://doi.org/10.1007/978-3-531-91972-0_1

Dahrendorf, Ralf (1980): »Im Entschwinden der Arbeitsgesellschaft«, in: Merkur 34 (387), S. 749–760.

Dahrendorf, Ralf (1983): »Wenn der Arbeitsgesellschaft die Arbeit ausgeht«, in: Krise der Arbeitsgesellschaft? Verhandlungen des 21. Deutschen Soziologentages 1982, hrsg. von Joachim Matthes, Frankfurt/New York: Campus, S. 25–37.

Datenreport (2021): Datenreport – Sozialbericht für Deutschland, hrsg. von der Bundeszentrale für politische Bildung, dem Statistischen Bundesamt, dem Wissenschaftszentrum Berlin für Sozialforschung, dem Soziooekonomischen Panel des Deutschen Instituts für Wirtschaftsforschung und dem Bundesinstitut für Bevölkerungsforschung.

Décieux, Fabienne/Becker, Karina/Kutlu, Yalcin (2020): »Industrielle Beziehungen und Sorgearbeit«, in: Industrielle Beziehungen 26, S. 386–406.

Delitz, Heike (2013): Émile Durkheim zur Einführung, Hamburg: Junius.

Demszky, Alma/Voß, G. Günter (2018): »Beruf und Profession«, in: Handbuch Arbeitssoziologie, Band 2: Akteure und Institutionen, hrsg. von Fritz Böhle, G. Günter Voß und Günther Wachtler, Wiesbaden: Springer VS, S. 477–538.

Deutschmann, Christoph (2010): »Sozialstrukturelle Bedingungen wirtschaftlicher Dynamik«, in: Dynamiken (in) der gesellschaftlichen Mitte, hrsg. von Nicole Burzan und Peter A. Berger, Wiesbaden: VS, S. 43–54.

Dick, Michael/Marotzki, Winfried/Mieg, Harald (Hrsg.) (2016): Handbuch Professionsentwicklung, Stuttgart: UTB.

Dietrich, Hans (1998): Erwerbsverhalten in der Grauzone von selbständiger und abhängiger Erwerbsarbeit, Nürnberg: Institut für Arbeitsmarkt- und Berufsforschung.

Dolata, Ulrich (2011): Wandel durch Technik. Eine Theorie soziotechnischer Transformation, Frankfurt/New York: Campus.

Dörre, Klaus (2007): »Prekarisierung und Geschlecht. Ein Versuch über unsichere Beschäftigung und männliche Herrschaft in nachfordistischen Arbeitsgesellschaften«, in: Arbeit und Geschlecht im Umbruch der modernen Gesellschaft, hrsg. von Birgit Aulenbacher, Maria Funder, Heike Jacobsen, Susanne Völker, Wiesbaden: Springer VS, S. 285–301.

Dörre, Klaus (2016): »Die neue Unterklasse. Armut, Ausbeutung und soziale Reproduktion in der prekären Vollerwerbsgesellschaft«, in: Armut. Gender-Perspektiven ihrer Bewältigung in Geschichte und Gegenwart, hrsg. von Maria Häusl, Stefan Horlacher, Sonja Koch, Gudrun Loster-Schneider und Susanne Schötz, Leipzig: Leipziger Universitätsverlag, S. 41–68.

Dörre, Klaus (2017): »Prekarität«, in: Lexikon der Arbeits- und Industriesoziologie, hrsg. von Harmut Hirsch-Kreinsen und Heiner Minssen, 2. Auflage, Baden-Baden: Nomos, S. 258–262.

Dowling, Emma (2021): The Care Crisis. What Caused It and How Can We End It?, London/New York: Verso.

Duffy, Brooke Erin (2017): (Not) Getting Paid to Do What You Love. Gender, Social Media, and Aspirational Work, New Haven: Yale University Press.

Dunkel, Wolfgang/Weihrich, Margit (2006): »Interaktive Arbeit. Ein Konzept zur Entschlüsselung personenbezogener Dienstleistungsarbeit«, in: Von der Allgegenwart der verschwindenden Arbeit, hrsg. von Wolfgang Dunkel und Dieter Sauer, Berlin: Sigma, S. 67–82.

Dunkel, Wolfgang/Weihrich, Margit (2018): »Arbeit als Interaktion«, in: Handbuch Arbeitssoziologie. Band 1: Arbeit, Strukturen und Prozesse, hrsg. von Fritz Böhle, G. Günter Voß und Günther Wachtler, Wiesbaden: Springer VS, S. 201–230. https://doi.org/10.1007/978-3-658-14458-6_6

Durkheim, Émile (1983): Der Selbstmord, Frankfurt: Suhrkamp. Ursprünglich: Le suicide. Étude de sociologie (1897), Paris: Baillère.

Durkheim, Émile (1988): Uber soziale Arbeitsteilung. Studie über die Organisation höherer Gesellschaften, Frankfurt: Suhrkamp. Ursprünglich: De la division du travail social. Étude sur l'organisation des sociétés supérieures (1893), Paris: Alcan.

Ebbinghaus, Andrea (1984): Arbeiter und Arbeitswissenschaft, Opladen: Westdeutscher Verlag.

Edwards, Richard (1981): Herrschaft im modernen Produktionsprozeß. Frankfurt/New York: Campus. Ursprünglich: Contested Terrain. The Transformation of the Workplace in the 20. Century (1979), New York: Basic Books.

Egbringhoff, Julia (2007): Ständig selbst. Eine Untersuchung der alltäglichen Lebensführung von Ein-Personen-Selbständigen, München/Mering: Hampp.

Eichler, Lutz/Kocyba, Hermann/Menz, Wolfgang (2010): »Gesellschaftstheoretischer Anspruch und die Beharrlichkeit des Besonderen. Theorie und Empirie in den industriesoziologischen Arbeiten des Instituts für Sozialforschung«, in: Industriesoziologische Fallstudien. Entwicklungspotenziale einer Forschungsstrategie, hrsg. von Hans J. Pongratz und Rainer Trinczek, Berlin: Sigma, S. 163–201.

Engels, Friedrich (1894): Der Ursprung der Familie, des Privateigentums und des Staats. Im Anschluß an Lewis H. Morgans Forschungen, 4. erweiterte Auflage, Stuttgart: Dietz.

England, Paula/Folbre, Nancy/Leana, Carrie (2012): »Motivating care«, in: For Love and Money. Care Provision in the United States, hrsg. von Nancy Folbre, New York: Russell Sage Foundation, S. 21–39.

Fachinger, Uwe (2017): »Was wissen Selbständige über ihre Altersvorsorge? Große Unsicherheit über Regelabsicherung und individuelle Beteiligung an Alterssicherungssystemen. Eine Sonderauswertung des Mikrozensus 2013«, in: Deutsche Rentenversicherung 72, S. 361–394.

Fachinger, Uwe (2018): »Erwerbshybridisierung: Sozialpolitische (Folge-)Probleme«, in: Hybride Erwerbsformen. Digitalisierung, Diversität und sozialpolitische Gestaltungsoptionen, hrsg. von Andrea Bührmann, Uwe Fachinger und Eva Welskop-Deffaa, Wiesbaden: Springer VS, S. 77–106.

Fachinger, Uwe (2019): »Alterssicherung und Armut«, in: Alternsforschung, hrsg. von Karsten Hank, Frank Schulz-Nieswandt, Michael Wagner und Susanne Zank, Baden-Baden: Nomos, S. 131–170. https://doi.org/10.5771/9783845276687-131

Federici, Silvia (2020): »Die Revolte der Frauen gegen die Hausarbeit und die feministische Neubestimmung der Arbeit, des Klassenkampfes und der kapitalistischen Krise«, in: Feministische Theorie und Kritische Medienkulturanalyse. Ausgangspunkte und Perspektiven, hrsg. von Tanja Thomas und Ulla Wischermann, Bielefeld: Transcript, S. 39–46.

Fisher, Berenice/Tronto, Joan (1990): »Towards a feminist theory of caring«, in: Circles of Care: Work and Identity in Women's Lives, hrsg. von Emily K. Abel und Margaret K. Nelson, New York: SUNY Press, S. 35–62.

Fohrbeck, Karla/Wiesand, Andreas J. (1975): Der Künstler-Report. Musikschaffende, Darsteller, Realisatoren, bildende Künstler, Designer, München: Hanser.

Folbre, Nancy (2001): The Invisible Heart. Economics and Family Values: New York: New Press.

Folbre, Nancy/Wright, Erik Olin (2012): »Defining care«, in: For Love and Money. Care Provision in the United States, hrsg. von Nancy Folbre, New York: Russell Sage Foundation, S. 1–20.

Folta, Timothy B./Delmar, Frédéric/Wennberg, Karl (2010): »Hybrid entrepreneurship«, in: Management Science 56(2), S. 253–269. https://doi.org/10.1287/mnsc.1090.1094

Fraser, Nancy (2022): Cannibal Capitalism, London/New York: Verso.

Freudenschuß, Magdalena (2010): »Kein eindeutiges Subjekt. Zur Verknüpfung von Geschlecht, Klasse und Erwerbsstatus in der diskursiven Konstruktion prekärer Subjekte«, in: Prekarisierung zwischen Anomie und Normalisierung. Geschlechtertheoretische Bestimmungsversuche, hrsg. von Alexandra Manske und K. Pühl, Münster: Westfälisches Dampfboot, S. 252–271.

Frey, Carl Benedikt/Osborne, Michael (2013): The Future of Employment: How Susceptible Are Jobs to Computerisation? Working Paper, Oxford: University of Oxford.

Frey, Michael (2004): »Ist der ›Arbeitskraftunternehmer‹ weiblich? »Subjektivierte« Erwerbsorientierungen von Frauen in Prozessen betrieblicher Diskontinuität«, in: Arbeit 13(1), S. 61–77. https://doi.org/10.1515/arbeit-2004-0106

Friedman, Andrew L. (1977): Industry and Labour. Class Struggle at Work and Monopoly Capitalism, London: Macmillan.

Füllsack, Manfred (2009): Arbeit, Stuttgart UTB.

Gather, Claudia/Schmidt, Tanja/Ulbricht, Susan (2010): »Der Gender Income Gap bei den Selbstständigen – Empirische Befunde«, in: Prekäres Unternehmertum: Unsicherheiten von selbstständiger Erwerbstätigkeit und Unternehmensgründung, hrsg. von Andrea D. Bührmann und Hans J. Pongratz, Wiesbaden: VS, S. 85–110.

Gather, Claudia/Biermann, Ingrid/Schürmann, Lena/Ulbricht, Susan/Zipprian, Heinz (2014): Die Vielfalt der Selbständigkeit, Baden-Baden: Nomos.

Gather, Claudia/Schürmann, Lena/Trenkmann, Jeannette (2017): Solo-Selbstständigkeit als gleichstellungspolitische Herausforderung. Expertise für den zweiten Gleichstellungsbericht der Bundesregierung, Berlin: Institut für Sozialarbeit und Sozialpädagogik e.V.

Geissler, Birgit (2018): »Haushaltsarbeit und Haushaltsdienstleistungen«, in: Handbuch Arbeitssoziologie, Bd. 2, hrsg. von Fritz Böhle, G. Günter Voß und Günther Wachtler, Wiesbaden: Springer VS, S. 767–799.

Geissler, Birgit/Oechsle, Mechtild (1998): Die ungleiche Gleichheit. Zur widersprüchlichen Modernisierung weiblicher Lebensführung, Wiesbaden: VS.

Geißler, Rainer (2014): Die Sozialstruktur Deutschlands, 7., grundlegend überarbeitete Auflage, Wiesbaden: Springer VS.

Gélieu, Claudia von (2022): »Vom Weiblichen Wohltätigkeitsverein bis zur Arbeiterwohlfahrt: Motive sozialer Frauenarbeit an ausgewählten historischen Beispielen von 1813 bis 1919«, in: »Über alle Parteiungen weg«? Aktuelle Gedanken zu Alice Salomons Schlüsseltext über die Grundlagen und Ziele der Sozialen Arbeit, Berlin: Verlag des Deutschen Vereins für öffentliche und private Fürsorge, S. 18–31.

Gerhard, Ute (1995): »Sozialwissenschaftliche Frauenforschung: Perspektivenwechsel und theoretische Diskurse«, in: Soziologie in Deutschland, hrsg. von Bernhard Schäfers, Wiesbaden: VS, S. 199–212.

Ghosh, Peter (2020): »Die protestantische Ethik und der Geist des Kapitalismus (1904–05; 1920)«, in: Max-Weber-Handbuch, hrsg. von Hans-Peter Müller und Steffen Sigmund, Stuttgart: Metzler, S. 291–304. https://doi.org/10.1007/978-3-476-05142-4_66

Giegel, Hans-Joachim/Frank, Gerhard/Billerbeck, Ulrich (1988): Industriearbeit und Selbstbehauptung. Berufbiographische Orientierungen und Gesundheitsverhalten in gefährdeten Lebenverhältnissen, Opladen: Leske & Budrich.

Gildemeister, Regine/Wetterer, Angelika (1992): »Wie Geschlechter gemacht werden. Die soziale Konstruktion der Zweigeschlechtlichkeit und ihre Reifizierung in der Frauenforschung«, in: Traditionen Brüche: Entwicklungen feministischer Theorie, hrsg. von Gudrun-Axeli Knapp und Angelika Wetterer, Freiburg: Kore, S. 201–254.

Gill, Rosalind/Pratt, Andy C. (2008): »In the social factory? Immaterial labour, precariousness and cultural work«, in: Theory, Culture & Society 25(7–8), S. 1–30.

Gilligan, Carol (1984): Die andere Stimme. Lebenskonflikte und Moral der Frau, München/Zürich: Piper.

Goffman, Erving (1986): Interaktionsrituale. Über Verhalten in direkter Kommunikation, Frankfurt: Suhrkamp. Ursprünglich: Interaction Ritual. Essays in Face-to-Face Behavior (1967), Chicago: Aldine.

Goldthorpe, John H./Lockwood, David/Bechhofer, Frank/Platt, Jennifer (1970): Der »wohlhabende« Arbeiter in England, München: Goldmann. Ursprünglich: The Affluent Worker (1968), Cambridge: University Press.

Gorz, André (1980): Abschied vom Proletariat, Frankfurt: EVA.

Gorz, André (1989): Kritik der ökonomischen Vernunft. Sinnfragen am Ende der Arbeitsgesellschaft, Berlin: Rotbuch.

Gorz, André (2000): Arbeit zwischen Misere und Utopie, Frankfurt: Suhrkamp.

Gottschall, Karin (1998): »Doing gender while doing work? Erkenntnispotenziale konstruktivistischer Perspektiven für eine Analyse des Zusammenhangs von Arbeitsmarkt, Beruf und Geschlecht«, in: FrauenArbeitsMarkt. Der Beitrag der Frauenforschung zur sozio-ökonomischen Theorieentwicklung, hrsg. von Birgit Geissler, Friederike Maier und Birgit Pfau-Effinger, Berlin: Sigma, S. 63–94.

Gottschall, Karin (1999): »Freie Mitarbeit im Journalismus: Zur Entwicklung von Erwerbsformen zwischen selbständiger und abhängiger Beschäftigung«, in: Kölner Zeitschrift für Soziologie und Sozialpsychologie 51(4), S. 635–654.

Gottschall, Karin (2000): Soziale Ungleichheit und Geschlecht. Kontinuitäten und Brüche, Sackgassen und Erkenntnispotentiale im deutschen soziologischen Diskurs, Opladen: Leske & Budrich.

Gottschall, Karin (2018): »Arbeit, Beschäftigung und Arbeitsmarkt aus der Genderperspektive«, in: Handbuch Arbeitssoziologie, hrsg. von Fritz Böhle, G. Günter Voß und Günther Wachtler, Wiesbaden: Springer VS, S. 361–395. https://doi.org/10.1007/978-3-658-21704-4_12

Graeber, David (2018): Bullshit jobs. Vom wahren Sinn der Arbeit, Stuttgart: Klett-Cotta.

Graf, Sebastian/Höhne, Jutta/Mauss, Alexander/Schulze Buschoff, Karin (2019): Mehrfachbeschäftigungen in Deutschland. Struktur, Arbeitsbedingungen und Motive, WSI-Report 48/2019, Düsseldorf: WSI.

Gramsci, Antonio (1999): »Amerikanismus und Fordismus«, in: Gefängnishefte, Bd. 9, Berlin: Argument, S. 2063–2101. Ursprünglich: Americanismo e fordismo (1930).

Gregg, Melissa (2009): »Learning to (love) labour. Production cultures and the affective turn«, in: Communication and Critical/Cultural Studies 6(2), S. 209–214. https://doi.org/10.1080/14791420902868045

Gregg, Melissa/Seigworth, Gregory J. (2010): The Affect Theory Reader, Durham: Duke University Press.

Gruber, Julia (2019): »Hybride Erwerbsformen – Geschlechter- und branchenspezifische Unterschiede«, in: Wirtschaftsdienst 99(7), S. 516–518.

Gruhlich, Julia (2020): »Feministische Herrschafts- und Gesellschaftskritik«, in: Feministische Theorie und Kritische Medienkulturanalyse, hrsg. von Tanja Thomas und Ulla Wischermann, Bielefeld: Transcript, S. 25–38.

Günther, Jana (2019): Fragile Solidaritäten: Klasse und Geschlecht in der britischen und deutschen Frauenbewegung, Hamburg: Marta Press.

Haak, Carroll (2008): Wirtschaftliche und soziale Risiken auf den Arbeitsmärkten von Künstlern, Wiesbaden: VS.

Haak, Carroll/Schmid, Günther (2001): »Arbeitsmärkte für Künstler und Publizisten: Modelle der künftigen Arbeitswelt?«, in: Leviathan 29(2), S. 156–178. https://doi.org/10.1007/s11578-001-0011-0

Habermas, Jürgen (1981): Theorie des kommunikativen Handelns, Frankfurt: Suhrkamp.

Hanemann, Laura (2016): Zwischen Zeitsouveränität und Zeitpanik. Zum Lebensrhythmus der Solo-Selbstständigen, Köln: Herbert von Halem.

Hanemann, Laura/Schürmann, Lena (2019): »Zwischen Statuskrise und Autonomiebegehren: Solo-Selbstständigkeit als generationstypische Bearbeitung des Wandels von Arbeit und Biografie«, in: Österreichische Zeitschrift für Soziologie 44(4), S. 387–406. https://doi.org/10.1007/s11614-019-00386-9

Hardt, Michael (1999): »Affective Labor«, in: Boundary 26(2), S. 89–100.

Hardt, Michael/Negri, Antonio (2000): Empire, Cambridge/London: Harvard University Press.

Hardt, Michael/Negri, Antonio (2005): Multitude: War and Democracy in the Age of Empire, London: Penguin Books.

Hardt, Michael/Negri, Antonio (2010): Common Wealth. Das Ende des Eigentums, Frankfurt/New York: Campus.

Hardt, Michael/Negri, Antonio (2018): Assembly, Frankfurt/New York: Campus.

Hark, Sabine/Völker, Susanne (2010): »Feministische Perspektiven auf Prekarisierung: Ein ›Aufstand auf der Ebene der Ontologie‹«, in: Prekarisierung zwischen Anomie und Normalisierung: Geschlechtertheoretische Bestimmungen, hrsg. von Alexandra Manske und Katharina Pühl, Münster: Westfälisches Dampfboot, S. 26–47.

Haubner, Tine/Pongratz, Hans J. (2021): »Die ganze Arbeit! Für eine transversale Arbeitssoziologie«, in: AIS-Studien 14 (2), S. 8–26.

Hauff, Sven (2008): »Zwischen Flexibilität und Sicherheit – Zur aktuellen Entwicklung von Werten in der Arbeitswelt«, in: Soziale Welt 59(1), S. 53–74.

Haug, Frigga (2004): »Sozialistischer Feminismus: Eine Verbindung im Streit«, in: Handbuch Frauen- und Geschlechterforschung, hrsg. von Ruth Becker und Beate Kortendiek, Wiesbaden: VS, S. 49–55. https://doi.org/10.1007/978-3-322-99461-5_6

Haug, Frigga (2011): »Das Care-Syndrom. Ohne Geschichte hat die Frauenbewegung keine Perspektive«, in: Das Argument 53(3), S. 345–364.

Haug, Frigga (2019): »Die Wege des Projekts Automation und Qualifikation«, in: Marx und die Roboter. Vernetzte Produktion, künstliche Intelligenz und lebendige Arbeit, hrsg. von Florian Butollo und Sabine Nuss, Berlin: Dietz, S. 91–112.

Hausen, Karin (1976): »Die Polarisierung der »Geschlechtscharaktere«: Eine Spiegelung der Dissoziation von Erwerbs- und Familienleben«, in: Sozialgeschichte der Familie in der Neuzeit Europas, hrsg. von Werner Conze, Stuttgart: Klett-Cotta, S. 363–393.

Heinz, Walter R./Sackmann, Reinhold (2020): »Der Lebenslauf«, in: Lehrbuch der Soziologie, 4. Auflage, hrsg. von Hans Joas und Steffen Mau, Frankfurt/New York: Campus, S. 243–273.

Henning, Christoph/Schultheis, Franz/Thomä, Dieter (2019): Kreativität als Beruf: Soziologisch-philosophische Erkundungen in der Welt der Künste, Bielefeld: Transcript.

Henninger, Anette (2003): »Wer versorgt den Arbeitskraftunternehmer? Überlegungen zur Entgrenzung von Arbeit und Leben bei Alleinselbständigen«, in: Subjektivierte Arbeit. Mensch, Organisation und Technik in einer entgrenzten Arbeitswelt, hrsg. von Klaus Schönberger und Stefanie Springer, Frankfurt/New York: Campus, S. 164–181.

Hirsch, Joachim/Roth, Roland (1986): Das neue Gesicht des Kapitalismus, Hamburg: VSA.

Hirsch-Kreinsen, Hartmut/Minssen, Heiner/Bohn, Rainer (Hrsg.) (2017): Lexikon der Arbeits- und Industriesoziologie, 2. Auflage, Berlin: Sigma.

Hochschild, Arlie Russell (1990): Das gekaufte Herz. Zur Kommerzialisierung der Gefühle, Frankfurt/New York: Campus.

Hochschild, Arlie Russell (2000): »Global care chains and emotional surplus value«, in: Global Capitalism, hrsg. von Will Hutton und Anthony Giddens, New York: The New Press, S. 130–145.

Hochschild, Arlie Russell (2006): Das gekaufte Herz. Die Kommerzialisierung der Gefühle, erweiterte Neuausgabe, Frankfurt/New York: Campus.

Hokema, Anna/Haasler, Simone R. (2021): »Weibliche Solo-Selbstständigkeit – Innovative Arbeitsmarktintegration oder Weg in die Prekarisierung?«, in: Geschlechterungleichheiten in Arbeit, Wohlfahrtsstaat und Familie. Festschrift für Karin Gottschall, hrsg. von Simone Scherger, Ruth Abramowski, Irene Dingeldey, Anna Hokema und Andrea Schäfer, Frankfurt/New York: Campus, S. 333–362.

Holtgrewe, Ursula/Voswinkel, Stephan/Wagner, Gabriele (1999): »Anerkennung und Arbeit«, in: Grenzenlose Gesellschaft?, hrsg. von Hermann Schwengel, Herbolzheim: Centaurus, S. 1–23. https://doi.org/10.1007/978-3-86226-862-7_1

Honegger, Claudia (1991): Die Ordnung der Geschlechter. Die Wissenschaften vom Mann und das Weib, Frankfurt/New York: Campus.

Honegger, Claudia (2011): »Die kognitiven Prinzipien der neuen Wissenschaften vom Menschen und die Genese einer weiblichen Sonderanthropologie in Frankreich«, in: Die gesellschaftliche Verortung des Geschlechts. Diskurse der Differenz in der deutschen und französischen Soziologie um 1900, hrsg. von Theresa Wobbe, Irene Berrebi-Hoffmann und Michel Lallement, Frankfurt/New York: Campus, S. 93–113.

Honneth, Axel (1992): Kampf um Anerkennung. Zur moralischen Grammatik sozialer Konflikte, Frankfurt: Suhrkamp.

Honneth, Axel (2023): Der arbeitende Souverän. Eine normative Theorie der Arbeit, Frankfurt: Suhrkamp.
Howcroft, Debra/Bergvall-Kåreborn, Birgitta (2019): »A typology of crowdwork platforms«, in: Work, Employment and Society 33(1), S. 21–38.
Howe, Jeff (2009): Crowdsourcing. Why the Power of the Crowd is Driving the Future of Business, 2. Auflage, New York: Three Rivers Press.
Huchler, Norbert (2019): »Assimilierende versus komplementäre Adaptivität. Grenzen (teil-)autonomer Systeme«, in: Autonome Systeme und Arbeit. Perspektiven, Herausforderungen und Grenzen der Künstlichen Intelligenz in der Arbeitswelt«, hrsg. von Hartmut Hirsch-Kreinsen und Anemari Karačić, Bielefeld: Transcript, S. 139–179.
Hund, Wolf D. (1990): Stichwort Arbeit – vom Banausentum zum *travail attractif*, Heilbronn: Diestel-Verlag.
Hürtgen, Stefanie/Voswinkel, Stephan (2014): Nichtnormale Normalität? Anspruchslogiken aus der Arbeitnehmermitte, Berlin: Sigma.
IGZA (2018): Zeitsouveränität, Neues Normalarbeitsverhältnis und Sozialstaat 4.0 – Plädoyer für ein Lebensarbeitszeitkonto. Arbeitspapier #4, Berlin: Institut für Geschichte und Zukunft der Arbeit.
Illouz, Eva (2007): Gefühle in Zeiten des Kapitalismus, Frankfurt: Suhrkamp.
Illouz, Eva (2011): Warum Liebe weh tut: Eine soziologische Erklärung, Frankfurt: Suhrkamp.
Illouz, Eva (Hrsg.) (2018a): Emotions as Commodities: Capitalism, Consumption and Authenticity, London: Routledge.
Illouz, Eva (2018b): Warum Liebe endet: Eine Soziologie negativer Beziehungen, Berlin: Suhrkamp.
ILO (2016): Non-Standard Employment Around the World, Genf: International Labour Office.
Inglehart, Roland (1981): »Post-materialism in an environment of insecurity«, in: The American Political Science Review 75(4), S. 880–900.
Ivanova, Mirela/Bronowicka, Joanna/Kocher, Eva/Degner, Anne (2018): »The app as a boss? Control and autonomy in application-based management«, in: Arbeit | Grenze | Fluss – Work in Progress interdisziplinärer Arbeitsforschung Nr. 2, Frankfurt (Oder): Viadrina.
Jacobsen, Heike (2018): »Strukturwandel der Arbeit im Tertiarisierungsprozess«, in: Handbuch Arbeitssoziologie, hrsg. von Fritz Böhle,

G. Günter Voß und Günther Wachtler, Wiesbaden: VS, S. 233–262. https://doi.org/10.1007/978-3-658-14458-6_7
Jaeggi, Rahel (2005): Entfremdung. Zur Aktualität eines sozialphilosophischen Problems, Frankfurt/New York: Campus.
Jochimsen, Maren A. (2003): »Die Gestaltungskraft des Asymmetrischen – Kennzeichen klassischer Sorgesituationen und ihre theoretische Erfassung in der Ökonomik«, in: Zeitschrift für Wirtschafts- und Unternehmensethik 4(1), S. 38–51.
Jungwirth, Ingrid/Scherschel, Karin (2010): »Ungleich prekär – Zum Verhältnis von Arbeit, Migration und Geschlecht«, in: Prekarisierung zwischen Anomie und Normalisierung: Geschlechtertheoretische Bestimmungen, hrsg. von Alexandra Manske und Katharina Pühl, Münster: Westfälisches Dampfboot, S. 110–132.
Jurczyk, Karin (2018): »Familie als Herstellungsleistung«, in: Elternschaft zwischen Projekt und Projektion, hrsg. von Kerstin Jergus, Jens O. Krüger und Anna Roch, Wiesbaden: Springer VS, S. 143–166. https://doi.org/10.1007/978-3-658-15005-1_7
Jurczyk, Karin (Hrsg.) (2020): Doing und Undoing Family. Konzeptionelle und empirische Entwicklungen, Weinheim: Beltz.
Jurczyk, Karin/Rerrich, Maria S. (Hrsg.) (1993): Die Arbeit des Alltags. Beiträge zu einer Soziologie der alltäglichen Lebensführung, Freiburg: Lambertus.
Jurczyk, Karin/Schier, Michaela/Szymenderski, Peggy/Lange, Andreas/Voß, G. Günter (2009): Entgrenzte Arbeit – entgrenzte Familie. Grenzmanagement im Alltag als neue Herausforderung, Berlin: Sigma.
Jurczyk, Karin/Voß, G. Günter/Weihrich, Margit (2016): »Alltägliche Lebensführung – theoretische und zeitdiagnostische Potenziale eines subjektorientierten Konzepts«, in: Lebensführung heute. Klasse, Bildung, Individualität, hrsg. von Erika Alleweldt, Anja Röcke und Jochen Steinbecker, Weinheim/Basel: Beltz Juventa, S. 53–87.
Jürgens, Kerstin (2006): Arbeits- und Lebenskraft. Reproduktion als eigensinnige Grenzziehung, Wiesbaden: VS.
Jürgens, Kerstin (2010): »Deutschland in der Reproduktionskrise«, in: Leviathan 38(4), S. 559–587.
Kaesler, Dirk (2011): Max Weber, München: C.H.Beck. https://doi.org/10.17104/9783406622502

Kaesler, Dirk (2014): Max Weber: Eine Einführung in Leben, Werk und Wirkung, 4., aktualisierte Auflage, Frankfurt/New York: Campus.

Kagermann, Henning/Lukas, Wolf-Dieter/Wahlster, Wolfgang (2011): »Industrie 4.0: Mit dem Internet der Dinge auf dem Weg zur 4. industriellen Revolution«, in: VDI-Nachrichten 13(1), S. 2.

Kalleberg, Arne L. (2009): »Precarious work, insecure workers. Employment relations in transition«, in: American Sociological Review 74(1), 1–22. https://doi.org/10.1177/000312240907400101

Kalleberg, Arne L./Vallas, Steven P. (2017): »Probing precarious work. Theory, research, and politics«, in: Precarious Work, hrsg. von Arne L. Kalleberg und Steven P. Vallas, Bingley: Emerald, S. 1–30. https://doi.org/10.1108/S0277-283320170000031017

Karim, Sarah (2022): »Soziologische Disability Studies«, in: Handbuch Disability Studies, hrsg. von Anne Waldschmidt, Wiesbaden: Springer VS, S. 143–159. https://doi.org/10.1007/978-3-531-18925-3_9

Kaube, Jürgen (2014): Max Weber: Ein Leben zwischen den Epochen, Reinbek: Rowohlt.

Kay, Rosemarie/Schneck, Stefan/Suprinovič, Olga (2018): »Erwerbshybridisierung – Verbreitung und Entwicklung in Deutschland«, in: Hybride Erwerbsformen, hrsg. von Andrea Bührmann, Uwe Fachinger und E. Welskop-Deffaa, Wiesbaden: Springer VS, S. 15–50.

Kern, Horst/Schumann, Michael (1970): Industriearbeit und Arbeiterbewusstsein. Eine empirische Untersuchung über den Einfluss der aktuellen technischen Entwicklung auf die industrielle Arbeit und das Arbeiterbewusstsein, Frankfurt: EVA.

Kern, Horst/Schumann, Michael (1984): Das Ende der Arbeitsteilung? Rationalisierung in der industriellen Produktion, München: C.H. Beck.

Kieser, Alfred (2019): »Managementlehren – von Regeln guter Praxis über den Taylorismus zur Human Relations-Bewegung«, in: Organisationstheorien, hrsg. von Alfred Kieser und Mark Ebers, Stuttgart: Kohlhammer, S. 75–121.

Klages, Helmut (1984): Wertorientierungen im Wandel. Rückblick, Gegenwartsanalyse, Prognosen, Frankfurt/New York: Campus.

Klammer, Ute (2020): »Rentenpolitik zwischen Rollenbildern und Respekt: Verletzen Grundrente & Co. die Grundprinzipien der Gesetzlichen Rentenversicherung – oder helfen sie vielmehr, ihr Sicherungsversprechen einzulösen?«, in: Neustart in der Rentenpolitik. Analysen und Perspektiven, hrsg. von Florian Blank, Markus Hofmann und Annelie Buntenbach, Baden-Baden: Nomos, S. 47–66.

Kleemann, Frank (2005): Die Wirklichkeit der Teleheimarbeit. Eine arbeitssoziologische Untersuchung, Berlin: Sigma.

Kleemann, Frank (2012): »Subjektivierung von Arbeit – Eine Reflexion zum Stand des Diskurses«, in: AIS-Studien 5(2), S. 6–20. https://doi.org/10.21241/SSOAR.64781

Kleemann, Frank/Voß, G. Günter (2018): »Arbeit und Subjekt«, in: Handbuch Arbeitssoziologe, hrsg. von Fritz Böhle, G. Günter Voß und Günther Wachtler, Wiesbaden: Springer VS, S. 15–57.

Kleemann, Frank/Matuschek, Ingo/Voß, G. Günter (2002): »Subjektivierung von Arbeit. Ein Überblick zum Stand der soziologischen Diskussion«, in: Subjektivierung von Arbeit, hrsg. von Manfred Moldaschl u. G. Günter Voß, München/Mering: Hampp, S. 53–100.

Klenner, Christina/Klammer, Ute (2009): »Weibliche Familienernährerinnen in West- und Ostdeutschland – Wunschmodell oder neue Prekarität«, in: Rollenleitbilder und -realitäten in Europa. Rechtliche, ökonomische und kulturelle Dimensionen, hrsg. vom Bundesministerium für Familie, Senioren Frauen und Jugend, S. 62–84.

Klinger, Cornelia (2012): »Leibdienst – Liebesdienst – Dienstleistung«, in: Kapitalismustheorie und Arbeit. Neue Ansätze soziologischer Kritik, hrsg. von Klaus Dörre, Dieter Sauer und Volker Wittke, Frankfurt/New York: Campus, S. 258–272.

Klinger, Cornelia (2013): »Krise war immer ... Lebenssorge und geschlechtliche Arbeitsteilungen in sozialphilosophischer und kapitalismuskritischer Perspektive«, in: Gesellschaft. Feministische Krisendiagnosen, hrsg. von Erna Appelt, Brigitte Aulenbacher und Angelika Wetterer, Münster: Westfälisches Dampfboot, S. 82–104.

Klinger, Cornelia (2014): »Selbstsorge oder Selbsttechnologie? Das Subjekt zwischen liberaler Tradition und Neoliberalismus«, in: Für sich und andere sorgen. Krise und Zukunft von Care in der modernen Gesellschaft, hrsg. von Brigitte Aulenbacher und Maria Dammayr, Weinheim/Basel: Beltz Juventa, S. 31–52.

Klinger, Cornelia/Knapp, Gudrun-Axeli (2007): »Achsen der Ungleichheit – Achsen der Differenz. Verhältnisbestimmungen von Klasse, Geschlecht, »›Rasse‹/Ethnizität«, in: Achsen der Ungleichheit. Zum

Verhältnis von Klasse, Geschlecht und Ethnizität, hrsg. von Cornelia Klinger, Gudrun-Axeli Knapp und Birgit Sauer, Frankfurt/New York: Campus, S. 19–41.

Knapp, Gudrun-Axeli (1981): Industriearbeit und Instrumentalismus. Zur Geschichte eines Vor-Urteils, Bonn: Neue Gesellschaft.

Knapp, Gudun-Axeli (1987): »Arbeitsteilung und Sozialisation: Konstellationen von Arbeitsvermögen und Arbeitskraft im Lebenszusammenhang von Frauen«, in: Klasse Geschlecht. Feministische Gesellschaftsanalyse und Wissenschaftskritik, hrsg. von Ursula Beer, Bielefeld: AJZ, S. 236–273.

Knapp, Gudrun-Axeli (2012): »Der »weibliche Sozialcharakter« – Mythos oder Realität? Soziologische und sozialpsychologische Aspekte des Sozialcharakter-Konstrukts«, in: Im Widerstreit. Feministische Theorie in Bewegung, Wiesbaden: Springer VS, S. 29–56.

Knights, David/Willmott, Hugh (1989): »Power and Subjectivity at Work. From Degradation to Subjugation in Social Relations«, in: Sociology 23(4), S. 535–558.

Koch, Andreas/Rosemann, Martin/Späth, Jochen (2011): Soloselbstständige in Deutschland – Strukturen, Entwicklungen und soziale Sicherung bei Arbeitslosigkeit, Bonn: Friedrich-Ebert-Stiftung.

Koebe, Josefine/Samtleben, Claire/Schrenker, Annekatrin/Zucco, Aline (2020): Systemrelevant, aber dennoch kaum anerkannt: Entlohnung unverzichtbarer Berufe in der Corona-Krise unterdurchschnittlich, DIW aktuell 48, Berlin: DIW.

Kohli, Martin (1985): »Die Institutionalisierung des Lebenslaufes. Historische Befunde und theoretische Argumente«, in: Kölner Zeitschrift für Soziologie und Sozialpsychologie 37(1), S. 1–29.

Kohli, Martin (1990): »Das Alter als Herausforderung an die Theorie sozialer Ungleichheit«, in: Lebenslagen, Lebensläufe, Lebensstile, hrsg. von Peter A. Berger und Stefan Hradil, Göttingen: Schwartz, S. 387–406.

Kohli, Martin (2003): »Der institutionalisierte Lebenslauf: ein Blick zurück und nach vorn«, in: Entstaatlichung und soziale Sicherheit. Verhandlungen des 31. Kongresses der Deutschen Gesellschaft für Soziologie in Leipzig, hrsg. von Jutta Allmendinger, Opladen: Leske u. Budrich, S. 525–545.

Kohlrausch, Bettina/Zucco, Aline (2020): Die Corona-Krise trifft Frauen doppelt: Weniger Erwerbseinkommen und mehr Sorgearbeit, WSI Policy Brief 40, Düsseldorf: WSI.

König, René (1976): »Émile Durkheim«, in: Klassiker des soziologischen Denkens. Erster Band: Von Comte bis Durkheim, hrsg. von Dirk Kaesler, München: C. H. Beck, S. 312–364.

Koppetsch, Cornelia (2006): Das Ethos der Kreativen. Eine Studie zum Wandel von Arbeit und Identität am Beispiel der Werbeberufe, Konstanz: UVK.

Koppetsch, Cornelia/Speck, Sarah (2015): Wenn der Mann kein Ernährer mehr ist. Geschlechterkonflikte in Krisenzeiten, Berlin: Suhrkamp.

Kotthoff, Hermann/Reindl, Josef (1990): Die soziale Welt kleiner Betriebe. Wirtschaften, Arbeiten und Leben im mittelständischen Industriebetrieb, Göttingen: Schwartz.

Kratzer, Nick (2003): Arbeitskraft in Entgrenzung. Grenzenlose Anforderungen, erweiterte Spielräume, begrenzte Ressourcen, Berlin: Sigma.

Kratzer, Nick/Sauer, Dieter (2007): »Entgrenzte Arbeit – gefährdete Reproduktion. Genderfragen in der Arbeitsforschung«, in: Arbeit und Geschlecht im Umbruch der modernen Gesellschaft, hrsg. von Brigitte Aulenbacher, Maria Funder, Heike Jacobsen und Susanne Völker, Wiesbaden: VS, S. 235–249.

Kratzer, Nick/Menz, Wolfgang/Tullius, Knut/Wolf, Harald (2015): Legitimationsprobleme in der Erwerbsarbeit. Gerechtigkeitsansprüche und Handlungsorientierungen in Arbeit und Betrieb, Baden-Baden: Nomos.

Krebs, Angelika (1992): Arbeit und Liebe. Die philosophischen Grundlagen sozialer Gerechtigkeit, Frankfurt: Suhrkamp.

Kreckel, Reinhard (1992): Politische Soziologie der sozialen Ungleichheit, Frankfurt/New York: Campus.

Kritikos, Alexander/Graeber, Daniel/Seebauer, Johannes (2020): Corona-Pandemie wird zur Krise für Selbständige; DIW aktuell 47, Berlin: DIW.

Kronauer, Martin (2002): Exklusion. Die Gefährdung des Sozialen im hoch entwickelten Kapitalismus, Frankfurt/New York: Campus.

Kronauer, Martin (2017): »Atypische Beschäftigung«, in: Lexikon der Arbeits- und Industriesoziologie, 2. Auflage, hrsg. von Hartmut Hirsch-Kreinsen und Heiner Minssen, Berlin: Sigma, S. 71–74.

Krüger, Helga (1995): »Dominanzen im Geschlechterverhältnis. Zur Institutionalisierung von Lebensläufen«, in: Das Geschlechterverhältnis als Gegenstand der Sozialwissenschaften, hrsg. von Regina Becker-Schmidt und Gudrun-Axeli Knapp, Frankfurt/New York: Campus, S. 195–219.

Krüger, Helga (2001): »Gesellschaftsanalyse. Der Institutionenansatz in der Geschlechterforschung«, in: Soziale Verortung der Geschlechter. Gesellschaftstheorie und feministische Kritik, hrsg. von Gudrun-Axeli Knapp und Angelika Wetterer, Münster: Westfälisches Dampfboot, S. 63–90

Krüger, Helga (2010): »Lebenslauf: Dynamiken zwischen Biografie und Geschlechterverhältnis«, in: Handbuch Frauen- und Geschlechterforschung. Theorie, Methoden, Empirie, 3., erweiterte und durchgesehene Auflage, hrsg. von Ruth Becker und Beate Kortendiek, Wiesbaden: VS, S. 219–227.

Krüger, Helga/Levy, René (2001): »Linking life courses, work, and the family. Theorizing a not so visible nexus between women and men«, in: Canadian Journal of Sociology 26(2), S. 145–166.

Kuczynski, Thomas (2011): »Was wird auf dem Arbeitsmarkt verkauft?«, in: Über Marx hinaus, hrsg. von Marcel van der Linden und Karl Heinz Roth, Hamburg: Assoziation A, S. 363–377.

Kudera, Werner/Voß, G. Günter (2000): »Alltägliche Lebensführung. Bilanz und Ausblick«, in: Lebensführung und Gesellschaft, Opladen: Leske & Budrich, S. 11–26.

Kudera, Werner/Mangold, Werner/Ruff, Konrad/Schmidt, Rudi/Wentzke, Theodor (1979): Gesellschaftliches und politisches Bewusstsein von Arbeitern. Eine empirische Untersuchung, Frankfurt: EVA.

Kulke, Christine (1985): Rationalität und sinnliche Vernunft. Frauen in der patriarchalen Realität, Berlin: Publica.

Lallement, Michel (2011): Die Durkheim-Schule und die Frauenfrage, Frankfurt/New York: Campus.

Leicht, René (2000): »Die ›neuen Selbständigen‹ arbeiten alleine. Wachstum und Struktur der Soloselbständigen in Deutschland«, in: Internationales Gewerbearchiv 48(2), S. 75–90.

Leicht, René/Berwing, Stefan/Langhauser, Marc (2015): »Heterogenität und soziale Position migrantischer Selbständigkeit in Deutschland«, in: Sozialer Fortschritt 64(9–10), S. 233–241. https://doi.org/10.3790/sfo.64.9-10.233

Leitner, Sigrid/Ostner, Ilona/Schratzenstaller, Margit (Hrsg.) (2004): Wohlfahrtsstaat und Geschlechterverhältnis im Umbruch: Was kommt nach dem Ernährermodell?, Wiesbaden: VS.

Lenz, Ilse/Nickel, Hildegard Maria/Riegraf, Birgit (2000): »Die Zukunft der Geschlechterverhältnisse in der Arbeit?«, in: Geschlecht – Arbeit – Zukunft, Münster: Westfälisches Dampfboot, S. 7–14.

Lessenich, Stefan/Dörre, Klaus/Rosa, Hartmut (2009): Soziologie – Kapitalismus – Kritik. Eine Debatte, Frankfurt: Suhrkamp.

Lewis, Jane (1997): »Gender and welfare regimes. Further thoughts«, in: Social Politics: International Studies in Gender, State & Society 4(2), S. 160–177. https://doi.org/10.1093/sp/4.2.160

Lipietz, Alain (1985): »Akkumulation, Krise und Ausweg aus der Krise. Einige methodische Überlegungen zum Begriff der ›Regulation‹«, in: Prokla 15(1), S. 109–138.

Locke, John (2007): Zweite Abhandlung über die Regierung. Frankfurt: Suhrkamp. Ursprünglich: The Second Treatise of Government (1689).

Lohr, Karin (2003): »Subjektivierung von Arbeit. Ausgangspunkt einer Neuorientierung der Industrie- und Arbeitssoziologie?«, in: Berliner Journal für Soziologie 13(4), S. 511–529.

Lohr, Karin (2017): »Subjektivierung von Arbeit«, in: Lexikon der Arbeits- und Industriesoziologie, 2. Auflage, hrsg. von Hartmut Hirsch-Kreinsen und Heiner Minssen, Berlin: Sigma, S. 281–285.

Lohr, Karin/Nickel, Hildegard Maria (Hrsg.) (2005): Subjektivierung von Arbeit – Riskante Chancen, Münster: Westfälisches Dampfboot.

Lorey, Isabell (2010): »Prekarisierung als Verunsicherung und Entsetzen. Immunisierung, Normalisierung und neue Furcht erregende Subjektivierungsweisen«, in: Prekarisierung zwischen Anomie und Normalisierung, hrsg. von Alexandra Manske und Katharina Pühl, Münster: Westfälisches Dampfboot, S. 48–81.

Luhmann, Niklas (1988): »Arbeitsteilung und Moral. Durkheims Theorie«, in: Durkheim, Émile: Über soziale Arbeitsteilung, Frankfurt: Suhrkamp, S. 19–38.

Luther, Martin (1866): D. Martin Luthers Hauspostille, 4. Auflage, Berlin: Evangelischer Bücherverein. Ursprünglich: Haußpostil D. Martin Luther, Nürnberg 1544.

Lutz, Helma (2008): Vom Weltmarkt in den Privathaushalt. Die neuen Dienstmädchen im Zeitalter der Globalisierung, 2. Auflage, Opladen/Farmington Hills: Barbara Budrich.

Lutz, Helma (2018): Die Hinterbühne der Care-Arbeit. Transnationale Perspektiven auf Care-Migration im geteilten Europa, Weinheim/Basel: Beltz Juventa.

Lutz, Helma/Vivar, María Teresa Herrera/Supik, Linda (Hrsg.) (2010): Fokus Intersektionalität, Wiesbaden: VS.

Mai, Christoph-Marin/Marder-Puch, Katharina (2013): »Selbstständigkeit in Deutschland«, in: Wirtschaft und Statistik, Nr. 7, S. 482–496.

Maier, Friederike/Schmidt, Dorothea (2019): »Das Gespenst der Care-Krise. Ein kritischer Blick auf eine aktuelle Debatte«, in: Prokla 49(2), S. 239–258.

Mallet, Serge (1970): »Sozialismus und die neue Arbeiterklasse«, in: Die neue Arbeiterklasse. Technische Intelligenz und Gewerkschaften im organisierten Kapitalismus, hrsg. von Frank Deppe, Hellmuth Lange und Lothar Peter, Frankfurt: EVA, S. 98–115. Ursprünglich: La nouvelle classe ouvrière et le socialisme (1965), in: Revue Internationale du Socialisme, Nr. 8, S. 161–184.

Mallet, Serge (1972): Die neue Arbeiterklasse, Neuwied/Berlin: Luchterhand. Ursprünglich: La nouvelle classe ouvrière (1963), Paris: Seuil.

Manske, Alexandra (2007): Prekarisierung auf hohem Niveau. Eine Feldstudie über Alleinunternehmer in der IT-Branche, München/Mering: Hampp. https://doi.org/10.1688/9783866181724

Manske, Alexandra (2010): »Metamorphosen von Männlichkeit«, in: Dynamiken (in) der gesellschaftlichen Mitte, hrsg. von Nicole Burzan und Peter A. Berger, Wiesbaden: VS, S. 313–330. https://doi.org/10.1007/978-3-531-92514-1_15

Manske, Alexandra (2016a): Kapitalistische Geister in der Kultur- und Kreativwirtschaft. Kreative zwischen wirtschaftlichem Zwang und künstlerischem Drang, Bielefeld: Transcript. https://doi.org/10.1515/9783839420881

Manske, Alexandra (2016b): »Zwischen den Welten: Hybride Arbeitsverhältnisse im Kulturbetrieb«, in: Industrielle Beziehungen 23(4), S. 498–516.

Manske, Alexandra (2020): »Transformationen der Lebensführungsethik im sozialstrukturellen Wandel«, in: Transformationen alltäglicher Le-

bensführung. Konzeptionelle und zeitdiagnostische Fragen, hrsg. von G. Jochum, Karin Jurzcyk, G. Günter Voß und Margit Weihrich, Weinheim/Basel: Beltz, S. 170–189.
Manske, Alexandra (2021a): »Torn between the old and new world of work. Insights into the modernised semi-profession of the fashion industry«, in: management revue 32(3), S. 244–265. https://doi.org/10.5771/0935-9915-2021-3-244
Manske, Alexandra (2021b): »Vom Geben und Nehmen in einer Designagentur. Gefühle als betriebliche Währung in der Kreativökonomie«, in: Zeitschrift für Wirtschafts- und Unternehmensethik 22(1), S. 46–69.
Manske, Alexandra/Brunsen, Hendrik (2015): »Papa ist Freelancer. Freie Mitarbeit als Familienressource«, in: Prekarisierungen. Arbeit, Sorge und Politik, hrsg. von Susanne Völker und Michèle Amacker, Winheim/Basel: Beltz Juventa, S. 182–199.
Manske, Alexandra/Pühl, Katharina (Hrsg.) (2010): Prekarisierung zwischen Anomie und Normalisierung: Geschlechtertheoretische Bestimmungen, Münster: Westfälisches Dampfboot.
Manske, Alexandra/Schnell, Christiane (2018): »Arbeit und Beschäftigung in der Kultur- und Kreativwirtschaft«, in: Handbuch Arbeitssoziologie, 2. Auflage, hrsg. von Fritz Böhle, G. Günter Voß und Günther Wachtler, Wiesbaden: Springer VS, S. 423–450.
Manske, Alexandra/Scheffelmeier, Tine (2015): Werkverträge, Leiharbeit, Solo-Selbstständigkeit: Eine Bestandsaufnahme. WSI Diskussionspapier Nr. 195, Düsseldorf: WSI.
Marrs, Kira (2018): »Herrschaft und Kontrolle in der Arbeit«, in: Handbuch Arbeitssoziologie, 2. Auflage, hrsg. von Fritz Böhle, G. Günter Voß und Günther Wachtler, Wiesbaden: Springer VS, S. 473–502.
Massumi, Brian (1995): »The autonomy of affect«, in: Cultural critique 31, S. 83–109.
Matthes, Joachim (Hrsg.) (1983): Krise der Arbeitsgesellschaft? Verhandlungen des 21. Deutschen Soziologentages 1982, Frankfurt/New York: Campus.
Mayer-Ahuja, Nicole (2003): Wieder dienen lernen? Vom westdeutschen »Normalarbeitsverhältnis« zu prekärer Beschäftigung seit 1973, Berlin: Sigma.

Mayer-Ahuja, Nicole (2021): »Arbeitssoziologie – wie weiter?«, in: Arbeitssoziologie und Zeitdiagnose. Perspektiven der Arbeitssoziologie 1, hrsg. von Nicole Mayer-Ahuja und Wolfgang Menz, IfS Working Paper #13, Frankfurt: Institut für Sozialforschung, S. 5–17.

McRobbie, Angela (2016): Be Creative. Making a Living in the New Culture Industries, Cambridge/Malden: Polity.

Mead, George Herbert (1969): Philosophie der Sozialität. Aufsätze zur Erkenntnisanthropologie, Frankfurt: Suhrkamp.

MEGA I, 2: Marx, Karl: Oekonomisch-philosophische Manuskripte, in: Marx Engels Gesamtausgabe (MEGA), Abteilung I, Bd. 2, Amsterdam: Akademie, 2. Auflage 2009, S. 187–438.

Menz, Wolfgang (2009): Die Legitimität des Marktregimes. Leistungs- und Gerechtigkeitsorientierungen in neuen Formen betrieblicher Leistungspolitik, Wiesbaden: VS.

Menz, Wolfgang (2013): »Entgrenzte Arbeit(sverhältnisse). Zum Wandel des Verhältnisses von Arbeit und Leben«, in: Familienleben: Entgrenzt und vernetzt!? Beiträge aus Medienpädagogik, Soziologie, Kommunikationswissenschaft, Erziehungswissenschaft, hrsg. von Ulrike Wagner, München: kopaed, S. 23–38.

Menz, Wolfgang (2017): »Gerechtigkeit, Rationalität und interessenpolitische Mobilisierung. Die Perspektive einer Soziologie der Legitimation«, in: Sorge-Kämpfe. Auseinandersetzungen um Arbeit in sozialen Dienstleistungen, hrsg. von Ingrid Artus, Peter Birke, Stefan Kerber-Clasen und Wolfgang Menz, Hamburg: VSA, S. 278–305.

Menz, Wolfgang (2022): Handlungsfähigkeiten und politisches Arbeitnehmer:innenbewusstsein. Plädoyer für eine Revitalisierung und Repolitisierung der Bewusstseinsforschung«, in: AIS-Studien 15(1), S. 144–159.

Menz, Wolfgang/Nies, Sarah (2018): »Methoden der Arbeitssoziologie«, in: Handbuch Arbeitssozologie, 2. Auflage, hrsg. von Fritz Böhle, G. Günter Voß und Günther Wachtler, Wiesbaden: springer VS, S. 265–318.

Menz, Wolfgang/Dunkel, Wolfgang/Kratzer, Nick (2011): »Leistung und Leiden. Neue Steuerungsformen von Leistung und ihre Belastungswirkungen«, in: Arbeit und Gesundheit im Konflikt, hrsg. von Nick Kratzer, Wolfgang Dunkel, Karina Becker und Stephan Hinrichs, Berlin: Sigma, S. 143–198.

Menz, Wolfgang/Pauls, Nina/Schlett, Christian/Pangert, Barbara (2017): »Arbeitsbezogene erweiterte Erreichbarkeit – Handlungsstrategien von Beschäftigten zwischen Segmentierung und Integration der Lebensbereiche«, in: WISO 40(1), S. 45–63.

Menz, Wolfgang/Nies, Sarah/Sauer, Dieter (2019): »Digitale Kontrolle und Vermarktlichung. Beschäftigtenautonomie im Kontext betrieblicher Strategien der Digitalisierung«, in: Prokla 49(195), S. 181–200.

Meuser, Michael (2010): Geschlecht und Männlichkeit: Soziologische Theorie und kulturelle Deutungsmuster, 3. Auflage, Wiesbaden: VS.

MEW 4: Marx, Karl/Engels, Friedrich: Manifest der kommunistischen Partei, in: Karl Marx/Friedrich Engels – Werke, Band 4, 6. Auflage, Berlin: Dietz, S. 459–493. Ursprünglich 1848. Marx, Karl: Das Elend der Philosophie, S. 63–182. Ursprünglich 1847.

MEW 23: Marx, Karl: Das Kapital. Kritik der politischen Ökonomie. Erster Band: Der Produktionsprozeß des Kapitals. Karl Marx/Friedrich Engels – Werke, Band 23, 6. Auflage, Berlin: Dietz.

MEW 40: Marx, Karl: Auszüge aus James Mills Buch »Élémens d'économie politique«, in: Karl Marx/Friedrich Engels – Werke, Band 40, 1968, Berlin: Dietz, S. 445–463.

Mies, Maria (1989): Patriarchat und Kapital. Frauen in der internationalen Arbeitsteilung, Zürich: Rotpunkt.

Mikl-Horke, Gertraude (2017): »Arbeit«, in: Lexikon der Arbeits- und Industriesoziologie, 2. Auflage, hrsg. von Hartmut Hirsch-Kreinsen und Heiner Minssen, Berlin. Sigma, S. 24–28.

Minssen, Heiner (Hrsg.) (2000): Begrenzte Entgrenzungen – Wandlungen von Organisation und Arbeit, Berlin: Sigma.

Moldaschl, Manfred (2002): »Ökonomien des Selbst – Subjektivität in der Unternehmergesellschaft«, in: Facetten der Cyberwelt — Subjektivität, Eliten, Netzwerke, Arbeit, Ökonomie, hrsg. von J. Klages und S. Timpf, Hamburg: VSA, S. 29–62.

Moldaschl, Manfred/Voß, G. Günter (Hrsg.) (2002): Subjektivierung von Arbeit – Arbeit, Innovation und Nachhaltigkeit, München/Mering: Hampp.

Motakef, Mona (2015): Prekarisierung, Bielefeld: Transcript.

Moulier Boutang, Yann (2011): Cognitive capitalism, Cambridge: Polity.

Mückenberger, Ulrich (1985): »Die Krise des Normalarbeitsverhältnisses. Hat das Arbeitsrecht noch eine Zukunft?«, in: Zeitschrift für Sozialreform 31(12), S. 415–435 und 457–575.

Müller, Hans-Peter (2005): »Lebensführung durch Arbeit? Max Weber und die Soziologie von Arbeit und Beruf heute«, in: Subjektivierung von Arbeit – riskante Chancen, hrsg. von Karin Lohr und Hildegard Maria Nickel, Münster: Westfälisches Dampfboot, S. 17–33.

Müller, Hans-Peter (2007): Max Weber. Eine Einführung in sein Werk, Köln/Weimar/Wien: Böhlau.

Müller, Hans-Peter (2017): »Der Kapitalismus und seine Lebensführung«, in: Kapitalismus als Lebensform? Deutungsmuster, Legitimation und Kritik in der Marktgesellschaft, hrsg. von Patrick Sachweh und Sascha Münnich, Wiesbaden: Springer VS, S. 27–45. https://doi.org/10.1007/978-3-658-12916-3_2

Müller, Hans-Peter (2021): Krise und Kritik: Klassiker der soziologischen Zeitdiagnose, Berlin: Suhrkamp.

Müller, Hans-Peter/Schmid, Michael (1988): »Arbeitsteilung, Solidarität und Moral. Eine werkgeschichtliche und systematische Einführung in die ›Arbeitsteilung‹ von Émile Durkheim«, in: Durkheim, Émile: Über soziale Arbeitsteilung, Frankfurt: Suhrkamp, S. 481–521.

Müller, Hans-Peter/Sigmund, Steffen (2020): »Person und Werk«, in: Max-Weber-Handbuch, Stuttgart: Metzler, S. 3–31.

Murgia, Annalisa/Pulignano, Valeria (2021): »Neither precarious nor entrepreneur. The subjective experience of hybrid self-employed workers«, in: Economic and Industrial Democracy 42(4), S. 1351–1377. https://doi.org/i1.o0r.g1/107.171/0717/4031843813X1X1919887733966

Murgia, Annalisa/Bozzon, Rossella/Digennaro, Pierluigi/Mezihorak, Petr/Mondon-Navazo, Matilde/Borghi, Paolo (2020): »Hybrid areas of work between employment and self-employment. Emerging challenges and future research directions«, in: Frontiers in Sociology 4. https://www.frontiersin.org/articles/10.3389/fsoc.2019.00086

Murphy, Emily/Oesch, Daniel (2016): »Feminization of Occupations and Change in Wages«, in: Social Forces 94(3), S. 1221–1255.

Nachtwey, Oliver/Staab, Philipp (2020): »Das Produktionsmodell des digitalen Kapitalismus«, in: Soziologie des Digitalen – Digitale Soziologie? Soziale Welt, Sonderband 23, hrsg. von Sabine Maasen und Jan-Hendrik Passoth, Baden-Baden: Nomos, S. 285–304.

Nave-Herz, Rosemarie (1994): Die Geschichte der Frauenbewegung in Deutschland, Opladen: Leske & Budrich.

Neckel, Sighard (2013): »Arlie Russell Hochschild: Das gekaufte Herz. Zur Kommerzialisierung der Gefühle«, in: Hauptwerke der Emotionssoziologie, hrsg. von Konstanze Senge und Rainer Schützeichel, Wiesbaden: Springer VS, S. 168–175. https://doi.org/10.1007/978-3-531-93439-6_25

Neckel, Sighard/Pritz, Sarah Miriam (2019): »Emotion aus kultursoziologischer Perspektive«, in: Handbuch Kultursoziologie, Bd. 2: Theorien – Methoden – Felder, hrsg. von Stefan Moebius, Frithjof Nungesser und Katharina Scherke, Wiesbaden: Springer VS, S. 305–317. https://doi.org/10.1007/978-3-658-07645-0_22

Nickel, Hildegard Maria (2007): »Tertiarisierung, (Markt-)Individualisierung, soziale Polarisierung – Neue Konfliktlagen im Geschlechterverhältnis?«, in: Arbeit und Geschlecht im Umbruch der modernen Gesellschaft, hrsg. von Brigitte Aulenbacher, Maria Funder, Heike Jacobsen und Susanne Völker, Wiesbaden: VS, S. 27–44. https://doi.org/10.1007/978-3-531-90438-2_2

Nickel, Hildegard Maria (2009): »Die ›Prekarier‹ – eine soziologische Kategorie? Anmerkungen aus einer geschlechtersoziologischen Perspektive«, in: Prekarität, Abstieg, Ausgrenzung. Die soziale Frage am Beginn des 21. Jahrhunderts, hrsg. von Robert Castel und Klaus Dörre, Frankfurt/New York: Campus, S. 209–218.

Nickel, Hildegard Maria/Hüning, Hasko/Frey, Michael (2008): Subjektivierung, Verunsicherung, Eigensinn: Auf der Suche nach Gestaltungspotenzialen für eine neue Arbeits- und Geschlechterpolitik, Berlin: Sigma.

Nies, Sarah (2021): »Eine Frage der Kontrolle? Betriebliche Strategien der Digitalisierung und die Autonomie von Beschäftigten in der Produktion«, in: Berliner Journal für Soziologie 31(3), S. 475–504.

Nies, Sarah/Sauer, Dieter (2012): »Arbeit – mehr als Beschäftigung? Zur arbeitssoziologischen Kapitalismuskritik«, in: Kapitalismustheorie und Arbeit. Neue Ansätze soziologischer Kritik, hrsg. von Klaus Dörre, Dieter Sauer und Volker Wittke, Frankfurt/New York: Campus, S. 34–62.

Nowak, Iris (2023): »Moralische Indienstnahme von Pflegenden? Fürsorgliches Ethos und Handlungsfähigkeit von Beschäftigten in Alten-

und Krankenpflege«, in: Öffentliche Gesundheit. Jahrbuch Sozialer Protestantismus 14, hrsg. von Brigitte Bertelmann, Georg Lämmlin und Traugott Jähnichen, Leipzig: EVA, S. 51–72.

Nowak, Iris/Klußmann, Coco/Menz, Wolfgang (2019): »Normalität in Bewegung. Beschäftigte zwischen erweiterter Erreichbarkeit und digitaler Konnektivität«, in: Arbeit 28(3), S. 307–332.

Nullmeier, Frank/Kaufmann, Franz-Xaver (2010): »Post-war welfare state development«, in: The Oxford Handbook of the Welfare State, hrsg. von Francis G. Castles, Stephan Leibfried, Jane Lewis, Herbert Obinger und Christopher Pierson, Oxford: Oxford University Press, S. 81–102. https://doi.org/10.1093/oxfordhb/9780199579396.003.0006

Nunner-Winkler, Gertrud (Hrsg.) (1991): Weibliche Moral. Die Kontroverse um eine geschlechtsspezifische Ethik, Frankfurt/New York: Campus.

Oexle, Otto Gerhard (2000): »Arbeit, Armut, ›Stand‹ im Mittelalter«, in: Geschichte und Zukunft der Arbeit, hrsg. von Jürgen Kocka und Claus Offe, Frankfurt/New York: Campus, S. 67–79.

Offe, Claus (1983): »Arbeit als soziologische Schlüsselkategorie?«, in: Krise der Arbeitsgesellschaft? Verhandlungen des 21. Deutschen Soziologentages 1982, hrsg. von Joachim Matthes, Frankfurt/New York: Campus, S. 38–65.

Ostner, Ilona/Willms, Angelika (1983): »Strukturelle Veränderungen der Frauenarbeit in Haushalt und Beruf?«, in: Krise der Arbeitsgesellschaft? Verhandlungen des 21. Deutschen Soziologentages 1982, hrsg. von Joachim Matthes, Frankfurt/New York: Campus, S. 205–227.

Parreñas, Rhacel (2015): Servants of Globalization. Migration and Domestic Work, 2. Auflage, Palo Alto: Stanford University Press.

Penz, Otto/Sauer, Birgit (2016): Affektives Kapital: Die Ökonomisierung der Gefühle im Arbeitsleben, Frankfurt/New York: Campus.

Peters, Klaus (2011): »Indirekte Steuerung und interessierte Selbstgefährdung. Eine 180-Grad-Wende bei der betrieblichen Gesundheitsförderung«, in: Arbeit und Gesundheit im Konflikt, hrsg. von Nick Kratzer, Wolfgang Dunkel, Karina Becker und Stephan Hinrichs, Berlin: Sigma, S. 105–122.

Peters, Klaus/Sauer, Dieter (2005): »Indirekte Steuerung – eine neue Herrschaftsform. Zur revolutionären Qualität des gegenwärtigen Umbruchprozesses«, in: »Rentier' ich mich noch?« Neue Steuerungskonzepte im Betrieb, hrsg. von Hilde Wagner, Hamburg: VSA, S. 23–58.

Pfeiffer, Sabine (2004): Arbeitsvermögen, Wiesbaden: VS.

Pfeiffer, Sabine (2015): »Warum reden wir eigentlich über Industrie 4.0? Auf dem Weg zum digitalen Despotismus«, in: Mittelweg 36, Nr. 6, S. 14–36.

Pfeiffer, Sabine/Suphan, Anne (2020): »Digitalisierung, Arbeit und Beschäftigung: Altbekannte Zusammenhänge, überholte Kategorien, neuartige Effekte?«, in: Soziologie des Digitalen – Digitale Soziologie? Soziale Welt, Sonderband 23, hrsg. von Sabine Maasen und Jan-Hendrik Passoth, Baden-Baden: Nomos, S. 326–348.

Pieper, Marianne/Atzert, Thomas/Karakayali, Serhat/Tsianos, Vassilis (2011): »Biopolitik in der Debatte – Konturen einer Analytik der Gegenwart mit und nach der biopolitischen Wende«, in: Biopolitik – in der Debatte, Wiesbaden: VS, S. 7–27. https://doi.org/10.1007/978-3-531-92807-4_1

Piro, Valeria/Murgia, Annalisa/Azaïs, Christian (2023): »Hybrid areas of labour. Challenging traditional dichotomies to represent work, workers, and working trajectories«, in: Rassegna Italiana de Sociologia 64(2), S. 165–182. https://doi.org/10.1423/107856

Platon (1994): Nomoi, in: Sämtliche Werke, Bd. 3, neu hrsg. von Ursula Wolf, Reinbek: Rowohlt, S. 143–574.

Pongratz, Hans J. (2020a): »Die Lage der Landarbeiter im ostelbischen Deutschland (1892)«, in: Max-Weber-Handbuch, hrsg. von Hans-Peter Müller und Steffen Sigmund, Stuttgart: Metzler, S. 226–231.

Pongratz, Hans J. (2020b): »Solo-Selbstständige – was sie trennt und verbindet«, in: WISO 43, S. 12–34.

Pongratz, Hans J./Bührmann, Andrea D. (2018): »Diskontinuität und Diversität beruflicher Selbstständigkeit«, in: Hybride Erwerbsformen, hrsg. von Andrea D. Bührmann, Uwe Fachinger und Eva Welskop-Deffaa, Wiesbaden: Springer VS, S. 51-75. https://doi.org/10.1007/978-3-658-18982-2_3

Pongratz, Hans J./Simon, Stefanie (2010): »Prekaritätsrisiken unternehmerischen Handelns«, in: Prekäres Unternehmertum, hrsg. von Andrea D. Bührmann und Hans J. Pongratz, Wiesbaden: VS, S. 27–61. https://doi.org/10.1007/978-3-531-92513-4_2

Pongratz, Hans J./Voß, G. Günter (2003): Arbeitskraftunternehmer. Erwerbsorientierungen in entgrenzten Arbeitsformen, Berlin: Sigma.

Popitz, Heinrich/Bahrdt, Hans-Paul/Jüres, Ernst August/Kesting, Hanno (1957): Das Gesellschaftsbild des Arbeiters. Soziologische Untersuchungen in der Hüttenindustrie, Tübingen: Mohr.

Projektgruppe »Alltägliche Lebensführung« (Hrsg.) (1995): Alltägliche Lebensführung. Arrangements zwischen Traditionalität und Modernisierung, Wiesbaden: VS. http://dx.doi.org/10.1007/978-3-663-09246-9.

Prokop, Ulrike (1976): Weiblicher Lebenszusammenhang. Von der Beschränktheit der Strategien und der Unangemessenheit der Wünsche, Frankfurt: Suhrkamp.

Puig de la Bellacasa, María (2017): Matters of Care. Speculative Ethics in More than Human Worlds, Minneapolis: University of Minnesota Press.

Rabe-Kleberg, Ursula (1993): Verantwortlichkeit und Macht. Ein Beitrag zum Verhältnis von Geschlecht und Beruf angesichts der Krise traditioneller Frauenberufe, Bielefeld: Kleine.

Raehlmann, Irene (2004): Zeit und Arbeit, Wiesbaden: VS. https://doi.org/10.1007/978-3-322-80504-1

Raffetseder, Eva-Maria/Schaupp, Simon/Staab, Philipp (2017): »Kybernetik und Kontrolle. Algorithmische Arbeitssteuerung und betriebliche Herrschaft«, in: Prokla 47(187), S. 229–247.

Rau, Alexandra (2010): Psychopolitik. Macht, Subjektivität und Arbeit in der neoliberalen Gesellschaft, Frankfurt/New York: Campus.

Rawls, John (1979): Eine Theorie der Gerechtigkeit, Frankfurt: Suhrkamp. Ursprünglich: A Theory of Justice (1991), Cambridge/London: Belknap Press.

Reckwitz, Andreas (2012): Die Erfindung der Kreativität. Zum Prozess gesellschaftlicher Ästhetisierung, Berlin: Suhrkamp.

Reckwitz, Andreas (2017): Die Gesellschaft der Singularitäten. Zum Strukturwandel der Moderne, Berlin: Suhrkamp.

Rich, Adrienne (2020): »Zwangsheterosexualität und lesbische Existenz«, in: Feministische Theorie und Kritische Medienkulturanalyse: Ausgangspunkte und Perspektiven, hrsg. von Tanja Thomas und Ulla Wischermann, Bielefeld: Transcript, S. 141–152.

Rosa, Hartmut (2016): Resonanz. Eine Soziologie der Weltbeziehung, Berlin: Suhrkamp.

Rucht, Dieter (2021): »Neue Soziale Bewegungen«, in: Handwörterbuch des politischen Systems der Bundesrepublik Deutschland, hrsg. von Uwe Andersen, Jörg Bogumil, Stefan Marschall und Wichard Woyke, Wiesbaden: Springer VS, S. 652–655. https://doi.org/10.1007/978-3-658-23666-3_139

Ruiner, Caroline/Apitzsch, Birgit/Wilkesmann, Maximiliane (2018): »Hoch qualifizierte Solo-Selbstständige in IT und Medizin«, in: Hybride Erwerbsformen, hrsg. von Andrea D. Bührmann, Uwe Fachinger und Eva Welskop-Deffaa,Wiesbaden: Springer VS, S. 189–211.

Sauer, Dieter (2005): Arbeit im Übergang. Zeitdiagnosen, Hamburg: VSA.

Sauer, Dieter/Döhl, Volker (1997): »Die Auflösung des Unternehmens? Entwicklungstendenzen der Unternehmensreorganisation in den 90er Jahren«, in: Jahrbuch sozialwissenschaftliche Technikberichterstattung '96, Schwerpunkt: Reorganisation, hrsg. von IfS, INIFES, ISF und SOFI, Berlin: Sigma, S. 19–76.

Sauerborn, Elgen (2019): Gefühl, Geschlecht und Macht. Affektmanagement von Frauen in Führungspositionen, Frankfurt/New York: Campus.

Schaser, Angelika (2000): Helene Lange und Gertrud Bäumer. Eine politische Lebensgemeinschaft, Köln: Böhlau.

Scheele, Alexandra/Wöhl, Stefanie (Hrsg.) (2018): Feminismus und Marxismus, Weinheim/Basel: Beltz Juventa.

Schmidt, Gert (2020): »Zur Psychophysik der industriellen Arbeit (1908/09)«, in: Max-Weber-Handbuch, hrsg. von Hans-Peter Müller und Steffen Sigmund, Stuttgart: Metzler, S. 247–249. https://doi.org/10.1007/978-3-476-05142-4_58

Schmiede, Rudi (1996): »Informatisierung, Formalisierung und kapitalistische Produktionsweise. Entstehung der Informationstechnik und Wandel der gesellschaftlichen Arbeit«, in: Virtuelle Arbeitswelten – Arbeit, Produktion und Subjekt in der »Informationsgesellschaft«, Berlin, S. 15–47.

Schmiede, Rudi (2021): »Digitalisierung als neue Stufe der Informatisierung«, in: Digitalisierung und Technik – Fortschritt oder Fluch? Perspektiven der Produktivkraftentwicklung im modernen Kapitalismus«, hrsg. von Heinz.J. Bontrup und Jürgen Daub, Köln: PapyRossa, S. 212–243.

Schnell, Christiane (2007): »Regulationsmodell Kultur« – Institutionelle Rahmung und struktureller Wandel, in: Regulierung der Kulturberufe in Deutschland: Strukturen, Akteure, Strategien, Wiesbaden: VS, S. 55–118.

Schnell, Christiane/Pfadenhauer, Michaela (2019): Handbuch Professionssoziologie, Wiesbaden: Springer VS.

Schultheis, Franz (2006): »Die Metamorphosen der sozialen Frage in Zeiten des neuen Geistes des Kapitalismus«, in: Soziale Milieus und Wandel der Sozialstruktur, hrsg. von Helmut Bremer und Andrea Lange-Vester, Wiesbaden: VS, S. 128–140. https://doi.org/10.1007/978-3-531-90281-4_5

Schultz, Susanne (2011): »Gegen theoretische Strategien der Ganzheitlichkeit: Eine feministische Kritik an »Empire«, in: Biopolitik – in der Debatte, hrsg. von Marianne Pieper, Thomas Atzert, Serhat Karakayali und Vassilis Tsianos, Wiesbaden: VS, S. 129–140. https://doi.org/10.1007/978-3-531-92807-4_6

Schulze Buschoff, Karin (2016): Solo-Selbstständigkeit in Deutschland. Aktuelle Reformoptionen, WSI Policy Brief 4, Düsseldorf: WSI.

Schulze, Gerhard (2005): Die Erlebnisgesellschaft. Kultursoziologie der Gegenwart, Frankfurt/New York: Campus.

Schumann, Michael (2016): »Arbeitsbewusstsein und Gesellschaftsbild revisited«, in: WSI-Mitteilungen 69(7), S. 555–558.

Schumpeter, Joseph A. (2020): Kapitalismus, Sozialismus und Demokratie, 10., vervollständigte Auflage, Tübingen: Narr Francke. Ursprünglich: Capitalism, Socialism and Democracy (1942), New York/London: Harper.

Schürmann, Lena/Gather, Claudia (2018): »Pflegearbeit im Wandel«, in: Hybride Erwerbsformen, hrsg. von Andrea D. Bührmann, Uwe Fachinger und Eva Welskop-Deffaa, Wiesbaden: Springer VS, S. 157–187. https://doi.org/10.1007/978-3-658-18982-2_7

Schützeichel, Rainer (2006): Emotionen und Sozialtheorie. Disziplinäre Ansätze, Frankfurt/New York: Campus.

Seifert, Hartmut (2017): »Wie lassen sich Entwicklung und Strukturen atypischer Beschäftigung erklären?«, in: WSI-Mitteilungen 70(1), S. 5–15.

Seils, Eric/Baumann, Helge (2019): Trends und Verbreitung atypischer Beschäftigung. Eine Auswertung regionaler Daten, Policy Brief WSI Nr. 34, Düsseldorf: WSI.

Senge, Konstanze/Schützeichel, Rainer (Hrsg.) (2013): Hauptwerke der Emotionssoziologie, Wiesbaden: Springer VS.

Senge, Konstanze/Zink, Veronika (2019): »Can't beat the feeling«? Zur Emotionalisierung von Organisationen«, in: Handbuch Organisationssoziologie, hrsg. von Maja Apelt, Ingo Bode, Raimund Hasse, Uli Meyer, Victoria von Groddeck, Maximiliane Wilkesmann und Arnold Windeler, Wiesbaden: Springer VS, S. 1–16. https://doi.org/10.1007/978-3-658-15953-5_64-1

Senghaas-Knobloch, Eva (2008): »Care-Arbeit und das Ethos fürsorglicher Praxis unter neuen Marktbedingungen am Beispiel der Pflegepraxis«, in: Berliner Journal für Soziologie 18(2), S. 221–243.

Sennett, Richard (1998): The Corrosion of Character. The Personal Consequences of Work in the New Capitalism, New York: Norton.

Sennett, Richard (1999): Der flexible Mensch: Die Kultur des neuen Kapitalismus, 9. Auflage, Berlin: Berlin Verlag.

Siegel, Tilla (1993): »Das ist nur rational. Ein Essay zur Logik der sozialen Rationalisierung«, in: Rationale Beziehungen? Geschlechterverhältnisse im Rationalisierungsprozess, hrsg. von Dagmar Reese, Eve Rosenhaft, Carola Sachse und Tilla Siegel, Frankfurt: Suhrkamp, S. 363–396.

Siegfried, Detlef (2008): Sound und Revolte. Konsumkultur und alternativer Alltag. Dossier »Die 68er-Bewegung«, Bundeszentrale für politische Bildung.

Slaby, Jan/Scheve, Christian von (2019): »Introduction: Affective societies – key concepts«, in: Affective Societies, London/New York: Routledge, S. 1–24.

Smith, Adam (1979): Der Wohlstand der Nationen, München: dtv. Ursprünglich: An Inquiry into the Nature and Causes of the Wealth of Nations (1776).

Smith, Dorothy E. (1987): The Everyday World as Problematic. A Feminist Sociology, Toronto: University of Toronto Press.

Sohn-Rethel, Alfred (1972): Die ökonomische Doppelnatur des Spätkapitalismus, Darmstadt/Neuwied: Luchterhand.

Statistisches Bundesamt (Hrsg.) (2019): Statistisches Jahrbuch. Deutschland und Internationales 2019.

Suzman, James (2020): Work. A History of How We Spend Our Time, London: Bloomsbury Circus.

Taylor, Frederick W. (1903): Shop Management, New York: Harper & Row.

Taylor, Frederick W. (1913): Principles of Scientific Management, New York: Harper.

Terranova, Tiziana (2013): »Free Labor«, in: Digital Labor. The Internet as Playground and Factory, hrsg. von Trebor Scholz, New York, Oxon: Routledge, S. 33–57.

Thiessen, Barbara (2008): »Feminismus: Differenzen und Kontroversen«, in: Handbuch Frauen- und Geschlechterforschung. Theorie, Methoden, Empirie, hrsg. von Ruth Becker und Beate Kortendiek, Wiesbaden: VS, S. 37–44. https://doi.org/10.1007/978-3-531-91972-0_4

Thürmer-Rohr, Christina (1987): Vagabundinnen. Feministische Essays, Berlin: Orlanda.

Thürmer-Rohr, Christina (2019): Fremdheiten und Freundschaften. Essays, Bielefeld: Transcript.

Tronto, Joan C. (1993): Moral Boundaries: A Political Argument for an Ethic of Care, New York/London: Routledge.

Tronto, Joan C. (2013): Caring Democracy. Markets, Equality, and Justice, New York: New York University Press.

Tyrell, Hartmann (1985): »Emile Durkheim – Das Dilemma organischer Solidarität«, in: Soziale Differenzierung. Zur Geschichte einer Idee, hrsg. von Niklas Luhmann, Opladen: Westdeutscher Verlag, S. 181–250.

van Dyk, Silke/Haubner, Tine (2021): Community-Kapitalismus, Hamburg: Hamburger Edition.

Vester, Michael/Oertzen, Peter von/Geiling, Heiko/Hermann, Thomas/Müller, Dagmar (2001): Soziale Milieus im gesellschaftlichen Strukturwandel. Zwischen Integration und Ausgrenzung, Frankfurt: Suhrkamp.

Villa, Paula-Irene (2008): (De)Konstruktion und Diskurs-Genealogie. Zur Position und Rezeption von Judith Butler, in: Handbuch Frauen- und Geschlechterforschung. Theorie, Methoden, Empirie, hrsg. von Ruth Becker und Beate Kortendiek, Wiesbaden: VS, S. 146–158.

Vogel, Berthold (2009): Wohlstandskonflikte: Soziale Fragen, die aus der Mitte kommen, Hamburg: Hamburger Edition.
Vogl, Gerlinde (2011): »Mobile Arbeit. Herausforderung für eine gelungene Work-Life-Balance«, in: Innovation im Dienste der Gesellschaft, hrsg. von Sabina Jeschke, Frankfurt/New York: Campus, S. 353–366.
Volk, Katharina (2018): Von der Gesellschaftsanalyse zur Utopie. Ein historischer Rückblick auf materialistisch-feministische Theorien, Münster: Westfälisches Dampfboot.
Völker, Susanne (2011): »Praktiken sozialer Reproduktion von prekär beschäftigten Männern«, in: WSI-Mitteilungen 64(8), S. 423–429.
Voß, G. Günter (1983): »Bewusstsein ohne Subjekt? Zur Differenzierung des Bewusstseinsbegriffs in der Industriesoziologie«, in: Subjektorientierte Arbeits- und Berufssoziologie, hrsg. von Karl Martin Bolte und Erhard Treutner, Frankfurt/New York: Campus, S. 324–359.
Voß, G. Günter (1991): Lebensführung als Arbeit. Über die Autonomie der Person im Alltag der Gesellschaft, Stuttgart: Enke.
Voß, G. Günter (1998): »Die Entgrenzung von Arbeit und Arbeitskraft. Eine subjektorientierte Interpretation des Wandels der Arbeit«, in: Mitteilungen aus der Arbeitsmarkt- und Berufsforschung 31, S. 473–487.
Voß, G. Günter (2007): »Subjektivierung von Arbeit und Arbeitskraft. Die Zukunft der Beruflichkeit und die Dimension Gender als Beispiel«, in: Arbeit und Geschlecht im Umbruch der modernen Gesellschaft, hrsg. von Brigitte Aulenbacher, Maria Funder, Heike Jacobsen und Susanne Völker, Wiesbaden: Springer VS, S. 97–113. https://doi.org/10.1007/978-3-531-90438-2_6
Voß, G. Günter (2018): »Was ist Arbeit? Zum Problem eines allgemeinen Arbeitsbegriffs«, in: Handbuch Arbeitssoziologie, Bd. 1, 2. Auflage, hrsg. von Fritz Böhle, G. Günter Voß und Günther Wachtler, Wiesbaden: VS, S. 15–84. https://doi.org/10.1007/978-3-658-14458-6_2
Voß, G. Günter (2020): Arbeitende Nutzer und ihre Lebensführung, in: Transformationen alltäglicher Lebensführung. Konzeptionelle und zeitdiagnostische Fragen, hrsg. von Georg Jochum, Karin Jurczyk, G. Günter Voß und Margit Weihrich, Weinheim/Basel: Beltz Juventa, S. 260–281.

Voß, G. Günter/Pongratz, Hans J. (Hrsg.) (1997): Subjektorientierte Soziologie. Karl Martin Bolte zum 70. Geburtstag, Opladen: Leske & Budrich.

Voß, G. Günter/Pongratz, Hans J. (1998): »Der Arbeitskraftunternehmer – eine neue Grundform der Ware Arbeitskraft?«, in: Kölner Zeitschrift für Soziologie und Sozialpsychologie 50(1), S. 131–158.

Voß, G. Günter/Weihrich, Margit (Hrsg.) (2001): tagaus – tagein. Neue Beiträge zur Soziologie Alltäglicher Lebensführung, München/Mering: Hampp.

Voswinkel, Stephan (2000): »Die Anerkennung der Arbeit im Wandel. Zwischen Würdigung und Bewunderung«, in: Anerkennung und Arbeit, hrsg. von Ursula Holtgrewe, Stephan Voswinkel und Gabriele Wagner, Konstanz: UVK, S. 39–61.

Voswinkel, Stephan (2002): »Bewunderung ohne Würdigung? Paradoxien der Anerkennung doppelt subjektivierter Arbeit«, in: Befreiung aus der Mündigkeit. Paradoxien des gegenwärtigen Kapitalismus, hrsg. von Axel Honneth, Frankfurt/New York: Campus, S. 65–92.

Voswinkel, Stephan (2005): »Die Organisation der Vermarktlichung von Organisationen – das Beispiel erfolgsbezogenen Entgelts«, in: Organisationsgesellschaft. Facetten und Perspektiven, hrsg. von Wieland Jäger und Uwe Schimank, Wiesbaden: VS, S. 287–312.

Voswinkel, Stephan (2022): »Double-bind-Situationen. Paradoxale Widersprüche in der gegenwärtigen Arbeitswelt«, in: Normative Paradoxien. Verkehrungen des gesellschaftlichen Fortschritts, hrsg. von Axel Honneth, Frankfurt/New York: Campus, S. 215–238.

Voswinkel, Stephan/Wagner, Gabriele (2013): »Vermessung der Anerkennung. Die Bearbeitung unsicherer Anerkennnung in Organisationen«, in: Strukturwandel der Anerkennung. Paradoxien sozialer Integration in der Gegenwart, hrsg. von Axel Honneth, Frankfurt/New York: Campus, S. 75–120.

Waerness, Kari (2000): »Fürsorgerationalität. Zur Karriere eines Begriffs«, in: Feministische Studien extra 18, S. 54–66.

Wagner, Hilde (Hrsg.) (2005): »Rentier' ich mich noch?« Neue Steuerungskonzepte im Betrieb, Hamburg: VSA.

Wajcman, Judy (2015): Pressed for Time. The Acceleration of Life in Digital Capitalism, Chicago/London: University of Chicago Press.

Weber, Max (1892): Die Lage der Landarbeiter im ostelbischen Deutschland, Leipzig.
Weber, Max (1972): Wirtschaft und Gesellschaft, Tübingen: Mohr. Zuerst 1921/1922.
Weber, Max (1984): »Agrarverhältnisse im Altertum«, in: Schriften zur Wirtschafts- und Sozialgeschichte, Tübingen: Mohr. Zuerst 1909.
Weber, Max (1988a): Gesammelte Aufsätze zur Religionssoziologie, Tübingen: Mohr. Zuerst 1922.
Weber, Max (1988b): »Vorbemerkung zu den Gesammelten Aufsätzen zur Religionssoziologie«, in: Gesammelte Aufsätze zur Religionssoziologie, Tübingen: Mohr, S. 1–16. Zuerst 1920.
Weber, Max (1988c): »Die protestantische Ethik und der Geist des Kapitalismus«, in: Gesammelte Aufsätze zur Religionssoziologie, Tübingen: Mohr, S. 17–236. Zuerst 1904/1905.
Weber, Max (1988d): »Methodologische Einleitung für die Erhebungen des Vereins für Sozialpolitik über Auslese und Anpassung (Berufswahlen und Berufsschicksal) der Arbeiterschaft der geschlossenen Großindustrie«, in: Gesammelte Aufsätze zur Soziologie und Sozialpolitik, Tübingen: Mohr. Zuerst 1908.
Weber, Max (1988e): »Zur Psychophysik der industriellen Arbeit«, in: Gesammelte Aufsätze zur Soziologie und Sozialpolitik, Tübingen: Mohr. Zuerst 1909.
Werlhof, Claudia von/Mies, Maria/Bennholdt-Thomsen, Veronika (1988): Frauen, die letzte Kolonie. Zur Hausfrauisierung der Arbeit, Reinbek: Rowohlt.
West, Candace/Zimmerman, Don H. (1987): »Doing gender«, in: Gender and Society 1(2), S. 125–151.
Willms-Herget, Angelika (1985): Frauenarbeit. Zur Integration der Frauen in den Arbeitsmarkt, Frankfurt/New York: Campus.
Wimbauer, Christine/Motakef, Mona (2020): Prekäre Arbeit, prekäre Liebe. Über Anerkennung und unsichere Lebensverhältnisse, Frankfurt/New York: Campus.
Winker, Gabriele (2011): »Soziale Reproduktion in der Krise – Care Revolution als Perspektive«, in: Das Argument 53(3), S. 323–344.
Winker, Gabriele (2015): Care-Revolution. Schritte in eine solidarische Gesellschaft, Bielefeld: Transcript.

Winker, Gabriele (2021): Solidarische Care-Ökonomie. Revolutionäre Realpolitik für Care und Klima, Bielefeld: Transcript.

Wobbe, Theresa (2011): »Max Weber – Eine Soziologie ohne Geschlecht?«, in: Die gesellschaftliche Verortung des Geschlechts: Diskurse der Differenz in der deutschen und französischen Soziologie um 1900, hrsg. von Theresa Wobbe, Isabelle Berrebi-Hoffmann und Michel Lallement, Frankfurt/New York: Campus, S. 47–67.

Wobbe, Theresa/Berrebi-Hoffmann, Isabelle/Lallement, Michel (Hrsg.) (2011): Die gesellschaftliche Verortung des Geschlechts: Diskurse der Differenz in der deutschen und französischen Soziologie um 1900, Frankfurt/New York: Campus.

Wolf, Harald (2021): »Das Phantom der Digitalisierung. Zum Wandel der Rationalisierung von Arbeit«, in: Digitalisierung und Arbeit. Triebkräfte – Arbeitsfolgen – Regulierung, hrsg. von Klaus-Peter Buss, Martin Kuhlmann, Marliese Weißmann und Harald Wolf, Frankfurt/New York: Campus, S. 39–65.

Woltersdorff, Volker (2010): »Prekarisierung der Heteronormativität von Erwerbsarbeit? Queertheoretische Überlegungen zum Verhältnis von Sexualität, Arbeit und Neoliberalismus«, in: Prekarisierung zwischen Anomie und Normalisierung. Geschlechtertheoretische Bestimmungen, hrsg. von Alexandra Manske und Katharina Pühl, Münster: Westfälisches Dampfboot, S. 228–251.

Yavuzcan, Ismail H. (2003): Ethnische Ökonomie. Zur Ausformung ethnischen Unternehmertums von Türken und Iranern in personalen Beziehungen, Hamburg: Kovac.

Zhou, Min (2006): »Ethnic economy«, in: International encyclopedia of economic sociology, hrsg. von Jens Beckert und Milan Zafirovski, Oxford/New York: Routledge, S. 251–258.

Alexandra Manske, Soziologin, Dr. phil. habil., Fellow am Center for Sustainable Society Research (CSS) der Universität Hamburg. Sie erforscht seit vielen Jahren Arbeitsverhältnisse in der Kultur- und Kreativökonomie, zuletzt den Zusammenhang von Arbeit und Politik in den darstellenden Künsten (transcript, 2023), aktuelles Forschungsprojekt über Alterssicherung von Soloselbstständigen (FNA/DRV Bund). Tätigkeit als Sachverständige, z.B. Ministerium für Kultur und Wissenschaft/ NRW; Österreichisches Arbeits- und Sozialministerium; Dachverband freie darstellende Künste Hamburg (DfdK).

Wolfgang Menz ist Professor für Soziologie, insbesondere Arbeit, Organisation und Innovation, am Fachbereich Sozialökonomie der Universität Hamburg. Davor arbeitete er am Institut für Sozialwissenschaftliche Forschung (ISF München), am Institut für Sozialforschung und an der Johann Wolfgang Goethe-Universität Frankfurt am Main.